CHRISTOF SPERL

Sprache, Haltung, Freiheit
Ein Zustandsbericht

Copyright: © 2021 Christof Sperl
Satz: Erik Kinting – www.buchlektorat.net

Verlag und Druck:
tredition GmbH
Halenreie 40-44
22359 Hamburg

978-3-347-39318-9 (Paperback)
978-3-347-39319-6 (Hardcover)
978-3-347-39320-2 (e-Book)

Bibliografische Information der Deutschen Nationalbibliothek:
Die Deutsche Nationalbibliothek verzeichnet diese Publikation in der Deutschen Nationalbibliografie; detaillierte bibliografische Daten sind im Internet über http://dnb.d-nb.de abrufbar.

Meiner Familie,
meinen Eltern und
meinen Freunden für die große Inspiration.

Inhalt

Intro

Vom zweifachen Tod des Halit Yozgat. Warum die Rechte stark, die Linke aber schwach ist

Im März 2020 erscheint auf *libération.fr* ein Bericht zu staatlichem Übereifer[1]. Obdachlose aus den Zentren von Bayonne, Paris und Lyon waren in den Tagen vor dem Hintergrund der Infektionskrise von Polizeibeamten mit Platzverweisen und Bußgeldern bedacht worden. Zwar wurden infolge von Protesten die Bescheide umgehend aufgehoben, dennoch offenbaren die Vorgänge viel von der Hilflosigkeit der Behörden, die sich dort, wo sie das Terrain noch kontrollieren, mit den Schwächsten, nicht aber mit dem Notwendigen befassen.

Ganz anders sieht es in den Vorstädten aus, denn in manche *banlieue* traut sich die Staatsmacht schon gar nicht mehr hinein, vor allem dann nicht, wenn sie in Uniform auftaucht. Omnipräsente Hütchenspieler bieten dem zivilen Beobachter ebenso schnelle wie illegale Tricks, um Unbedarften das Geld aus der Tasche zu ziehen, Dealer verstecken ihre Ware in gerösteten Maiskolben, die immergleichen Straßenlungerer stehen in abgewetzten Jacketts an den Ecken herum, außer befristeten Billigjobs gibt es keine Chancen, Perspektiven, Wege. Der hohe innere Druck des Soziotops wird für mich nahezu körperlich spürbar, als ich im berüchtigten achtzehnten Pariser Arrondissement beim arabischen Bäcker kein Brot mehr bekomme. Wie Luft oder ein unerwünschter Eindringling behandelt zu werden ist zur neuen, schmerzhaften Erfahrung und Lektion desjenigen geworden, der genau hinschaut und sich ins Geschehen traut. Als offensichtlich befremdlich wirkender, interessierter Beobachter der Straßenszenen vor dem Ladengeschäft angezischt und angefeindet, werde ich einer wütenden hauptstädtischen Ellenbogengesellschaft gewahr, die Abweichendes, sich Hineinwagendes, nicht Einschätzbares kategorisch ausschließt, so wie auch sie selbst von den Bewohnern des wohlhabenden Zentrums als störend gesehen wird. Mathieu Kassovitz hat Teile des Milieus in seinem Film *La haine* eindrucksvoll geschildert. Es ist eine Umgebung, in der sich die Enttäuschung des Nicht-mehr-dazu-Gehörens unmittelbar einstellt. Denn egal wie man es zu drehen versucht, vor Ort ergibt sich fast immer das unbestimmte, aber dennoch ziemlich bittere Gefühl des alten Mannes, der zufällig in eine Gruppe feixender Jugendlicher hineingeraten ist.

Nach Tage währenden Kämpfen zwischen konkurrierenden nordafrikanischen und tschetschenischen Banden wird weiter südlich in Dijon das Auto eines französischen Filmreporters von überholenden Mopeds aus mit Fußtritten traktiert. *Ihr gehört nicht hierher, das ist unser Territorium*, so lässt sich die Bedeutung kurz umschreiben. Im Anschluss an die kriegsähnlichen Auseinandersetzungen im Viertel Grésilles gelingt dem Reporter doch noch in Interview mit einem der führenden Tschetschenen: „Polizei? Die brauchen wir nicht", sagt der Chef im ruhigen Ton als gönnerhaft kaschierter Überlegenheit und mit erhobenem Finger. „Wir regeln unsere Probleme untereinander. Einen Tschetschenen fasst man nicht an." Der Befragte wiederholt den letzten Satz noch einmal ganz langsam, und setzt zur Verdeutlichung zwischen jedes einzelne Wort eine grotesk lange Pause.

Nun ist all das kein Wunder. Die Polizei hatte sich die erste Zeit trotz all der Spannungen kaum sehen lassen. Nur fünfzehn Beamte standen hunderten aufgebrachten und europaweit eigens angereisten Männern gegenüber. Nach drei Tagen hatte Paris schließlich einhundertundfünfzig zusätzliche Polizisten in den Südwesten abkommandiert. Auf begrenzte Zeit, wie sich versteht.

Im Oktober desselben Jahres wird der Geschichtslehrer Samuel Paty am Rande einer hauptstädtischen Agglomeration auf offener Straße erstochen, seine Leiche darauf obendrein noch enthauptet, weil dieser Lehrer es wiederholt gewagt haben soll, im Unterricht das Recht der Meinungsfreiheit zu thematisieren.[2] Das Bild des abgetrennten Kopfes kursiert für einige Zeit sogar auf Twitter. Die Wörter *liberté, égalité, fraternité* schmücken immer noch als basale Elemente, als ein „idealistisches Versprechen" der Republik (Joseph de Weck) die Eingänge jeder einzelnen französischen Schule. Präsident Macron verweist in einer ersten Stellungnahme auf deren wichtigste Funktion: Der Heranbildung aufgeklärter Staatsbürger. Wie schon in den Monaten und Jahren zuvor sind der Staat und seine gedankliche Grundlage auch diesmal wieder bis ins Mark erschüttert. In den folgenden Tagen registrieren die Behörden Dutzende, der Tat in aller Deutlichkeit zustimmende Kommentare.

Noch ein paar hundert Kilometer weiter südwestlich wird fast zur gleichen Zeit der Busfahrer Philippe Montguillot, Vater dreier Kinder, in Bayonne von Jugendlichen totgeprügelt, weil er sie nicht ohne Maske das Fahrzeug betreten lassen wollte. Rechte Foren beeilen sich, die Identität der vier polizeibekannten Verhafteten preiszugeben. Die Vornamen werden umgehend zum hasserfüllten Programm gemacht, als gäbe es nicht auch originär französischen Kriminelle und Schläger, die beispielsweise auf die Namen Marcel oder Éric getauft sind. Die Kommentarspalten der Onlinepresse schäumen über, man freut sich unverhohlen, dass, wie im fast gleichnamigen Lied von Francis Cabrel, mal wieder, habt ihr es gehört, ein Mohammed oder Ali der Täter war. Cabrel verdammte in seinem Lied den Rassismus. Die Foristen aber befeuern ihn: Der Mord ist ein gefundenes Fressen, Wasser auf die Mühlen der seit einiger Zeit von findigen Politikberatern als gemäßigt recycleten und in der typischen Art französischen Politikdesigns völlig neu produzierten Marine Le Pen, Markierungen auf dem Kerbstock der Migrationskritik, und wieder einmal deutliche Rückschläge für am Ausgleich orientierte Mitmenschen.

Es ist dies keine sensationsheischend und unter Anklagegesichtspunkten gewählte Aneinanderreihung von die Argumentation unterstützenden europäischen Problemlagen. Diese Sammlung von Ereignissen entstand durch nicht mehr als den gelegentlichen Konsum von Medienberichten aus einem Land, dem ich mich als Demokrat verbunden fühle. Sein Zustand bereitet mir Unbehagen. Andere Länder, andere Sitten, so wäre man nach diesem kurzen Ausflug zum Nachbarn schnell versucht zu sagen. Wie aber fühlt es sich als Gegenprobe in deutschen Städten an? Denn trotz des noch immer währenden Hypes um die Verheißungen des Urbanen sei bereits jetzt die hier kurz eingeschobene Bemerkung erlaubt, nach der in einschlägigen Straßenzügen die Freude am Schönen oftmals unter erheblichen Leidensdruck geraten kann. Urban heißt nämlich nicht immer auch gleich attraktiv: Müllberge und herrenlose Einkaufswagencluster säumen weitab der arrivierten Viertel die Straßen. Anwohner scheinen im Dauerbetrieb ein- und auszuziehen, wobei offensichtlich ein jedes Mal der gesamte Hausrat komplett entsorgt, Küchen und Matratzen im Wochenwechsel getauscht werden. In den Schulen ändern sich die Klassenlisten mitunter monatlich. Die Elternschaft aus dem Niedriglohnsektor ist gezwungenermaßen hochmobil. Sie muss, gegebenenfalls in Windeseile, Job und Wohnort wechseln, um ein Einkommen zu sichern, das ohnehin kaum zum Leben reicht. Schließt eine Fleischfabrik auf behördliche Anordnung, wie es im hessischen Berndorf 2020 mit fataler Verspätung der Fall war, wechseln Teile des Personals bis zum vielleicht kommenden Lebensmittelskandal zur nächsten Verarbeitungsstelle. Und selbstverständlich zieht auch die Familie mit. Keine noch so engagierte Lehrkraft kann die wichtigen, engen Beziehungen zu den Kindern aufbauen, in deren Klassen die Schülerschaft mehrheitlich kein Deutsch oder nur wenig davon spricht, und einer beständigen Fluktuation unterliegt.

Alle paar Meter finden sich die schäbigen Spielotheken mit ihrer elendig blassen, kettenrauchenden Daddlerstaffage, die tagein tagaus ihr weniges Geld in die gierigen Einwurfschlitze steckt. Der Filterkaffee ist immerhin gratis. Mittlerweile müssen die müden Zocker nicht einmal mehr die Wohnungen verlassen: Was zählt, ist Geld, daher hat man kürzlich noch schnell die republikweit bis zum Zeitpunkt nur geduldeten Online-Glücksspiele nachträglich legalisiert, wie süffisanterweise das Wirtschaftsressort der *Süddeutschen Zeitung* berichtet.[3] Dem genauen Betrachter waren die einschlägigen Anbieter schon zuvor von den Werbetafeln der Fußballstadien einschlägig bekannt. Es stellt sich die Frage nach legalen oder illegalen Geschäftsmodellen, doch wen kümmert diese Unterscheidung noch? Was wäre passiert, so könnte ein Gedankenexperiment verlaufen, hätten die Händler vom Görlitzer Park in Berlin vor ein paar Jahren angefangen, professionelle Öffentlichkeitsarbeit für ihr Suchtmodell zu betreiben? Hätte man auch dort vom mutlosen und resignierten Einsatz der Duldung Gebrauch gemacht? Ein paar schnell zusammengestellte Dokumente zur Prävention hätte man immerhin schnell noch nachschieben können. Schließlich drängt sich auch die Überlegung auf, ob das Prinzip der schleichenden Legalisierung nicht der Taktik der religiös-rechtspopulistischen Bolsonaro-Regierung Brasiliens genauestens entspricht, deren Präsident ebenso danach bestrebt ist, illegal durchgeführte Brandrodungen nachträglich zu entkriminalisieren. Schließlich geht es auch dort um sehr viel Geld.

Ein aus der Türkei stammender Mann aus Duisburg hat jahrzehntelang in Fabrik und Werkstatt doppelt hart gearbeitet, um sich ein paar Häuser als Altersvorsorge zu kaufen, die nun allesamt von heruntergewirtschafteten Schrottimmobilien und ihren rücksichtslosen Bewohnern umgeben, ihren Nutzwert nahezu komplett verloren haben, heißt es in einem TV-Bericht. Hier lohnt es nicht mehr für ihn, sich noch weiter anzustrengen. Die nunmehr vergebens erbrachte Lebensleistung erstreckt sich ins Vergangene. Es blüht der Handel mit gefälschten Geburtsurkunden, die von findigen Unternehmen gebündelt bei hilflos in Regelungen verstrickten Ämtern zur Kindergeldzahlung eingereicht werden. Graue Problemzonen, durchfurcht von schmutzigen, tristen, hoffnungslos anmutenden Straßen, in denen niemand gerne lebt.

Es sei erlaubt, die New Yorker Underground-Kultur der Siebziger zu bemühen. Ihre dem popkulturell Gebildeten allgemein bekannte, bisweilen dystopische und schlechtgelaunt unterkühlte Themensetzung der Heroinbeschaffung und perfekten Tage scheint die für uns gegenwärtige Misere dieser sich überall gleichenden „Nicht-Orte" der Postmoderne (ein Ausdruck von Marc Augé) in kluger Vorschau zu bestätigen: Wir sehen Stadtteile, die „sozio-kulturell im Sinne einer aufgeklärten Mehrheitsgesellschaft 'gekippt' sind", wie sie Heise und Meyer-Heuer (2020) mit ihrem Bezug auf kriminelle Familienbande ziemlich treffend beschrieben haben,[4] Orte, deren Bewohner ganz erstaunt über das Erscheinen des als fremd Empfundenen reagieren. Gern hätte der Verfasser einige hilfreiche Songzitate vorangestellt, doch das in diesem Bereich sehr strenge Uhrheberrecht hat dem einen Strich durch die Rechnung gemacht.

Werfen wir einen Blick in die geographische Mitte Deutschlands. Ein Besuch der Stadt und ein Ausflug in ihren am Rande gelegenen Bergpark lohnen sich immer. Nicht weit der Kasseler Innenstadt aber befindet sich ebenfalls einer der für viele Orte so ikonischen Wohnkomplexe, deren Bewohnern wohl so ziemlich alles einerlei geworden ist, was im Leben noch egal sein kann. Draußen werden auch hier für jedermann sichtbar zwielichtige Geschäfte gemacht, es ist per ordnungsamtlich fachgerecht angeschraubtem Piktogramm sogar verboten, an einem der Eingänge herumzustehen, als würde das vor und im Problembau irgendetwas ändern können. Ob das Verbot durchgesetzt werden kann, vermögen von den Milieufremden nur die Autofahrer einzuschätzen, die im ewigen Stau zwischen den Baustellen an der Kreuzung stehen. Im Frühjahr 2021 verbrannte eine Person in ihrer Wohnung. Es hat lange gedauert, ihre Identität festzustellen. Niemand aus dem Komplex kannte den Mieter, dessen Wohnung nicht einmal ans Stromnetz angeschlossen war, und in der man vielleicht deshalb zahlreiche Reste von Teelichtern gefunden hatte, wie die *Hessisch-Niedersächsische Allgemeine* im März 2021 schrieb.

Den Unrat wirft man auch hier praktischerweise einfach aus dem Fenster. Die Spendenboxen draußen werden regelmäßig nachts geplündert, indem man kleine Kinder hineinklettern lässt, die die Kleidungsstücke durch die Drehluke nach draußen werfen müssen. Der nicht verwertbare Rest wird dem Kreislauf entzogen, und verrottet am Boden. Man ist sicherlich erleichtert, wenn der gemeldete Nachwuchs vormittags gelegentlich die Schule aufsucht, um wegen mangelnder Sprachkenntnisse von mit immer mehr Sonderaufgaben betrauten Lehrkräften in den heruntergekommenen Schulgebäuden kaum etwas zu lernen. In die Wohnungen kommen, wie die Presse berichtet, regelmäßig Kammerjäger.[5] Auch hier, in der Gegend um den gelben Komplex, reihen sich Daddel-Hölle an Wett-Bude, das dämlich grinsende, weißgelbe und fürs Elend schon iko-nisch gewordene Sternzeichen und die blaue Narrenkappe sind all-gegenwärtige Verzierung und zugleich auch Ortsschild der Szenerie geworden, denn schließlich gilt die Regel, dass in Stadtteilen mit dem geringstem Durchschnittseinkommen bei Wettspielen immer die höchsten Gewinne zu erzielen sind. In den Achtzigern galten solche Viertel noch als einigermaßen erträglich. Trotz aller Proble-me gab es noch viele soziale Berührungspunkte. Heute dringen selbst gesundheitspolitische Vorgaben und Maßnahmen kaum noch durch. So wehrte man sich im nahe gelegenen Göttingen in einer vergleichbaren Gegend mit handfester Gewalt gegen eine auferleg-te Corona-Quarantäne. Ob Impfskepsis, Misstrauen oder ein Man-gel an Verständigungsmöglichkeiten daran schuld sind, darüber muss man spekulieren.

Viele von uns kennen solche Orte nicht. Man hat an ihnen nichts zu suchen. Man kennt sie nur vom Hörensagen, von zu schnellen Durchfahrten auf dem Weg ins Zentrum oder zur Autobahn. Das eigene Milieu liegt unfassbar weit davon entfernt, welches im Lau-fe des, sagen wir: letzten Jahrzehnts vornehmlich damit befasst war, Konsumbefehle zur Anschaffung großformatiger Edel-Kaffeema-schinen, teurer Thermomix-Geräte oder, jedenfalls in dieser Klima-zone, überflüssigen Außenküchen entgegenzunehmen. Die Parteien, die wir mehrheitlich noch wählen, haben solchen Lebenswelten und ihren Bevölkerungen nichts anzubieten. Didier Eribon be-schreibt in seinem Essay *Retour à Reims* die späte Entfremdung vom ureigenen, vergleichbar ärmlichen Lebensraum der Kindheit und Jugend. In den oben genannten Beispielen aber findet eine Ent-fremdung gar nicht statt. Denn es hat die vormaligen Gemeinsam-keiten des Milieus an sich niemals gegeben. Die meisten von uns haben mit alldem nichts zu tun und haben allenfalls ein paar Sprüche zur liberalen Selbstberuhigung auf Lager. Diese Haltung aber tut der Demokratie nicht gut.

In der Warteschlange im Drogeriemarkt herrsche babylonisches Sprachengewirr, nur an der Kasse sagten manche auf Deutsch, was unbedingt zu sagen sei, sofern sie das überhaupt könnten. Auf einen Smalltalk stiege ohnehin niemand ein. Versuche rufen Reaktionen hervor, die nach „Was willst du hier, was hast du an diesem Ort verloren" klingen. Das sei alles nicht sein Land, sagt ein Freund, alles andere als ein Rechter, somit also viel zu klug für die Fänge ressentimentgeladener, verbohrter, einfach strukturierter Ideologen und deren Lehren, und, wie ich mit einigem Neid zugebe, wesentlich schneller im Kopf als ich selbst. Man kann diesen Satz, rein wissenschaftlich gesehen, nicht vorbehaltlos unterstreichen, allerdings ergeben sich bei längerem Nachdenken Zweifel, der Freund könnte mittlerweile doch irgendwie richtig liegen, wenn es, allein von der Sprache her ausgehend, auch nur ein klein wenig an Wahrheit wäre. Der politische Standpunkt hat sich bei manchem nicht geändert, doch die Welt um ihn hat sich sehr schnell gedreht. Viele von uns sind zwischen die Fronten geraten. Welche Welt soll für Progressive, Linke, Konservative, Liberale oder Säkulare eigentlich noch richtig sein? Welche Haltung solle man einnehmen, um Demokratie zu stärken?

Ein babylonisches Gewirr aus Idiomen wird hier also beklagt, ein System parallel laufender Kommunikationskanäle, mit dem wir es allenthalben immer mehr zu tun haben. Sprachen sind faszinierend. Ich beherrsche, sie wurden mit dem nötigen Fleiß erarbeitet, selbst ein paar davon. Vor Urlauben in noch unbekannten Ländern lerne ich stets das Wichtigste, und seien es bloß Floskeln wie *Guten Tag* und *Dankeschön*. Ausdrücke also, deren oberflächliche Kenntnis schon allein der menschliche Respekt gebietet, und für die man sich fast immer dankbar zeigt. In jedem Land allerdings sollte eine Hauptsprache als Leitmedium unmissverständlich und als maßgeblich respektiert sein, derer jeder sich mit Leichtigkeit, auch an der Kasse, bedienen, in der er jederzeit reagieren können muss. Wo aber Menschen bloß noch im eigenen Zeichensystem herumlärmen, jahrzehntelang nur im spezifischen Saft der Zugehörigkeit vor sich hin schmoren, rechts und links ganz offensichtlich nichts wahrzunehmen bereit und in der Lage sind, entstehen Sprachblasen, die kaum mehr miteinander kommunizieren, es entstehen Entfremdung, Konflikte und auch ein Unwohlsein, nicht nur bei der Primärbevölkerung. Ich bin Sozialjunkie, neugierig, spreche an, und ernte dort, wo Raphael, Radovan und Redouane aufeinander treffen bloß Widerwillen, Erstaunen oder ostentatives Desinteresse. Viele, die sich diesen Teil Zentraleuropas als Lebensmitte ausgesucht haben, begeistern sich keine Spur für das Land, seine Rechte, sein Grundgesetz, wo doch die Zukunft gerade in diesen schwierigen Zeiten nur in einer demokratisch fundierten Gemeinsamkeit zu liegen scheint.

Dabei ist Sprache als Werkzeug zur Teilhabe überaus wichtig: Nur wer mitzureden in der Lage ist, kann auch dazugehören.[6] Sozialer Aufstieg, den wir brauchen und ermöglichen müssen, ist nicht nur, aber auch durch Redefähigkeit zu schaffen. Der Rückzug in einen linguistisch limitierten Isolationsraum behindert die Herausbildung von Debatten, die Verhandlung von Bedeutungen, verhindert gruppenübergreifendes Engagement und fördert den Argwohn der Umwelt. Wer aber erst aus der *Hürriyet* erfährt, dass Fatih Akin einen Filmpreis gewonnen hat, lebt an der Gemeinsamkeit vorbei. Also sollten wir uns miteinander fragen: Sind wir als Gesellschaft so unattraktiv geworden, dass sich mit uns niemand mehr identifizieren mag? Und wenn dies so ist, woran kann das liegen? Wie steht es mit den Chancen, als fremd wahrgenommener Mitmensch überhaupt soziale Anerkennung zu erfahren? An der Ladenkasse lässt sich ein vor mir stehender Mann mit seinem deutlichen Akzent über Ersatzteile beraten. Vom Verkäufer wird er während der gesamten Debatte geduzt. Aus dem Gespräch geht allerdings hervor, dass beide sich mit Sicherheit niemals zuvor begegnet sind. Ich selbst bin unmittelbar nach diesem Mitmenschen an der Reihe, und werde, ganz selbstverständlich, mit dem formalen *Sie* begrüßt.

Kommen wir also zu denen, die offenbar nicht ankommen dürfen. In der Holländischen Straße, nicht weit vom beschriebenen Schmuddelhaus entfernt, wurde im April 2006 der türkischstämmige Unternehmer Halit Yozgat in seinem Internet-Café als neuntes Todesopfer der nach wie vor weitgehend ungeklärten NSU-Mordserie hingerichtet. Große Teile der Stadtbevölkerung forderten die Umbenennung der Straßenbahnhaltestelle *Mombachstraße* in *Halitplatz*. Mit großem Geschrei wollte die lokale CDU das Vorhaben stoppen: Denn wer Yozgat heißt, darf offensichtlich keinesfalls dazugehören. Jedenfalls nicht zum ordnungsgemäßen Christdemokratendeutschland, in dem man das Opfer in allerlei Foren posthum noch als aufmüpfigen Problemschüler zu brandmarken versuchte, sein Tod irrelevant, als hätte ein Schulrabauke die Todesstrafe verdient, und als sei die Sechs in Mathe erwähnenswerter als ein zu früh erloschenes, noch junges Leben. Die Namensänderung der seit neuestem in Walter-Lübcke-Schule umbenannten Lehranstalt im benachbarten Wolfhagen ging im Vergleich um einiges schneller über die lokalpolitische Bühne. Lübcke war ein bekannter, engagierter CDU-Politiker. Den unbekannten Halit Yozgat aber hat man zweimal umgebracht. Physisch und verbal.

Die Städte und ihre Gewalt. Sie ginge landesweit zurück, wie man das statistisch immer wieder untermauert. Doch was fließt in solche Statistik ein? Nur Mord und Totschlag, oder auch all die unterschwelligen, lokalen Übertretungen? Einige Agglomerationen haben Waffenverbotszonen eingerichtet, wohl nicht ganz grundlos, so zum Beispiel die berüchtigte Schlägermetropole Wiesbaden.[7] Weitere Kommunen wollen folgen. Dabei wird gern übersehen, dass vernünftigerweise doch das ganze Land eine Waffenverbotszone sein sollte, sofern es sich zivilisiert nennen will. Nicht nur paranoide Reichsbürger, Munitionsabzweiger aus Elitetruppen oder zweifelhafte Sportschützen, niemand sollte in einem modernen Staat Waffen zu Hause lagern oder sie gar mit sich führen. Wozu auch? Europäische Stadtzentren sind kein Dschungel. Und das mit der Sicherheit sollte man doch besser ausgebildeten Schutzkräften und einem demokratisch legitimierten Gewaltmonopol überlassen. Messerfans (zum Beispiel im ziemlich clever geschriebenen *knifeblog*) sehen das natürlich ganz anders: Kontrollen seien „mit dem Rechtsstaat nicht kompatibel".[8] Doch wer will sich in einem Land wohl fühlen, in dem jeder Tötungsmittel mit sich führen kann und kaum jemand kontrolliert wird? Ein *Second Amendment* gibt es in Deutschland nicht.

Frau Weidel von der AfD sieht in ihrer sattsam bekannten Art solche Waffenträger, in einer vom souveränen Bundestagspräsidenten Schäuble eigens gerügten Bundestags-Tumultrede, vor allem dann als gefährlich, wenn sie als „alimentierte Messermänner" daherkommen.[9] Nun gibt es zwar auch den einen oder anderen pekuniär gestützten Deutschen, sogar mehr als genug, doch diese Menschen sollten sich von der Dame mit dem Schweizer Nebenwohnsitz ausdrücklich nicht angesprochen fühlen, denn das selektive Ausschlachten der Migrationsthematik bildet für ihre Partei von Beginn an ein geradezu überlebenswichtiges Fundament. Historische Entsprechungen aus allen Epochen liegen auf der Hand.

An Halit Yozgats ehemaligem Internet-Café rasen Rennwagen vorbei, die jedem hart arbeitenden Anwohner im Umkreis von ein paar hundert Metern rund um die Uhr die wohlverdiente Ruhe stehlen. In den mit der großen Treffsicherheit des Volkmundes als Dönercorvetten bezeichneten Großlimousinen mit wählbarem Auspuffklang sitzen gut trainierte Jungmänner, deren sonstiges Outfit mit Sicherheit nicht dem Marktwert der Karossen entspricht, zumal der Listenpreis oftmals dem einer mittleren Eigentumswohnung nahe kommt. Man hat familienmäßig zusammengelegt, und das Fahrzeug geleast. Was zählt, ist Darstellung: Der gut bezahlte Kampfradler simuliert eine Realität. Der einkommensschwache Poser aber realisiert die feinstaubgeschwängerte Simulation. Hier trifft Scham- auf Schuldkultur. All die hoch motorisierten Limousinen und Pick Up Trucks wirken in den Zeiten des Klimawandels als letzte ihrer Art und so absurd deplatziert wie all die röchelnden Raucher vor den Toren der städtischen Krankenhäuser. Zu Coronazeiten sind die Straßen leer, weshalb man die virologisch begründete Verlassenheit der Verkehrswege nun gern für illegale Rennen nutzt: Der Zuwachs des egomanen Prinzips wird an ebendieser Zeitstelle überdeutlich: Endlich sind die Straßen leer. Da kann man mal wieder richtig Gummi geben.[10]

Den zahlreichen Anwaltskanzleien, die sich auf Verkehrsfotos spezialisiert haben, gelingt es, die Bußgeldstellen mit dem Geschäftsmodell der Behauptung fehlerhafter Bescheide und durch andere Widerspruchseingaben gelegentlich nahezu lahm zu legen; der Bleifußminister Andreas Scheuer hat die vom Bundesrat nicht von ungefähr verschärften Bußgeldregeln nach langem Gezerre wieder abmildern lassen, damit gezeigt, auf wessen Seite er steht, und wer beim Radiohören genau aufpasst, bekommt die Blitzerwarnung noch öffentlich-rechtlich unterstützt ans Ohr geliefert. Da bremst man kurz ab, und gibt zweihundert Meter weiter hinten wieder richtig Gas – und trägt zum Frustrationszuwachs der Polizei bei. Soviel fürs erste zu denen, die ihr bewegtes Menschsein und den dazugehörigen Freiheitsbegriff über nicht mehr als unzivilisierte Mobilität definieren. Über sie soll weiter unten noch detaillierter berichtet werden.

Manche Bereiche innerstädtischen Lebens haben einiges an Sinn für Renaturierung, Kunst und noch ganz andere Formen der Umweltästhetik im Angebot. Zum Beispiel offenbart sich hier und dort sogar Interesse an klassischer Lyrik. Mit einem kurzen Bericht zu einer grotesken Entgleisung um diese literarische Gattung kommen wir nun zum ersten Mal zu unserem eigenen problematischen Umgang mit dem Phänomen Sprache, in diesem Abschnitt der deutschen, eine Praxis, die im vorliegenden Buch eine wichtige Rolle spielt, und die zum Glück nicht alle, aber eine ebenfalls lautstarke Minderheit zu einer absurden Posse eskalieren lassen hat. An einer Berliner Fachhochschule nämlich hatte man ein schönes altes Gedicht von Eugen Gomringer angebracht. Doch 2017 fiel Mitgliedern der Studierendenschaft plötzlich auf, dass die 1951 geschriebenen Zeilen (Gomringer hatte 2011 sogar einen Preis derselben Lehranstalt erhalten) mittlerweile als ein Teile der Gesellschaft herabsetzendes Machwerk zu verstehen seien, weshalb das Gedicht nach einigem Netz-Gezeter von den verhärmten und lärmigen Organen einer selbsternannten Fassaden-Sprachaufsicht wegzensiert wurde.[11] Aufgeregtes Geschrei in den Studierendenausschüssen ersetzte den notwendigen, wissenschaftlichen Diskurs. Somit musste es nicht lange dauern, bis man den Autor dieser bescheidenen

Zeilen als einen der ersten Kritiker in einem der Wutforen ganz schnell und nebenbei zum Antisemiten abgestempelt hatte, bloß weil die besagte Fachhochschule nach einer jüdischen Person benannt ist, eine kulturelle Zugehörigkeit, die im Rahmen der Debatte allerdings gar keinerlei Rolle spielte. Das Forum klang zwar ganz erheblich nach AfD, Pegida, oder sogar beidem davon, kam aber in gramgebeugter Selbstwahrnehmung vorgeblich von links. Ein Umstand, der mich mit der eigenen, liberalen (wenn auch universitären) Prägung mitunter fremdeln lässt. Diese Mechanismen, Widersprüche, Brüche und Schwierigkeiten linksliberaler Argumentation haben Charlotte Busch (2019), Sahra Wagenknecht (2021) und viele andere eindrucksvoll und plastisch geschildert.[12] Sie führen bei nicht wenigen nach wie vor progressiv geprägter Zeitgenossen auch hier zu einem Gefühl des politischen Herausgefallenseins.

In der Tat steht es schlecht um die gepflegte Diskurstradition. Lehrkräfte[13], Supermarktangestellte, gesellschaftlich Engagierte, Ärzte und Ärztinnen, Stewardessen, Zugreisende, Sicherheitskräfte berichten übereinstimmend vom mangelnden Respekt einer lauten, oft sogar auch noch physisch übergriffigen Minderheit, deren Handlungen verschiedenste gewaltaffine Formen annehmen, weltweit, nicht nur in Deutschland[14]. Wer sich abweichend zeigt, wird im Netz verbal flugs platt gemacht, schon für Laien offensichtlich krankhaftes Denken wird zum schalen Festmahl selbsterklärter Hüter eines eindimensionalen Rationalismus[14] auf der einen Seite, und zum Fundament gefährlich einfach strukturierter Esoterik[16] auf der anderen.

Zuletzt sind beispielsweise die selbsternannten Vordenker der rabiaten „Querdenker"-Fraktion mit ihrem unterirdischen Bezug auf Sophie Scholl nicht einmal davor zurückgeschreckt, Grundschulkinder einzuschüchtern und Jugendliche in den zuvor gekaperten Lehranstalten daran zu hindern, schützende Masken zu tragen.[17] An vielen Stellen ist nicht Covid die eigentliche Seuche, zumal diese uns immerhin die gesellschaftlichen Mängel vollkommen neu und wie unterm Mikroskop betrachten lässt. Die sekundäre, fast bedrohlichere Krankheit schlechthin ist viel mehr die uferlose Borniertheit des unbelehrbaren, zur Diskussion und stringentem Denken unfähigen Zeitgenossen.

Bei vielen stellt sich das befremdliche Gefühl ein, unversehens schon ganz weit im Draußen angelangt zu sein. Der Blonde mit den Dreadlocks könnte von heute auf morgen zum übergriffigen Kulturaneigner gebrandmarkt werden, nur noch kriminelle Schauspieler sollen Kriminelle spielen, lediglich Latinos über Latinos, Arme über Arme schreiben. Ein harmloser, reflektierter Weißer kann unbekannterweise schnell zum *Deutschen mit Nazihintergrund* degradiert werden, selbst wenn er dafür gar nicht alt genug ist, wie es zuletzt Jule Hoffmann im Sinne einer natürlich immer sinnvollen und besseren Aufarbeitung in der *Zeit* ein wenig missverständlich beschrieben hat.[18] Denn die Etikettierung betrifft gerade jene nicht, die sich reflektiert mit der Kontinuität des Antisemitismus auseinandersetzen. Man kann nicht jedem das Label aufkleben, gerade nicht denen, die in ihren Familien jeden beliebigen Nazi-Onkel im Nachhinein dingfest gemacht haben, und sei es auch nur verbal. Ein gefährliches Ranking der Beleidigten und Erniedrigten wird im gemeinsamen Leben etabliert, in dem nur die Befürchtung des Negativen argwöhnisch vorgebracht, aber positive Zeichenübertragung gar nicht erst für möglich gehalten wird. Es ist, als könnte das verkleidete Kita-Kind die amerikanischen Ureinwohner nicht wertschätzen oder gar bewundern, aller Optimismus wird unmittelbar in die Bereiche des Unmöglichen verbannt, die Freiheit differenzierter

Abwägung in vorauseilendem Schließen der Reihen hastig abgewürgt. Ja, es ist ein wahrhaft wahnsinnig anmutendes Gebaren, wohin man auch zu blicken wagt.

Wie kommen wir da heraus? Überzeugende, begeisternde, für wirkliche Veränderung stehende Parteien, die man ohne die Schmach des geringeren Übels noch wählen könnte, gibt es praktisch keine mehr. Für mein vielgestaltiges soziales Umfeld ist, wenn überhaupt, jeweils nur ein kleiner Teil ihrer politischen Positionen richtig vertreten, während die Schnittmenge zwischen Wahlvolk und Parteiprogrammen immer weiter zu schrumpfen scheint. Dort, wo wenig verdient wird, ist die Wahlbeteiligung verlässlich am geringsten. Die Demokratie wird zu einer Repräsentationsform der Wenigen.

Die an vielen Fronten verheizten Prügelknaben von der Polizei werden in der linken *taz* im Juni 2020 mit Abfall[19] gleichgesetzt, weiße Kritik an einem Text zum *Racial Profiling* ist dort später leider unerwünscht, als hätte es niemals einen bösen Schwarzen gegeben. Die Linkspartei spult auf uninspirierten Pressekonferenzen bockige Polizeikritik ab, und ausgerechnet die nach dem medialen Gewitter vorsichtig abwägende weibliche Chefredaktion der Berliner Tageszeitung wird zur Fraktion der Ewiggestrigen gestempelt.

Im aufgesetzten Empörungsgeschrei der sich antielitär und nonkonformistisch gebenden AfD findet sich selbstverständlich auch nichts Überzeugendes. Eine Organisation, die ein Übermaß an Energie darauf verwendet, die eigenen Parteifreunde wegzubeißen, darf schon allein deshalb keine Verantwortung übernehmen, weil das hohe Potential an Ruppigkeit am notwendigen Gemeinsinn sehr stark zweifeln lässt. Das Haifischbecken SPD wirkt gegen die sich originär germanisch gebärende Grabenkampfarena der selbst-ernannten Werteträger wie eine brave Kindergartengruppe. Wichtige Dinge weit und klar durchdacht durchzusetzen trauen viele Zeitgenossen leider keiner der aktuell wählbaren Parteien zu. Man kann selbst mit einiger Anstrengung nicht einmal die Absicht erkennen, dass der nötige Wille aufgebracht werden soll, endlich einmal über die viel beschworene Mitte und die Interessen der als ureigenst imaginierten Klientel hinaus zu denken, und, gerade in der Pandemie, das Wort regieren wieder mit Leben zu füllen. Statt der Kandidaten diskutieren Söder und Habeck stellvertretend im TV.

Was ich selbst weiß, was wir, die lange vor der Jahrtausendwende geboren sind, zu wissen glauben, ist für viele offensichtlich nicht mehr relevant, die Zeit dreht sich zu schnell für den behäbig gewordenen, klassischen Bildungskanon. Mich beschleicht das Gefühl, auf den falschen Partys zu tanzen, dem Innovationsdruck nur noch hinterherzuhetzen, ohne dabei sicher feststellen zu können, was es noch lohnt, aufbewahrt zu werden. Bestenfalls milde belächelt, können manche von den Älteren von Zeiten berichten, zu denen einiges noch wesentlich besser lief. Oder bildet man sich das alles auf dem Hintergrund selektiver Wahrnehmung bloß ein? Wäre es denkbar, dass der Rückblick die eigene Sicht übermäßig verzerrt? Mir liegt daran, Erklärungen für die gegenwärtige Disfunktionalität zu finden und Gründe zu suchen, die uns bis an diese schwierige Position geführt haben. Letztlich stellt sich die Frage, was wir als demokratische, gesellschaftlich Engagierte und dem Progressivismus Verpflichtete heute überhaupt noch tun können, und auch unbedingt vermeiden sollten. Denn nur die progressive Sicht, so will ich meinen, dürfte die entscheidenden Antworten auf die Misere breiter, sozial und finanziell abgehängter Schichten noch bereithalten, sofern sie es wagt, Ballast abzuwerfen, und sich auf ihren Ursprung ausgleichender Gestaltung zurück zu besinnen. Die Geschichte zeigt, dass sich solche Bestrebungen lohnen können. Allein die Umfragen verdeutlichen, dass die politische Linke die Bevölkerung mittlerweile kaum noch anspricht.

Viele, mit denen ich alltäglich beruflich oder privat zu tun habe, beschleicht ein Konglomerat gemischter Gefühle. Es entspringt einer Kombination aus der Überforderung mit den rapiden Veränderungen im Hamsterrad der 7/24-Lebenswelt, der Angst vor einer immer unübersichtlicher werdenden Mixtur aus Virusvarianten und Klimakatastrophen, der allumfassenden Arbeitsverdichtung sowie der eigenen, trüben Stimmung aus resigniertem Unvermögen und dem Gefühl persönlicher Ohnmacht. Das Eingeständnis, mit der gesellschaftlichen Situation nicht mehr klar zu kommen, legen sich viele als individuelle Schwäche aus. Man glaubt, im multipolaren Druck der Jetztzeit nicht mehr bestehen zu können, liest zur Zerstreuung Kolumnen von Fleischhauer oder aus der NZZ und ertappt sich selbst dabei, wie man ihnen bisweilen verärgert zustimmt. In diesem Spannungsfeld der Selbstentfremdung entsteht das beschriebene Übermaß an Unwohlsein.

In den im Folgenden dargestellten Überlegungen sollen Fehlentwicklungen aufgezeigt und mögliche Denkstrategien skizziert werden, die dabei helfen können, unser soziales Leben zu verbessern. Den Fehler der Vergangenheitsapotheose werde ich hoffentlich nicht machen. Wir müssen vor allem darüber diskutieren, auf welche Art wir miteinander reden, und welcher Ausdrucksweise wir uns dabei bedienen. Ich werde die Frage stellen, worin noch weitere Gründe für das offensichtliche Scheitern der Jetztzeit liegen könnten, und erläutern, was politische Gruppierungen heute mitbringen müssen, um überhaupt noch Wirkung zeigen zu können.

Dabei sollte erstens klar werden, dass Religion oftmals nur wenig segensreich ist, und sich zweitens zeigen, ob die Rettung der Menschheit überhaupt noch lohnt. Das wäre dann ein ziemlich ketzerischer Ansatz. Denken wir darüber nach, warum es für viele so leicht geworden ist, abwegigen Lehren zu folgen, und was auch Rationalisten im notwendigen Kampf gegen die grassierende Vormacht des Instinktes über die Intelligenz gehörig falsch machen. Reden wir darüber, wie wir Bildung neu organisieren, mit Wissenschaftsfeindlichkeit umgehen, Ungleichheit bekämpfen, wie wir Emanzipation neu denken könnten.

1.

Rede und Öffentlichkeit. Was wir mit Sprache tun, und was wir über sie wissen sollten

Wer redet, agiert. Sprache kann auch als Verhalten beschrieben werden, das sich zum Ziel setzt, auf Gesprächspartner einzuwirken. Die verschiedenen Arten sprachlicher Einflussnahme vom Sprecher auf den Hörer werden von Sprachhandlungstheorien erklärt.[1] Durch gezielte Auswahl, Kombination und Erfindung neuer Metaphern und Bezeichnungen kann es unter anderem auch gelingen, unterschiedliche soziale Gruppen gezielt auszugrenzen. Klemperer[2] hat solche wortbasierten Segregationsversuche schon vor langer Zeit eindrucksvoll belegt. Selbst die Erniedrigten seiner Epoche bedienten sich mit Erfindungsreichtum einer eigens geschaffenen Herrensprache, ohne dass genau erkennbar geworden wäre, ob sie die besondere Sprechweise der sich tausendjährig wähnenden Sieger bereits übernommen hatten oder die Regelhaftigkeiten nur im Sinne einer subversiven Strategie ad absurdum nutzen wollten: „Zähnejude", „Fahrjude", „Laufjude", „Waschjude" und „Saujude" waren beispielsweise, im dritten Reich erdachte, Bezeichnungen eines jüdischen Arztes für seine malträtierten Mitmenschen. Die hämischen Redeformen und die Syntax der Diktatorensprache, das Voranstellen der erniedrigenden Bezeichnung als verbalen Stern, Superlative, aber auch Abkürzungen wie das subversive GröFaZ und viele andere Beleidigungen und Provokationen gingen durch millionenfache Wiederholung[3] in die Allgemeinsprache über. Sprache bildet die Welt nicht nur ab, sie schafft sie neu, wie der Poststrukturalismus lehrt. Das Objektive sollte man im Sprachlichen also lieber nicht an jeder Stelle suchen.

Aus welchem Grund führe ich diese Beschreibung aus den Dreißigern hier an? Wer das 1947 erschienene Werk LTI von Klemperer heute neu liest, ist schockiert über die auffälligen Parallelen zur unverschämt galligen Sprache moderner, rechtsradikaler Foren. Der Ausruf des im Jahre 1941 vorbeifahrenden Autofahrers: „Lebst du immer noch, du verdammtes Schwein? Totfahren sollte man dich (…)!" klingt wie ein Zitat aus einer einschlägigen Telegram- oder facebook-Gruppe des Jahres 2021. Absicht und Formentsprechung der Sprache ändern sich nicht. Wir ändern uns nicht, und sind die „immergleichen Bastarde, die wir schon vor zwanzigtausend Jahren waren", wie David Bowie einmal gesagt hat (Dylan Jones: 2018, 429. Übersetzung des Verfassers). Was früher der sichtbare, obligatorische Zwangsaufnäher für die Erniedrigung war, ist für die moderne Ausgrenzung die andere Auffassung, oder der nach Ferne klingende Name. Die unter einer nicht abreißenden Serie von Drohmails geplagte Berliner Gesundheitsreferentin Sawsan Chebli oder die Anwältin Basay-Yildiz können ein Lied davon singen. Gar nicht so seltsam aber ist: Namen wie Miazga und Chrupalla werden im Kontrast dazu von interessierter Seite her auch an dieser Stelle sehr deutlich ausgenommen. Zu diesen definitorischen Widersprüchen innerhalb der Rechten und extremen Rechten berichte ich später noch viel mehr.

Metaphern und Framing tragen ihren ganz eigenen Teil zur Sprachhandlung bei. Die „Notwehrerzählungen" aus der „Opferpose"[4] rechter Hetzer sind getragen von sprachlichen Mustern, die nur bestimmte Aspekte der Gegebenheiten grell beleuchten[5] sollen. Bilder wie „Asylantenflut", „Migrationswaffe", oder „Rapefugees der Merkelmeute" sollen mit einer fein austarierten Technik der linguistischen Einflussnahme Ängste wecken, und lexikalisches Öl ins Feuer gießen. Angereichert durch Falschnachrichten, wie die vom islamistischen Hintergrund der Volkmarser Amokfahrt in 2020, wird versucht, den Brand am Schwelen zu halten. Dumme, Leichtfertige und rechtsaffine Aktivisten mit zersetzenden Absichten teilen solche Informationen. [6] Oftmals überraschend clever formuliert und in Memes eingebettet, ist dies nicht immer der Diskurs „Abgehängter" (Lobo) oder „Unzufriedener" (Klemperer). Im Gegenteil. Die Rechte zieht seit jeher gutsituierte Eliten an, die heute auch noch um ihren Abstieg fürchten müssen: Man ist gebildet und kann sich gut artikulieren, um dem Gegner das Wort im Munde herumzudrehen. Zudem lässt sich mit geschickt gesetzten Wörtern auch en passant einiges an Geopolitik bewerkstelligen: Im eigentlichen Sinne bedeutungsreiche und gewollt verstaubte Konstruktionen, wie die Bezeichnung für den *Mitteldeutschen Rundfunk*, lassen bei Zeitgenossen mit Sprachgefühl die Frage offen, wo sich Ostdeutschland nun eigentlich befindet, wenn Sachsen geografisch nach links rückt und unvermittelt im Zentrum des deutschen Geschehens liegt.

Metaphern helfen, die Komplexität der Welt zu ordnen und begreifen. In diesen psychischen Mechanismus greifen Hassprediger jedweder Couleur in der Art intelligenter, verbaler Viren gezielt ein, indem sie kognitive Erkenntnisprozesse erfolgreich in die gewünschte Richtung zu steuern versuchen. Dies wird umso gefährlicher, wenn solch lenkende Frames zusätzlich mit emotionalen Komponenten angereichert sind, die das innere Erleben als Konnotate intensivieren. So entstehen die wertvollsten Ressourcen der Rechten: Die Währungen aus Furcht und Angst. Die Falschmünzer sind nicht so dumm, stellen sich nur dumm, wie das ein genialischer und prägender Musiker einmal augenzwinkernd als eigene Pick-Up-Strategie propagiert hat: Lass' sie erst gar nicht wissen, dass du clever bist. Die Rechten spielen sehr klug auf und mit der

Klaviatur der Beschränktheit ihre simplen Melodien. Wir aber müssen ihnen mindestens ebenso klug begegnen, nachfragen, und sprachlich immer das eine Quäntchen besser sein. Neueste Ansätze der rechten Kommunikationsmechanismen nutzen das Corona-Virus als vorgebliche „Migrationsseuche", um damit gezielt zu diskreditieren. Die aktuelle Polemik um den gezielt wohl nachlässig zitierten Wieler und die notorische BILD-„Zeitung" sprechen Bände.[7] Die Setzung sprachlicher Mechanismen verbindet sich gefährlich schnell mit psychischem Erleben. Der klassische österreichische *Ortstafelstreit* zeigt, wenn auch auf einer anderen sprachlichen Ebene, die tiefe Verknüpfung von Sprache, Politik und Seelenzustand.

Sprachliche Zeichen sind in einen mehrdimensionalen Kontext eingebettet. Durch hunderttausendfache Wiederholungen immergleicher Wortzusammenhänge werden semantische Routinen geschaffen. Und was oft genug wiederholt wird, so geht das unbewusste Denken vieler, muss doch irgendwie auch stimmen. Millionen Fliegen können sich schließlich nicht irren, ein Spruch, den man gern immer neu zitiert. Dabei bietet leider auch die viel gerügte Linke in ihrer naiveren Ausformung genügend sprachliche Angriffsfläche. Wer Probleme gewandt ausblendet und die spezifische, aber verlässlich rosarote Brille vor den blauen Augen auch dann nicht abnimmt, wenn dies dringend geboten sein sollte, schafft durch die erleichterte Produktion billiger Schlagzeilen einiges an übertoleranter Sicht auf von vielen mittlerweile als gesellschaftlich relevant erkannten Probleme – und damit eine Menge Vulnerabilität. Da ist es den Angreifern ein Leichtes, immer weiter über die so bezeichneten „Kulturbereicherer", „Traumatisierten" und „Gutmenschen" herzuziehen.

Ob sich die Kämpfer der Sprache damit selbst zu den Schlechtmenschen zählen, bleibt genauso unklar wie die Frage, ob es für den Fortschritt zielführend ist, sich gegenseitig unterschiedlich gewichtete Kriminalstatistiken und Vokabellisten um die Ohren zu hauen. Während die rechte Intelligenz der alten Bundesrepublik jahrzehntelang nicht müde wurde, mit mehr oder weniger Subtilität darüber zu streiten, ob Deutschland ein *Einwanderungsland* sei oder nicht, die Herkunft zeitungsrelevanter Missetäter genannt werden sollte, oder ob man es, für den nach links orientierten Diskurs, mit Nazis, besorgten Bürgern, Flüchtlingen, Geflüchteten, Auszubildenden oder Lehrlingen, Ausländern oder Menschen mit Migrationhintergrund zu tun habe, und damit auch die dynamische Entwicklung der Gesellschaft an sich vollkommen aus dem Blick verlor, wurde es dem Fußvolk der Rechten überaus leicht gemacht, die Gesellschaft mithilfe der beschriebenen, verrohten Sprache durch die geöffneten Schleusen zunächst noch unbekümmert begrüßter Netzfreiheit nachhaltig zu vergiften. Die Reise vom „wir sind das Volk" zum fliegenden Handel mit den Merkel-Galgen ging schneller als jemals befürchtet werden konnte.[8] Von den spezifischen Wahrnehmungsfiltern beider Lager und ihren jeweiligen Widersprüchen soll später noch die Rede sein.

Wie kommen wir aus diesem sprachlichen und argumentativen Dilemma heraus? Sascha Lobo[9] baut voller Optimismus auf das „Einsichtspotential" moderat rechtsoffener Streiter und plädiert dafür, das traditionell Konservative spürbar zu stärken. Wo der Konservatismus stark sei, hätten es Rechtspopulisten schwer. Ein attraktiver Gedanke zu einer Strategie, die das Traditionsbewusstsein mit verbalen Belohnungshäppchen zu sedieren trachtet. Gleichzeitig unterläuft dem stets beängstigend luziden Denker Lobo an dieser Stelle vielleicht aber auch ein Gedankenfehler: So sei es komplett falsch zu behaupten, man müsse nur eine vernünftige linke Politik machen, um den Rechtspopulismus zu schwächen, was in eine in eine politische Sackgasse führe. Nur zwei Seiten weiter aber preist er die gute Politik Atónio Costas[10] in Portugal an, ein Politiker dem es gelungen sei, sein Land durch einen wohlüberlegten sozialdemokratischen Ansatz am Ende „glänzend" (Lobo) dastehen zu lassen. Völlig richtig, für den klassischen Rechten selbstverständlich eher uninteressant, aber ein Ausweg für die seit Jahrzehnten im unteren einstelligen Prozentbereich dümpelnde deutsche Linke ist das allemal.

Wie dem auch sei, eine Mischung aus stringenter Faktenpräsentation, Wertschätzung, Zu-Wort-kommen-lassen und gepflegtem Streit im näheren Umfeld und im Netz scheinen die antiviralen Mittel der Stunde zu sein. Es darf nicht durchgehen, dass die AfD von den sonntäglichen Streitereien im Öffentlich-Rechtlichen weitgehend ausgeschlossen wird, und die Hundekrawatte keinen Platz bei Plasberger und Will findet. Viel besser wäre es, Personen und Organisationen in der Debatte zu stellen, statt sich öffentlich und privat nur in den eigenen Blasen zu bewegen. Nur durch Streit entsteht Fortschritt, Schweigen aber ist kontraproduktiv fürs Demokratische. Wer von den Älteren erinnert sich nicht an die erbitterten, aber mit großer Freude geführten Debatten der Siebziger, in denen es um die Reizthemen BRD oder Bundesrepublik, SPD, Kirche, Augstein, Spiegel-Affäre und FJS ging. Eine Zeit voller Fernsehsendungen, deren Ausgang vollkommen unabsehbar war. Hier könnte man ansetzen, um die Streitkultur neu anzuregen. Der kontrollierte, thematisch langweilige Diskurs der immergleichen, haltungsschwachen und -unauffälligen Sprechmaschinen im öffentlichen Fernsehstudio stärkt lediglich das Radikale auf der Straße. *I'm only in it for the Zeilenhonorar* heißt eines der schlauen Bücher des

Musikjournalisten Bruckmaier: Auch die sprechende Köpfe im TV wollen Aufmerksamkeit und möglichst lange reden, dabei aber wenig sagen, um nicht unnötig festgenagelt werden zu können. Was früher noch hoch spannendes Live-TV war, ist längst ganz furchtbar öde geworden.

Im engsten Umkreis kann man hochintelligente Leute ausmachen, die auf Fehlinformationen hereinfallen, und in der unbedachten Schnelligkeit des digitalen Zeitalters übereilt allerlei Fake-Bildchen teilen. Ob manipulierte Zitate von Trittin, Stefanie von Berg oder gefälschte Fotos wie das manipulierte *Kinderinnenplakat* am Spielplatz:[11] Halten wir mit Fakten dagegen. Nur eine Korrektur ist besser als gar keine. Vermeiden wir dabei, in die berühmte Falle von *Godwin's Law* und ihrem zwanghaften Hitlervergleich zu tappen. Darauf warten viele nur. Beschränken wir uns, mit der scharfen Waffe ausgesuchter Höflichkeit auf nur einen griffigen Aspekt, um ein Ausufern der Diskussion zu verhindern. Lassen wir uns gegenseitig ausreden und betrachten wir den Gegner als willkommenes Mittel, die eigenen Argumente in der Demokratie zu schärfen.

Leute wie Nikolaus Blome, Jan Fleischhauer und, meinetwegen, Nick Land kitzeln die Widersprüche in der Betriebsblindheit eigener Überzeugungen heraus. Nicht indem wir Gegner bequem in die Naziecke schieben, schaffen wir Fortschritt. Wir erreichen ihn, indem wir das Streitige in uns selbst erkennen, und dann kritisch und klug hinterfragt ausräumen. Die berühmte Ordnungsberaterin Mari Kondō bringt durch eine radikale Reduktionsstrategie unsere Wohnungen auf Vordermann. Versuchen wir, uns selbst beim strukturierten Sprechen und Denken auf ebensolche Art zu helfen.

Gerade die Kunst des Ausreden- und auch diejenige des Schweigenlassens sollte dabei zentrales Anliegen bleiben. Denn wer bloß übertönen oder canceln will, gibt sich selbst im Grunde dieser Lächerlichkeit preis. Im Übrigen ist letzterer Ansatz kein neues Phänomen, wie die Tumulte während eines Frank-Zappa-Konzertes am 16.10.1968 im Berliner Sportpalast zeigen, als studentische Funktionäre des sozialistischen Studentenbundes SDS den großen Musiker aufforderten, Sprecher für eine ihrer Demonstrationen zu werden. „Dieser lehnte mit der Begründung ab, er wolle sich nicht vor einen politischen Karren spannen lassen. Daraufhin lief das Konzert völlig aus dem Ruder. Über 70 Studenten enterten die Bühne und schrien: ‚Mothers of Reaction', und die Halle stimmte mit ein! Konzertveranstalter Fritz Rau versuchte vergebens, die Studenten davon zu überzeugen, die Bühne zu verlassen. Also blieb den *Mothers of Invention*, um weitere Tumulte oder sogar Schlimmeres zu verhindern, nichts anderes übrig, als auf der überfüllten Bühne weiterzuspielen."[12] Gerade Zappa, den genialen Großmeister einer völlig neuartigen Siebziger-Konzeptmusik der Reaktion zu verdächtigen, war ein Ansatz, der trotz der großen Verdienste des SDS um die Entmuffung der durch Altnazis verseuchten Nachkriegsgesellschaft an dieser Stelle nur als steindumm bezeichnet werden kann. Er selbst hat später in einem Interview dazu gesagt, Teile der damaligen extremen Linken zeigten „faschistische Züge" (*Eat that Question*, Thorsten Schütte 2016), eine Haltung, die ihn allerdings nicht davon abgehalten hat, den Künstlerkonkurrenten Bowie, der als sein Verehrer gern mit ihm ins Gespräch gekommen wäre, in einem Restaurant fortwährend mit dem spröden Ausspruch „f*** you, Captain Tom" zu beleidigen.[13] Diese peinliche Entgleisung, sofern sie nicht eine Facette von Zappas typischen Performances war, führt uns zum täglichen Umgang mit der Sprache.

2.

Wie geht's dem Miteinander? Alltagssprache von *Mister Mits* bis außen rechts

Mein Viertel begrenzt eine Straße mit einem kleinen Toto-Lotto-Zeitungstabakladen, der vielerlei wirtschaftliche und soziale Funktionen erfüllt. Die Straße bildet die Nord-Süd-Grenzlinie zwischen einem gutsituierten und dem ärmeren Stadtteil. Kinder können ihre Lollis und Hubba-Bubbas anschreiben lassen, die Zalando-Kunden ihre fünfzigprozentige Rücksendequote erfüllen. Die Abzahlung der Kredite für die Kleinen erfolgt nach Aussagen der Besitzerin nicht immer zuverlässig. Da der Stadtteil arm an Geschäften ist, werden für die immobilen Alten Grundnahrungsmittel im Privatauto der Ladenbesitzerin herangekarrt. Die Kundschaft ist überwiegend angenehm und umgänglich. Bis vor kurzem durfte im Geschäft sogar noch geraucht werden, nun gibt es den Kaffee ohne Zigaretten. Die Qualität des Lektüreangebots reicht von *sz* bis „*BLÖD*", eine treffliche Bezeichnung, die Jurek Becker und dem Liebling Kreuzberg an dieser Stelle eine unverzichtbare, letzte Ehre erweisen soll. Sofort zu Beginn der Corona-Krise haben sich Jugendliche aus dem Viertel dazu bereit erklärt, gekaufte Tante-Emma-Waren aus dem Laden kostenlos an die Alten auszuliefern. Das Logistikangebot haben die Jugendlichen mit großen Plakaten am Schaufenster öffentlich gemacht. Die engagierte Ladenbesitzerin ist immer bereit für einen intelligenten Plausch, und somit auch meine Informationsquelle für sprachliches Verhalten und sonstiges mitunter problematisches Benehmen, für das allgemeine Geschehen im Viertel und für die Befindlichkeiten der Kundschaft überhaupt. Oft kommt dabei die Klage über den alten Nazi, der regelmäßig, und immerhin in überschaubarem Deutsch, bei für ihn ge-

gebenem Anlass ausgerechnet über die „Ausländer im Stadtteil" herzieht. Warum ausgerechnet? Es ist ein polnischer Nazi. Das muss man wissen. Die sehr kluge Besitzerin berichtet:

„Vor ein paar Tagen kam eine ältere Dame an den Tresen und bemerkte zum Einkaufs-Plakat: 'So ein Käse. Das hätte ich nicht jetzt, sondern vor zwanzig Jahren gebraucht, als meine Mutter noch lebte. Der musste ich nämlich immer alles einkaufen.' Da das Mehl epidemiebedingt auf eine Packung pro Person begrenzt ist, ein älterer Herr aber zehn davon erwerben wollte, kam die Bemerkung: 'Scheißdreckladen'. Erbost verließ er das Geschäft. Als das Lädchen wegen zweier Sterbefälle in der Familie an unterschiedlichen Vormittagen geschlossen werden musste, kommentierte ein Kunde meinen Infozettel mit den Worten: 'Können-se die nicht schnell an einem Tag beerdigen? Dann muss der Laden nicht ewig geschlossen bleiben.' Und weil bei begrenztem Einlass immer nur ein Kunde im Geschäft sein darf, mussten einmal ein paar Jungs vor dem Geschäft auf den Zutritt warten. Ein ungeduldiger, maskenloser Senior drängte sich, wohlgemerkt in Zeiten der Abstandsregel, mit den Worten 'Weg da, ihr Schnösel. Ich habe im zweiten Weltkrieg gekämpft!' an die Theke vor. Und da die Kunden sich partout nicht an die zentralen Coronaregeln *nur eine Person im Verkaufsraum* und *in die Armkehle niesen* halten wollten, sogar aus nächster Nähe ihre Aerosolwolken mit der Bemerkung 'ich bin gesund' in Richtung Kasse sprühten, mussten teure Plexiglasscheiben über der Theke angebracht, und die stundenweise Anstellung von Security diskutiert werden. Einer kommt täglich ohne Maske. Spreche ich ihr darauf an, bemerkt er: ‚Wenn Sie nichts verkaufen wollen, machen Sie den Laden doch dicht.' Ich sage Ihnen, wären nicht die wenigen netten Leute hier, die den Laden wirklich brauchen, ich hätte schon längst geschlossen. Ich bin fertig. Ich öffne nur noch von 8-13 Uhr. Mehr an Aggression ertrage ich nicht."

Die laute, fordernde Minderheit der Problemkunden kommt aus beiden Stadtteilen. Die einen sind erbittert, dass sie arm, alt, allein und krank, die anderen gereizt, weil sie alt, allein und gebrechlich sind. Was hat das nun aber alles mit der Sprache an sich zu tun? Nach dem Wissenschaftsklassiker de Saussure ist sie eine „soziale Einrichtung"[1], ein Vertrag, den Sprecher einer Sprachgemeinschaft miteinander geschlossen haben, um sich zu verständigen. Dabei sind Vereinbarungen getroffen, welche Dinge und Sachverhalte mit entsprechenden Wörtern bezeichnet werden. Die Soziolinguistik beschreibt die Verwendung von Sprache in unterschiedlichen Schichten und die unterschiedlichen sozialen Beziehungen zwischen den Gesprächsteilnehmern. Die Sprechakttheorie nach Austin (1911-1960) rückt die Funktionen der Sprache, das Wozu, in den Mittelpunkt. Direktive Sprachäußerungen sind in der komplexen Typologie J. R. Searles beispielsweise solche, die befehlende, bittende oder herausfordernde Grundlage haben.[2] Sprachliche Handlungen sind in Kontexte eingebettet, die im Idealfall Konventionen und Regeln der Höflichkeit folgen sollten,[2] die individuelle Sprachverwendung kann Aussagen über physische und psychische Identität ermöglichen.[3] Diese mehr als nur umrisshafte Grundbemerkung über die Funktionen soll der weiteren Darstellung als Orientierung dienen, was beim Sprechen auch alles nicht gelingen kann. Und das ist ziemlich viel.

Den Sprechern in den oben geschilderten Beispielen sind, abgesehen von der sprachlichen Funktion und Absicht des fortgesetzten Angriffs mit verbaler Aggression, ganz entscheidende, Gemeinschaft stiftende Elemente abhanden gekommen: Die menschliche

Komponente des klugen und reibungsarmen Miteinander, und die historisch gewachsene Sprachfunktion als soziales Schmiermittel und Entwicklungswerkzeug des Erfolgsmodells homo sapiens. Kommunikation greift hier aber niemals ineinander. Sie wirkt (frei nach William S. Burroughs) als Virus, und ufert aus in die Gefilde der Unverschämtheit. Sie verhakt in der individuellen Verteidigung egozentrischer Interessenlagen. Wie am historischen Tribok des Mittelalters wird verbales Beleidigungsmaterial als bedeutungsarmes Gebell über die Wehrmauern verschossen, dem im besten Falle mit der Methode *gar nicht erst ignorieren* beigekommen werden kann. Eine Antwort wird, wenn überhaupt, bloß noch in der Form des Gegenangriffs erwartet. Hier gilt es, das eigene Schweigen durchzuhalten.

Generell gesprochen kommt mir die momentane, auch nonverbale Verfasstheit der Gesellschaft wie die Manifestation kontinuierlicher Empörung (siehe auch Kapitel 12) vor, in der Sloterdijks *Erregungsgemeinschaft* freudig grüßen lässt. Dabei gilt auch für das systemrelevante deutsche Mobilitätsverhalten nach wie vor das Gebot, nach dem je dicker die Karre, desto mieser die alltagsbestimmende Laune sein muss. Die gute alte *Freude am Fahren*[4] scheint da kaum noch aufzukommen. Es bleibt somit die Frage, ob Premium auch die Glücksgefühle bis in den siebten Himmel bringt. Ich glaube eher nicht.

Die Corona-Krise hat Deutsche, US-Amerikaner, Franzosen[5] und viele andere nun auch noch mit dem völlig neuen Phänomen der Klopapierschlägereien bekannt gemacht, die zu Beginn der Pandemie regelmäßig zu physisch-seelischen Entgleisungen im Discounter führten. Mittlerweile befasst sich schon die Psychologie mit diesem apokalyptischen Phänomen.[6] Man darf hier dem Kämpfern und Kämpferinnen zugutehalten, dass die Singularität der Ausnahmesituation die entsprechende Nervosität offenbar ins Unermessliche zu steigern vermag. Eine Epidemie trifft uns in einer gesellschaftlichen Situation, in der schon lange Jahre vorher die Nerven blank lagen: Ärztinnen und Ärzte berichten seit langem von respektlosen Patienten, die mit medizinischen Kinkerlitzchen (Seife im Auge) und ergoogelten Selbstdiagnosen die Notaufnahmen blockieren, das Außenministerium von Urlaubern, die zu Beginn der Pandemie lautstark staatlich organisierte, kostenfreie Rückholungsflüge fordern, Lehrkräfte von bedrohlichen Eltern und respektlosen Schülern. Zeitungen schreiben von Bahnmitarbeitern, die bei Fahrscheinkontrollen angepöbelt, Rettungssanitäter die mit Steinen beworfen, Migranten die grundlos attackiert, sowie *last but not least* Polizisten die mit dem Ausruf „ich hab Corona" bespuckt werden. In langen zivilisatorischen Entwicklungsprozessen erstrittene Regelhaftigkeiten des Common Sense sind vielen komplett überflüssig geworden, deren Missachtung nun mit halbherzigen Gesetzesnovellen eingedämmt werden soll, für deren Durchsetzung das Personal die längste Zeit noch weggespart wurde. Da ist in den neoliberal verschlankten Staaten ganz allgemein etwas in Rutschen geraten, nicht nur bei uns in Deutschland.

Schlechte Bezahlung, problematische Lebensumstände, zerfallende oder disfunktionale Familienstrukturen sind einige der Gründe, die ursächlich zum Unwohlsein beitragen. Aus Frankreich berichten Ingrid Levavasseur vom Krieg innerhalb und im Umfeld der sich selbst untereinander wegbeißenden Gelbwestenfraktionen,[7] Édouard Louis von Konflikten in prekären Familien[8] und dem Überlebenskampf der Väter,[9] Virginie Despentes vom Überwasserhalten mit Bullshit-Jobs im Sexgewerbe.[10] Ich möchte behaupten, in Frankreich sei eine ganz neue Literatur des Prekariats entstanden. Vielen geht es dort nicht gut, wer soll es auch richten? Die Sozialistische Partei ist mit dem Totengräber Hollande fast in der Versenkung verschwunden. Marine Le Pen aber bindet die übrig gebliebenen Wählerschichten und wird im nächsten Jahr zu einer ernsthaften Bedrohung für Macron. Von der proletarischen Solidarität, der gesellschaftlichen Vision, vom Willen zum Aufstieg durch Bildung, Haltungen und Möglichkeiten, über die meine hart arbeitenden, streng und dezidiert antiklerikalen SPD-Großväter so gern berichteten, davon ist nicht mehr übrig geblieben. All das aufgestaute Ungehaltene bricht sich nun Bahn, physisch wie verbal. Wer unten ist, will nach oben, ohne sich dabei mit Bildungsanstrengung zu belasten, wer oben ist, kann es sich leisten, das System an sich in Frage zu stellen, das das eigene Emporkommen doch erst ermöglicht hat.

Da gibt es die sprachlich gewandten Brandstifter, die für die Entwicklung der immer dumpferen Alltagssprache des *Mister Mits* (ein Akronym zu *Man In The Streets*) stehen. Nach und nach hat man die Grenzen des Sagbaren ins Unsägliche verschoben. Ein Teil der öffentlichen Figuren nutzt die so genannten und verachteten *Systemmedien* gern, um bedeutungsschwanger klingende, dabei aber auf den zweiten Blick als gefährlich enthemmt verstehbare Texte zu verbreiten, die auch so gemeint sind, wie sie verstanden werden sollen. Die verklausulierte Struktur bildet im Fall des Falles juristisch verwertbare Hintertreppchen. Beeindruckend klingende Metaphern staatlicher Körperlichkeit, stahlblaue, kriegerische Bilder, Geraune von der *Homöostase* des *Volkskörpers* und der Rückeroberung eines von *Kartell-Parteien* geplagten Staates, Narrative vom Kulturkampf prägen einen hohlen und opferseligen Umvolkungsdiskurs, der nicht einmal vor antisemitischen Klischees, dem altachtundsechzigerhaft klingenden *Mief und Muff* und dem obsoletstalinistischen *Kosmopolitentum* in der gegenwärtigen Form des

Globalismus zurückschreckt. Da wird der Gegner auf innere Befehle hin *abgeräumt*, soll das *Nationale und Soziale* wieder zusammengebracht werden, damit das Volk (Achtung, hier droht die Religion!) wieder *auferstehen* kann.[11] Das als faschistoid oder entgrenzt zu bezeichnen kommt mit Sicherheit einer kompletten Verharmlosung gleich. Die Debatte um den Flügel zeigt schmerzlich auf, dass die intellektuelle Latte für das gymnasiale Lehramt in Deutschland ganz offensichtlich viel zu niedrig liegt. National bewegte Netzwerker mit erheblicher Rechtschreibschwäche tun es den Reden schwingenden Vorbildern nach, und nutzen ihr Gerät, so gut es eben geht, ohne Korrekturfunktion zu schriftlich fixiertem Gegröle.

Gibt es irgendeinen Ansatz zur Verbesserung der aktuellen Bedingungen, muss er beim Bewusstsein für konstruktive Sprache beginnen. Wir müssen lernen, wie wir wertschätzend und sinnvoll miteinander demokratisch reden können. Dabei ist es vor allem an den verlässlich unterfinanzierten Geisteswissenschaften, den momentanen Vorrang des rein Technischen auszubalancieren. Weder werden uns die auf YouTube dokumentierten Brüllduelle eines Jordan R. Peterson oder rein politisch ausgerichtete Streitgespräche bei Will, Plasberg oder Illner weiterbringen. Der Diskurs muss sich unter Beteiligung namhafter Sprachwissenschaftler unter Ausschluss volkslinguistischer Beiträge sprachwissenschaftlicher Kritik stellen. Hohle Politikerphrasen müssen benannt, grobe Verletzungen menschlicher Konventionen geächtet, Beleidigungen nicht wie jüngst bei Frau Künast geschehen gerichtsfest legalisiert, sondern sanktioniert werden. Dazu braucht es eine breite Debatte zur Meinungsfreiheit, wie sie in den folgenden Abschnitten noch diskutiert wird. Kübra Gümüşay[12] hat sich in diesem Zusammenhang um eine detaillierte und aufgeräumte, wenn auch in Teilbereichen als überkorrekt angreifbare Sicht der Dinge verdient gemacht.

Diese Debatte soll jeder ungestraft führen können. Sprach- und Sprechverbote im Sinne einer identitären thematischen Verengung wie in der intellektuell mangelhaften Diskussion um Jeanine Cummings *American Dirt* oder das Absetzen des weißen *Simpsons*-Synchronsprechers Hank Azaria zeigen auf, dass ein unvoreingenommenes Wertschätzen der Beiträge hellhäutiger Menschen und ihrer künstlerischen Arbeit von vornherein ausgeschlossen werden, und im jeden Fall durch einen eigens anberaumten Schibboleth-Test schnellstmöglich Schuldige gefunden werden soll. Im ersten Falle mag man sich nicht die Möglichkeit vorstellen, dass eine kluge weiße Frau ungestraft über Latinos schreiben darf, im zweiten schlägt man gleich zweimal mit der Fliegenklappe zu: Die indischstämmige Simpsons-Figur Apu habe einerseits einen zu starken indischen Akzent (als ob es keine Einwanderer mit deutlicher Sprachfärbung oder schwedisch akzentuierte IKEA-Werbung gäbe), andererseits dürfe ein weißer Sprecher keinen dunkelhäutige Figur synchronisieren. Die intellektuelle Rechtschaffenheit von Cummings und Azaria wird gar nicht erst für denkbar gehalten. Ebenso verhält es sich bei der Diskussion um Übersetzungen des mittlerweile zu Ruhm gelangten Inaugurations-Gedichtes der US-Amerikanischen Autorin Amanda Gorman. Der Katalane Victor Obiols habe nicht das richtige Profil (Frau, Aktivistin), ebensowenig entspreche die nicht-binäre Autorin und Booker-Preisträgerin Marieke Lucas Rijneveld als niederländische Übersetzerin (weiß, jung, weiblich) den Vorgaben der selbsternannten Vertreter der eindeutig bedrohlichen Tilgungskultur. Nicht allein der Mechanismus wirkt dabei bedrohlich. Es ist die schier beängstigende Zahl der Beispiele, die es mir als Autor schon schwer macht, eine überschaubare Menge geeigneter Belege auszuwählen.

Eines meiner Lieblings-Alben vom legendären Münchner *Trikont*-Label ist die Kompilation *Beyond Addis*, auf der vornehmlich weiße Musiker äthiopischen Groove-Jazz nachspielen. Folgt man der hypergeneralisierenden Theorie der kulturellen Aneignung, dürfte eine solche Produktion gar nicht mehr vertrieben werden. Denn ihr zufolge wäre der weiße Zugriff auf primär schwarze Musik ein Sakrileg. Ein Bann, der auch den *Northern Soul* sowie die klassische *Average White Band* mit ihrer schwarzen Musik, Stevie Ray Vaughan oder sogar das *American Yodeling* im Nachhinein treffen könnte. Ich selbst müsste als Hobbymusiker meine bescheidenen Hendrix-Interpretationen einstellen – und die Gitarre brav an den Haken hängen, ebenso wäre das Album *Ho! Roady Music from Vietnam* bei mir zu Hause ad acta zu legen, da sich darauf allerlei vietnamesische Straßenmusiker mehr oder weniger gelungen an westlichem Standards abarbeiten. Als ich begann, mich näher mit der volkslinguistischen Debatte auseinanderzusetzen, wurde mir klar, wie eine Art Diskurswächterhaltung um sich zu greifen beginnt. Wie weit wollen wir gehen? Klar ist, das Konzept der *Aneignung* darf nur von oben nach unten gedacht werden. Wir wissen um die Verbrechen des Rassismus. Insofern wären meine Bemerkungen falsch. Doch darf das bloß Identitäre nicht das gesellschaftliche Problem an sich verdrängen.

Zurück nach Deutschland. Die Berliner U-Bahn-Station *Onkel Toms Hütte* soll aus Gründen vermuteten Rassismus umbenannt werden, wobei der Name Onkel Tom auf eine historische Waldwirtschaft zurückgeht, und der im Englischen gebräuchliche, erniedrigende Terminus den meisten Deutschen völlig unbekannt sein dürfte. Und letzlich war Beecher-Stowes Roman eine fulminante Anklage der Sklaverei, der Protagonist ein Kämpfer für Gerechtigkeit. Da stellt sich die dringende Frage, wann die Kapitänin Carola Rackete wegen ihrer Dreadlocks als kulturelle Aneignerin abgestempelt, oder die Texte des Mark Twain über die Flucht des Sklaven Joe und seines weißen Freundes Huckleberry Finn auf den Debattenindex gesetzt werden sollen. Wie man erfährt, steht auch Jim Knopf fast schon auf der Abschussliste, und eine Ulmer Kirchengemeinde hat gleich alle drei heiligen Könige aus dem Gotteshaus verbannt. Die Sauerländische Gemeine Oberneger gerät wegen ihres durch keine Etymologie der Welt herzuleitenden Rassismusverdacht, und in die hitzig geführte Diskussion schalten sich auch der bloggende Konstruktionsgrammatiker und Linguistikprofessor Anatol Stefanowitsch ein: „Das N-Wort ist extrem herabwürdigend, es ist in der deutschen Sprache eines der als am schlimmsten diskriminierend empfundenen Worte überhaupt." Man könne den Ortsbewohnern nicht vorwerfen, dass sie in dem Ort leben. „Aber man kann ihnen einen Perspektivwechsel abverlangen." (welt.de 30.12. 2020). Das ist sehr richtig. Vor allem, wenn die Idee von einem bekannten Sprachwissenschaftler kommt, der sich eingehend mit dem Thema korrekter Sprache befasst hat. Doch auf die einfache Idee, den Ort in einer Volte beispielsweise in Obern-Eger umzuwandeln, kommt außer mir wohl niemand. In der Tat ist der auf ein Flüsschen zurückgehende Ortsname Oberneger ein sprachlich-semantischer Zu- und Unfall, ein Umstand, wie er durch die Willkürlichkeit der Zeichen in allen Sprachen der Welt vorkommen kann. Ja, es gibt Wörter mit völlig gegenteiliger Bedeutung, wie es im Falle des Verbs *sanktionieren* der Fall ist. Weder der Name selbst noch seine Bewohner können etwas für die Bezeichnung. Eine Umbenennung käme der Bitte gleich, der ehemalige Gouverneur von Kalifornien und schauspielende österreichische Bodybuilder möge schnell mal seinen Familiennamen ändern. Obwohl die Ausformung der Zeichen in den meisten Fällen also zufällig ist, wir uns dessen aber nicht bewusst sind, messen wir den Wörtern starke

Gefühle bei. Und Wörter lösen natürlich solche Gefühle aus. Deshalb wird erklärlich, warum ein bekannter japanischer Autobauer einem auch für den spanischen Markt bestimmten SUV-Modell (Pajero) einen neuen Namen geben musste. Das emotionale Produkt Auto brauchte ein völlig neues Branding. Wer wissen will warum, googelt einfach mal.

Völlig anders aber verhält es sich mit den US-amerikanischen Ortsbezeichnungen Negro-Creek, deren eindeutig als rassistisch einzuordnender Name aus den immer noch fortwirkenden üblen Zeiten der Sklaverei stammt. Alle Beispiele für die hoch emotional geführten Debatten um die Redepraxis zeigen auf: Ein unbekümmerter Umgang mit dem Medium Sprache wird nicht nur aus psychologischen Gründen auf allen Seiten schwieriger. Deshalb müssen wir mehr über unsere Sprache lernen. Der Autor Karl Bruckmeier hat seine Bauchschmerzen bei der Neuübersetzung von Nancy Cunards Anthologie *Negro* geschildert: „Die Zukunft unserer Sprache liegt in einem ideologisch einwandfreien Gutsprech mit * mittendrin, das Dubioses, Uneindeutiges, und auch Abstoßendes nicht länger kennen will. Kein Neger Erwin, nirgends, denn Ideologie essen Seele auf." [13]

Doch bei aller Sprachkritik und dem vielleicht vorschnellen Abkanzeln emanzipatorischer Bestrebungen sollten wir ganz genau aufpassen. Kognitionswissenschaft, Linguistik und Wahrnehmungspsychologie zeigen eindrücklich, wie bei der Nennung der Berufsbezeichnung *Ärzte* alle weiblichen Bedeutungsaspekte auf die dunkle Seite der bewussten Wahrnehmung rücken, während männliche Elemente darin umso heller aufleuchten. Grund genug also, auch die *Ärztin* zu nennen. Dennoch dürfen wir uns auch in diesem Zusammenhang Bestrebungen nach sprachlicher Effizienz nicht vernachlässigen. Ein Überfrachten der Sprache mit Myriaden von als unerlässlich wahrgenommenen Bedeutungsträgern spielt nur denen in die Kasse, die die Linke als solche lächerlich machen und diskreditieren wollen. Deutsch funktioniert strukturell eben nicht wie das Thailändische, das rund fünfzig Personalpronomen kennt, soziale Beziehungen mit höchster Auflösung abbildet, aber die streng traditionalistische Gesellschaft dennoch nicht grundlegend zu transformieren in der Lage ist. Blenden wir eine solche Transformationsidee aus, würde auch der Vergleich mit westlichen Gesellschaften kein höheres Maß an sozialer Gerechtigkeit zeigen. Der Respekt ist da, doch die Befindlichkeiten und Strukturen bessern sich nicht. Ganz im Gegenteil scheint das hochkomplexe System die Gegebenheiten nicht zu lockern, sondern erst recht zu zementieren. Im Übrigen ist auch anzumerken, dass Sprache eben auch nicht alles sagen kann, jeder kennt die Kategorie des Unbeschreiblichen im Betrachten von Naturphänomenen, beim Hören von Musik. Die polarisierende Schriftstellerin und Kabarettistin Lisa Eckhart hat in diesem Zusammenhang einen sehr klugen Gedanken formuliert: Durch die Abschaffung der immer mehr um sich greifenden Praxis des immer weiter verbreiteten Duzens könnte durch eine entsprechende Neuauflage des bewährten Siezens wesentlich mehr an Respekt für die Mitmenschen als durch ein omnipräsentes Gendern geschaffen werden. Es lohnt sich, einmal darüber nachzudenken.

Im Sinne der gesellschaftsphilosophischen Argumentation des einstigen Trump-Vordenkers Steve Bannon bedeutet die in Teilen hoch aggressive, der Rechten dafür umso mehr willkommene Debatte: Redet nur weiter. Danke für die Steilvorlagen. Weder ein Bücherindex, noch der Austausch von Filmsprechern wird die Situation von Migranten irgendwo auf der Welt verbessern. Schriftsteller:innen wie Atwood, Kehlmann und Rawling haben gemeinsam mit anderen Intellektuellen auf die manipulative und giftige Beeinflussung fälliger Debatten mit einer Kritik reagiert, die Versuche der Einflussnahme mit den Sprachregelungen von Diktaturen vergleicht.[14] Sprache ist Mittel für Kooperation und Streit, darf aber nicht zum Labyrinth der Befindlichkeiten werden, in dem sich fortwährend neue, sprachliche Zwickmühlen und Fallstricksysteme auftun. Aus der sittsamen Auseinandersetzung entstehen Lösungen. Doch hat es den Anschein, so mancher Blasendenker bekäme Angst vor Ergebnissen, die seiner eigenen Sicht nicht vollkommen entsprächen. Da darf man sich nicht wundern, wenn sich die extreme Rechte über eine gefühlte Meinungsdiktatur empört, die genau dann Wirklichkeit werden könnte, wenn wir nicht genauestens auf Funktion und Ästhetik unsere Rede achten. Unsere Erstsprache darf nicht zu einem kommunikativen System umgebaut werden, dessen Beherrschung so viel an Unsicherheit und Unwägbarkeiten erzeugt, dass es dem vorsichtigen und bedachten Gebrauch einer noch großteils unbekannten Fremdsprache gleichkommt. So einengend sollte uns die Muttersprache weiß Gott nicht werden. Vor einiger Zeit saß ich mit Freunden bei einem unserer regelmäßigen Debattiertreffs am Küchentisch. Wir diskutierten aktuelle Bezeichnungen des Deutschen wie Vokabular einer Fremdsprache. Wir stritten darüber, wer cis-sexuell, eine Trans-Person, Cis-Hete, queer, schwarz, PoC, binär und nicht-binär wäre, und in welche Kategorie Kombinationen unterschiedlicher Zuschreibungen dieser Auswahl, unter welche wir selbst fallen würden (die Schreibweise habe ich aus ästhetischen Gründen an die noch gängige deutsche Rechtschreibung angepasst). Wir konnten uns kaum einigen. So schwer fällt uns bereits die Muttersprache. Ein Anlass nachzudenken, bis wohin wir an dieser Stelle gehen wollen.

In einem weiteren Exkurs betreten wir zum Kontrast das Groß-raumbüro einer französischen Assistance-Gesellschaft, deren multi-linguales Team in landestypisch strenger Hierarchie rund um die Uhr hunderte internationale Schadenfälle gleichzeitig unter Hoch-druck abwickelt. Ich selbst habe lange Zeit in solchen Unternehmen gearbeitet, die schon lange vor dem Siegeszug des Internets origi-när von Frankreich ausgehend rund um die Uhr und dabei global agierten. Es geht um Übersetzungen von Gutachten, Krankentrans-porte, Ambulanzflüge, medizinische Abklärungen, Krankenrückho-lungen, rechtlichen Beistand und schnelle Geldanweisungen. Um eine verlustarme und reibungslose Kommunikation zu ermöglichen, ist die – in diesem Beispiel französische – Fachsprache standardi-siert, aber auch hochgradig effizient ausgerichtet. Wer Sachverhalte in Buchstabencodes und griffigen Kofferwörtern ausdrücken kann, arbeitet schneller und unmissverständlicher. Neulingen wird die Kürzelsprache in einer speziellen Schulung antrainiert. Das Unter-nehmen könnte ohne den Kommunikationscode nur wesentlich schwerfälliger agieren. In Krankenhäusern und Flughafentowers finden sich vergleichbare Sprachanwendungen. Unser Alltagsleben ist zwar kein Notfalleinsatz, dennoch sind wir auch dort unbedingt auf die Ökonomie der Sprache angewiesen.

Wenn gefordert wird, statt von *Frauen* über *Menschen, die mens-truieren* gesprochen werden muss, um nicht diejenigen zu diskredi-tieren, die zwar eine Monatsblutung haben, sich aber nicht als Frauen im eigentlichen Sinne sehen, und man die Rücksichtnahme auf alle in der Zukunft noch denkbaren individuellen Sichtweisen ausweitete, stehen wir bald vor zwei Dilemmata (die moderne Sage vom *Kind mit Penis* war wohl nur ein ziemlich flacher, aber da-durch nicht ungefährlicher Witz).[15] Zuerst einmal wird die deutli-che Verbalisierung jedes gefühlten oder biologisch beschreibbaren geschlechtlichen Zustandes zu einer sprachlichen Überfrachtung führen, die in ihrer unhandlichen und technischen Form derjenigen gesetzlicher Texte entsprechen könnte, zum anderen aber würde eine solch gestelzte Redeweise das sprachliche Ökonomieprinzip verletzen, das uns zu reibungsloser Kommunikation befähigt. Verletzen wir dieses grundlegende Prinzip, wird sprachlicher Austausch behindert, wenn nicht unterbunden. Der Duden wird zu einer Sammlung von Beipackzetteln und Nebenwirkungslisten. Die Auffassung, nach der eine manipulierte Sprache Diktatur schafft, steht an dieser Stelle gegen die neue und noch unbelegte Idee, nach der eine neue Sprache die vermeintliche Diktatur im Gegenzug zerstört. Den Soldaten in Afghanistan sollte es egal sein, ob sie an einem *Krieg* oder einer *bewaffneten Auseinandersetzung* teilnehmen. Die Lebensgefahr bleibt dennoch bestehen.

Oft sind gerade diejenigen an der Diskussion beteiligt, welche sich mit sprachwissenschaftlichen Gegebenheiten kaum auskennen. Ich möchte sie, analog zur Medizin, Heilpraktiker der Linguistik nennen. Wenn davon die Rede ist, dass die Vollstrecker des Naziregimes eine riesige Zahl von Sinti und Roma im *Porajmos* genannten Genozid ermordet haben, und sie das negativ konnotierte Wort *Zigeuner* in gezielt herabwürdigender Weise gebrauchten (Wahrig[16] definiert das Wort als Bezeichnung für ein Wandervolk), heißt das im Umkehrschluss nicht, dass das Wort-Zeichen an sich eine irgendwie geartete Schuld träfe. Das Wort ist in seinem Gebrauch auch die Art, wie wir es verwenden. Wörter mögen uns beeinflussen, doch auch wir verändern die Wörter selbst durch unseren Gebrauch. Wer auch immer die Bezeichnung nicht als neutralen Terminus für eine Gruppe von Menschen verstehen möchte, soll dies nicht tun müssen. Es wird allerdings auch kaum etwas nützen, das Wort im Glauben daran, irgendetwas zu verbessern, auf die *Bad*

Bank einer sprachlichen Quarantäneliste zu setzen, und die Herabwürdigung der Sinti und Roma als leichtfertig und mit der stolzen Überlegenheit des Halbgebildeten dann auch noch als *Antiziganismus* zu bezeichnen. Denn genau dieses letztgenannte Wort ergibt sich, hier lohnt sich die europäische Sicht sprachlicher Zusammenhänge, nach dem Duden der Franzosen *Petit Robert*[17] aus dem byzantinischen *Atsinganos* („wer nicht berührt"), ein unschuldiges Wort, das eine Sekte aus Phrygien bezeichnete, es steht sprachhistorisch in direktem Zusammenhang zu *Gitanes*[15], *Tzigeuner, Czygany* und *Cigain*. Der *ziehende Gauner* aus der naiven Küche der Volkslinguistik wäre damit also draußen, der *Zigeuner* selbst aber wieder drin. Womit wir wieder zum Anfang gelangen. Und bei Serge Gainsbourgs und Bowies Lieblingszigaretten *Gitanes*[18], über deren Namen und klischeehaftes Design sich bis in die Neunziger kaum jemand zu echauffieren wusste, die allenfalls eine harmlose Traumvorlage für freies Leben waren.

Ähnliche Zusammenhänge gelten für den Mohren, zu *maurus*, den Mauren oder Westafrikanern. Denjenigen also, die die spanische Sprache und Architektur mit arabischen Einflüssen entscheidend mitgeprägt haben; ein vormals neutraler Begriff des schwarzen Menschen, der heutzutage als von Teilen der weiter oben genannten Erregungsgemeinschaft als erniedrigend gesehen wird. So falsch es in den meisten Fällen ist, bei der Debatte über Sprache die historische, diachrone Dimension mit einzubeziehen – hier ist der Schritt gerechtfertigt. Der US-amerikanischen Gebrauchstransformation von *cock* zu *rooster* unterliegen allerdings andere Gesetze nicht nur gefühlter, sondern konkret nachweisbarer Bedeutungsverschiebung.

Am Kasseler Bebelplatz wurde neulich der der vom Inhaber falsch geschriebene Schriftzug der Mohren-Apotheke überklebt, und in vielleicht unbeabsichtigter Komik zur Ohren-Apotheke umbenannt (im Originalnamen fehlt der obligatorische Bindestrich – auch Apotheker beherrschen die Rechtschreibung offensichtlich nicht mehr). Doch eine Mohren-Apotheke ist, soviel zur semantisch ausgerichteten Nuancierung, auch längst noch keine N-Wort-Pharmazie. In diesem Sinne schlage ich einmal mehr vor, die berühmte Kirche im Dorf zu lassen, und dabei die Frage zu stellen, ob zu solcher Posse ausgerechnet der Staatsschutz ermitteln [19] muss. In einer westdeutschen Stadt wurde eine der Mohren-Apotheken jüngst unter ausgerechnet dem Namen eines Politikers umgetauft, der trotz großer Verdienste um den Wiederaufbau Europas ehemalige, wichtige Parteigänger der NSDAP in höchste staatspolitische Ämter gebracht hat. So kommt man vom Regen in die Traufe. In diesem Zusammenhang muss auch gefragt werden, aus welchen Gründen die alte Apotheke überhaupt ihren Namen bekam. Dies könnte einerseits mit den heiligen drei Königen, oder aber mit der Herkunft der klassischen Heilkunst zusammenhängen, die ihren Ursprung im afrikanisch-arabischen Raum hat. Es sei zur abschließenden Abrundung der Überlegungen vielleicht noch angebracht zu bemerken, dass der afrikanischstämmige Koch Andrew E. Onuegbu in Kiel ein Restaurant betreibt, das den Namen *Zum Mohrenkopf* trägt. Onuegbu, ein Mann also, der sich seine Freiheiten einfach nimmt.

Caroline Fourest (2020) hat eindrücklich beschrieben, wie sich der Diskurs in den vergangenen Jahren auch zur Debatte nicht nur einer abgrenzungswütigen und biologistischen Rechten, sondern auch zu der einer *gauche identitaire*, einer „identitären Linken" (Übersetzung des Verfassers) verschoben hat, in der es primär gar nicht mehr um das Wie und Was der Sprache an sich geht. Wissenschaftliches denken ist hier offensichtlich unerwünscht. Die Frage, von wem was gesagt und welches Bild produziert wird drängt sich offensiv in den Vordergrund. Nicht nur anhand zahlreicher Beispiele aus dem Bereich der „kulturellen Aneignung" (Japanische Kindergeburtstage, Madonna und der schwarze Jesus, der weiße Sänger Johnny Clegg und der ANC, der Hijab-Tag an der Uni Sciences Po, die Polemik um den Brand von Notre-Dame de Paris, die das „Geheul" dummer kleiner Weißer verhöhnt, die Verbannung von asiatischen Speisen aus US-Uni-Mensen) zeigt Fourest den Zerfall der einstigen Wir-Gesellschaft in ein sich bekriegendes Fraktionskonglomerat – inklusive einer von ihr diagnostizierten Ideologie des neuen und bisher offenbar noch auf Frankreich begrenzten „*islamogauchisme*" Rechte und linke Identitätspolitik treiben offensichtlich unisono ihre Keile ins Bestehende. [20] Fourest unterscheidet klug zwischen der traditionellen „Charlie-Linken" und eben jener Variante identitärer Ausformung (alle Übersetzungen von mir).

Gerecht gemeinte, in der sprachlichen Realisierung aber schräg klingende Vermeidungskonstruktionen, wie der vom Germanisten Thomas Kronschläger in Anlehnung an den humorigen Künstler Hermes Phettberg vorgeschlagene y-Suffix (mitsamt dem neutralen Artikel) würden Sprecherinnen und Sprecher des Deutschen in Bezeichnungen wie *das Arzty*, *das Rauchy*, *die Rauchys* oder das *Kritiky* der Lächerlichkeit preisgeben. Wenn sich *Studierx* und *Professx* nicht etabliert haben, wird es auch Kronschläger nicht gelingen, das *Einbrechy* durchzusetzen.[21] Offensichtlich fehlt es der neuen Generation von Linguisten äußerst schwer, ein angemessenen Sprachgefühl zu entwickeln. Ein Umstand, der schon an sich überaus nachdenklich stimmen muss. Den Mitgliedern einer Sprachgemeinschaft wird ein Eiertanz abverlangt, der direkt in die „Tretmühle der Euphemismen" (Steven Pinker) führt, einer sprachwissenschaftlichen Hypothese, nach der das ersetzende, „bessere" Wort alsbald von einer neuen, abwertenden Konnotation besetzt wird (vgl. das neue Schimpfadjektiv *behindert*).[22] Die zum Zeitpunkt der Ausfertigung dieser Zeilen aktuellste Blüte der Volkslinguistik ist die um den Bann des altmodischen Wortes *schwarzfahren*, das ursprünglich auf das Jiddische *shvartz* (arm) zurückzuführen ist, und durch die Berliner und Münchener Verkehrsbetriebe nicht mehr gebraucht wird, obgleich die offizielle Verwendung durch die Verkehrsbetriebe an keiner Stelle belegt war. Ich selbst habe das Wort niemals mit schwarzen Menschen oder irgend etwas Negativem an sich in Beziehung gesetzt. Eher war es mir noch im Anklang an Schwarzarbeit (*moonlighting*) oder aus den anarchistisch-subversiven und konspirativen Schwarzfahrerversicherungen der Siebziger bekannt. Persönliche Empfindungen nachteiliger Konnotationen übertrumpfen an dieser Stelle vernunftbasiertes Denken. So mancher scheint das Wörterbuch der Etymologie mit dem der Psychologie verwechselt zu haben. Ein Witz ist in diesen Zusammenhängen vielleicht auch die Tatsache, dass die schwarze, US-amerikanische und in Berlin lebende Rapperin Breezy ihr Debut-Album von 2021 ebenfalls „Schwarzfahren" genannt hat.

Vollkommen unterirdisch wird die Debatte, wenn prominente Politiker, selbstverständlich ebenfalls ohne tiefere Einblicke versuchen, die Debatte über Sprache in eine Richtung zu zwingen, die bei Fachleuten bestenfalls ein müdes Kopfschütteln hervorrufen könnte. So hat jüngst der an guten Tagen wirklich vielversprechende und aufgeräumte Newcomer Kevin Kühnert in einem Interview die Behauptung aufgestellt, Erwerb und Praxis von Fremdsprachen kämen einer kulturellen Aneignung gleich. Die Tageszeitung schreibt dazu:

„Eine Posse, möchte man glauben, hätte der 31-Jährige in dem Interview nicht noch die Frage gestellt, ob es überhaupt nötig sei,

Fremdsprachen zu lernen. ‚Wenn ich eine Sprache lerne, eigne ich mir die Kultur eines Landes an', betonte Kühnert. ‚Nolens volens begebe ich mich in einen fremden Diskursraum, und die Leute, die ihre Sprache sprechen, sind nicht mehr unter sich und fühlen sich womöglich bedrängt.' Vorsorglich warnte Kühnert davor, dass die Polen den Erwerb ihrer Sprache 82 Jahre nach Kriegsbeginn als ‚eine Art linguistische Panzerattacke' ansehen könnten."[23]

Trotz einiger klärender Einschränkungen bleibt nicht nur für den Liebhaber von Fremdsprachen ein übler Geschmack nach der Verkostung dieser völlig undurchdachten Sichtweise. Nicht zuletzt deshalb hat dieser populärlinguistische Rundumschlag des Kühnert ohne Verzögerung schnell reizbare Figuren wie den notorischen Tübinger Störsender Boris Palmer für eine Manifestaktion auf den Plan gerufen. Hier versucht man sich in hoffnungsloser Naivität, Linguistik nach den Prinzipien der „zynischen Theorien" (Martin Mahner)[24] gefügig zu machen. Fernab jeder modernen Erkenntnisgewinnung werden ideologisch aufgeladene Kampflinien in übergriffiger Weise durch die Wissenschaft gezogen, die offensichtlich die Arbeit von Jahrzehnten der Zweitspracherwerbsforschung ad absurdum führen soll. Doch wir haben nicht Linguistik studiert, um ihre Ergebnisse leichtfertig aus den Haufen der Geschichte zu werfen. Und was soll eigentlich mit den Kindern werden, die in den Schulen noch ihre Pflichtcurriculum der Fremdsprachen betreiben?

Der Autor dieser Zeilen beherrscht als begeisterter Polyglotter eine Handvoll davon. Niemals wäre seinen Gesprächspartnern in den Sinn gekommen, er wolle ihnen etwas Anmaßendes zumuten. Im Gegenteil freut man sich, und jeder will dabei zuhören, wenn eine erkennbar fremd aussehende Person ihr Idiom verwendet. Ein wertschätzender Umstand, der weit von sprachlicher Okkupation gesehen werden muss. In diesem Sinne sollte Herr Kühnert lieber bei den Themen bleiben, bei denen er sich anerkanntermaßen gut auskennt. Der Polyglotte schafft derweil hoffentlich einiges an eigener Identität und Diversität. Am Ende dieser Betrachtungen sei noch ein Verweis auf ein Beispiel für den mittelalterlichen Denkansatz eines Politikers erlaubt, der sich selbst vielleicht nicht zuletzt deshalb gern als Konservativen bezeichnet: Hans-Georg Maaßen, der ehemalige Chef des Verfassungsschutzes, war sich nicht zu schade, einige Buchstaben aus dem Namen der grünen Kanzlerkandidatin Annalena Charlotte Alma Baerbock als das in kleinkriminellen Kreisen hinlänglich bekannte Akronym ACAB zusammenzustellen. Er legt damit den klassisch mittelalterlichen Universalienstreit zwischen Nominalismus und Realismus neu auf, bei dem es den Realisten darum ging, in den Buchstaben der Wörter geheime Botschaften aufzuspüren. Ein kläglicher Versuch sinnloser Dechiffrierungen, der nichts von der Willkürlichkeit des sprachlichen Zeichens kennt.[25] Solch ein streberhafter Fauxpas sollte einem fließend Japanisch sprechenden, promovierten Juristen einfach nicht passieren. Dazu mag dem Betrachter der Spruch vom Schuster einfallen, der stets bei seinen Leisten bleiben sollte. Mitreden sollte nur, wer Substanzielles beizutragen hat. Und sich nicht zu billig verkaufen will.

3.

Von Che bis Chávez. War da was?

Wer sich dazu entschließt, Medizin zu studieren, lernt jeden Kubikzentimeter des menschlichen Körpers kennen, erkundet Funktionen und Krankheiten, die im besten Falle behandelt und kuriert werden können. Doch die Beispiele, bei denen dieser Ansatz ins destruktive Gegenteil umschlägt, sind bedauerlicherweise Legende: Als der junge argentinische Arzt Ché Guevara nach dem Sieg über Batista 1959 in die kubanische Festung von La Cabaña einzieht, und unmittelbar darauf beginnt, eine Serie von Exekutionen anzuordnen, die in vielen Fällen vom brutalen US-Revolutionär und Abenteurer Herman Marks persönlich durchgeführt werden, wird die Folge der Hinrichtungen monatelang nicht abreißen. Sondertribunale urteilen an manchen Tagen in vier Kammern gleichzeitig, vor den Toren warten Leichenkarren.[1] Ob es nun 1500 Opfer waren, wie von Guevara im CIA-Verhör angegeben, oder eher um die 17000, wie von den notorischen, aber umso weniger vertrauenswürdigen hauptberuflichen Exil-Kubanern behauptet, sei dahingestellt. Der potentiell wissenschaftlich denkende Arzt als Lebensbewahrer und zugleich mitunter destruktives Element, von Guevara selbst als Handlungsweise beispielhaft am Ausgangspunkt des Kapitels als ziemlich unerbittlich geschildert, reiht sich hier nahtlos in die Folge Assad, Benn, Karadžić und sogar dem größten Übel, Mengele, hinein. Die bis heute von vielen, die sich für emanzipatorisch und links halten, wie eine orthodoxe Ikone verehrte Figur des wahrhaft attraktiven Ché wird geradezu als Jesus der Moderne verklärt. Das Bild des hageren, bärtigen Guevara auf der Totenbahre hat sich ins kollektive Bewusstsein eingebrannt, und es, künstlerisch nachgestellt, 1978 sogar bis aufs irritierende Album-Cover *Lodger* gebracht: Ein verstörender Abschluss der popkulturell unter der Über-schrift Berlin-Trilogie bekannten Serie des mittleren Bowie.

Es ist müßig bis unredlich, die Erfolge im Gesundheitswesen und der Bildungspolitik Kubas gegen die Zahl der politischen Gefange-nen und Exekutierten gegenzurechnen:[8] Die Alphabetisierungsrate liegt mit 99,7% höher als die chinesische (96,4). Universitäten, Forschung und Medizin sind hoch entwickelt. Die Kindersterblich-keit liegt bei 5,5/1000, die der USA dagegen mittlerweile bei fast 6. Noch beeindruckender ist allerdings die Kraft, mit der Kuba sich jahrzehntelang der US-amerikanischen Einflussnahme trotz im-menser wirtschaftlicher Schwierigkeiten trotz der geographischen Nähe widersetzt hat. Einer meiner Bekannten, ein Kubakenner, sagt: „Sie haben nichts, aber es ist ihnen egal", eine Haltung die auch in Wenders' Dokumentarfilm *Buena Vista Social Club* an verschiede-ner Stelle deutlich durchklingt. Wie dem auch sei, das Land zeigt, dass es offenbar nur einen kleinen Dreh benötigen würde, die posi-tiven Entwicklungen zu bewahren und mit mehr Prosperität und Meinungsfreiheit zu verbinden. 2021 wurden immerhin Kleinbe-triebe erlaubt.

Der ikonographische Che-Mechanismus gleicht allerdings auch demjenigen, welcher den brutalen und zynischen Narzissten[2], ehemaligen georgischen Klosterschüler und Massenmörder Stalin noch heute auf den Demonstrationen ewiggestriger, ultrakonser-vativer Veteranen und Altkommunisten aus riesigen Plakaten als Väterchen über der ordensgeschmückten Seniorenmenge schwe-ben lässt. Die Apotheose des heiligen Josef kann immerhin und in Teilen noch darin begründet werden, dass das *Väterchen* sein Reich in die Industrialisierung geprügelt und, hier glücklicherwei-se, den rechten Super-GAU des Nationalsozialismus besiegt hat. Doch die Gleichung vom Feinde des Feindes, der zugleich ein Freund sein soll, dürfte manchem liberal gesinnten russischen

Staatsbürger oder jedem anderen reflektierten Menschen nicht ganz aufgehen.

Die vorgebliche Linke und das Religiöse, ein Thema, das von den Machthabern Nordkoreas im wahrhaftigsten Sinne des Wortes auf eine einsame Spitze getrieben worden ist. In diesem Land, das wie ein graues Relikt aus längst vergangener Zeit erscheint, sind die „Wege des Führers für den Normalbürger unergründlich".[3] Hier also etwas zu hinterfragen kommt einer Bitte um verlängerten Lageraufenthalt gleich. Auf dem *Arirang*-Festival wird auf dem Berg Paektusan das hell erleuchtete Geburtshaus des Führers wie die Krippe von Bethlehem in den Mittelpunkt gerückt. Doch auf dem Gipfel ist „nicht Jesus geboren, sondern Kim Jong-il. Das merkt man schon daran, dass keine Könige aus dem Morgenland ihre Gaben darbringen", wie Rüdiger Frank schreibt.[4]

In den angeführten Beispielen bedient man sich bewusst oder unbewusst der cleveren Technik, einen sozial und menschlich verständlichen Anspruch angestrebter Gerechtigkeit und Gleichheit mit der hirnfreundlichen Droge Religion in Einklang zu bringen, die neuronale Netze genauso stark binden kann, wie ein Handy samt Flatrate fürs Internet. Keine schlechte Idee, zumal es umgekehrt auch begründbare Versuche gab, ausgehend von einer religiösen Figur auch aus inhaltlichen Gründen den Bezug zum Sozialismus herzustellen, wie es unter vielen anderen Machovec[5] in „Jesus für Atheisten" ausgeführt hat. Jesus kann ja vollkommen zu Recht als unbequemer Hinterfrager und Aufrührer beschrieben werden, dessen Spruch von Kamel und Nadelöhr jedem Sozialisten eigentlich ausgesprochen gut gefallen müsste.

Anders der brutale, intellektualistische Ansatz in Südostasien. Nachdem Pol Pot selbst im fernen Paris studiert hatte und als Revolutionär 1975 im Phnom Penh einmarschiert, erklärt er unter anderen gerade die Intellektuellen zu Gegnern, weshalb bereits das Tragen einer Brille für eine Verurteilung zum Tode ausreicht. Immerhin hat es der ehemalige Sorbonne-Student geschafft, vor dem Bankrott seines Landes gut 25% der Bevölkerung umzubringen. Noch immer hat sich Kambodscha nicht von seiner Vergangenheit erholt, in der der unablässig schuftende Landwirt als Nonplusultra der menschlichen Existenz ausgerufen worden war.

Die chinesischen Kommunisten hingegen haben von Mao über *Tiananmen* bis *alibaba* einen denkbar langen Weg von unten bis zur Industrialisierung beschritten. Mittlerweile sehen wir ein Hybridregime aus digitaler Komplettüberwachung und radikalem Kapitalismus, eine autoritäre Herrschaft des vorgeblichen Marxismus in Abwesenheit desselbigen, ein Partei-Direktorat dessen Machthaber nichts mehr fürchten als die Verteidigung des Humanismus und der Menschenrechte,[6] welches zu Zeiten der Corona-Epidemie allerdings als ziemlich handlungsfähig beschrieben werden kann, wenn es nicht der restlichen Welt sogar, pandemietechnisch gesehen, überlegen erscheinen muss. Zwar gilt in China der Spruch vom Kaiser, der weit weg ist, aber der in die Ferne reichende Unterdrückungsmechanismus hat sogar bis zu den Uiguren und in Tibet bittere Früchte getragen. Wie wund der Punk ist, zeigen die jüngsten Einreiseverbote für chinakritische Politiker wie den Parlamentarier Bütikofer.

In Lateinamerika versanken Nicaragua und Venezuela nach anfänglichen Erfolgen (Sozialpolitik, Gini-Koeffizient) unter dem frühen Ortega und dem Bolívar-Anhänger Chávez in Misswirtschaft, Wahlbetrug und Korruption. Der *comandante presidente* beschnitt die Medien, schloss Radiosender und versenkte sein Land in Klientelpolitik und eine an die SED-Wirtschaft erinnernde Versorgungssituation der leeren Supermarktregale, die mittlerweile von Maduro nur unter Gewaltanwendung weitergeführt werden kann. Nicht von ungefähr haben die USA ein Kopfgeld angeordnet. "Er ist ein Schweinehund. Aber er ist unser Schweinehund", Franklin D. Roosevelts klassischer Spruch über Somoza gilt für Maduro selbstverständlich nicht. Im utilitaristischen Sinne klebt Maduros Etikett nämlich an der falschen Seite. In diesem Sinne bilden die spürbaren Erfolge des bolivianischen Politikers Evo Morales in einiger Distanz eine löbliche Ausnahme. Es geht mit ein wenig Nachdenken also doch.

Der spießbürgerliche Stacheldrahtverhau namens DDR schließlich, der seinen Bevölkerungsrückgang auf Moskauer Anweisung hin durch Schießbefehle, ein Verbot von Rosa-Luxemburg-Zitaten, schäferhundartig bellende Grenzer, Wachtürme, allfällige Laufleinen, Sicherheitsstreifen und Selbstschussanlagen eindämmen musste, bot zwar allerlei versprengten RAF-Terroristen und westdeutschen Neonazis zugleich Unterschlupf[7], ließ aber, genau so wie der Westen Adenauers, nach ein paar wenigen Schauprozessen die alten braunen Eliten wieder Karriere machen, und schritt nie energisch genug gegen die wieder entstandene und ausgeprägte Szene der Neonazis ein, die nach 1989 ganz befreit und bis heute Gesamtdeutschland in Atem halten sollte. Das hört derjenige Teil der Linken gar nicht gern, die den Mut kaum aufbringt, den SED-Alptraum zu verachten. Wenn irgendjemand noch ans bei der AfD beliebte Gleichnis vom Hufeisen glaubt, hier hängt das Menetekel an der Wand. Dem MfS war der Bürgerrechtler im Vergleich zur Glatze schließlich stets der größere Dorn im Auge. Wer erinnert sich nicht mit Unbehagen an all die missgelaunten DDR-Grenzer an Transitstrecken und Zügen der Deutschen Reichs(!)bahn und ihre Bußgeldforderungen, die, natürlich in Westmark, zu begleichen waren. Dass es in solchem Lande auch originäre Glatzen gab, kann sich eigentlich niemand so richtig vorstellen. Oder eben gerade doch? Der manchen wohl bekannte Brachialperformer und Kunsthistoriker Till Lindemann hat in einem Interview zwar einmal gesagt, in der DDR habe es als Anschlussmöglichkeit nur Punks oder Grufties gegeben, damit aber lediglich aufgezeigt, dass er einiges an DDR-Realität wohl komplett übersehen hat. Als progressiver Mensch werde ich dem spießbürgerlichen Möchtegern-Sozialismus des SED-Regimes niemals verzeihen, was er sich am Rande der Gesellschaft wachsen lassen hat. Ob auch der verordnete Atheismus zur geistigen Verödung beitrug, kann ich nur zu vermuten wagen.

Die Diktaturenfolge Russlands kann mit der momentanen Endstation der wirtschaftlich schwachen, Putin'schen Demokratur, nach dem Großverdiener Schröder immerhin eine „lupenreine" Demokratie, und ihrem Exporterfolg der Giftanschläge für uns kein Modell sein. Wer nicht einmal Bands wie *Pussy Riot* zu dulden vermag und orchestrierte Nowitschok-Anschläge anordnet, ist offensichtlich völlig frei von Selbstbewusstsein. Er muss die Reihen zu den Orthodoxen schließen, die unter den Sowjets noch gezwungen worden waren, ihre Klöster als Gefängnisse für Regimegegner herzugeben.

Bereits an dieser Stelle kann ein vorläufiges Fazit der defizitären Utopien gezogen werden: Nordkorea ist nicht mehr als ein nicht ernstzunehmender, mangelernährter Alptraum, aus dem unter Lebensgefahr Untergrundliteratur geschmuggelt wird[9] und Menschen immer nochin Konzentrationslagern verschwinden. Pol Pots wahnhafte Reisbauern-Diktatur stand in ihrer Unmenschlichkeit den Systemen Hitlers und Stalins, wenn überhaupt, nur wenig nach. Und das wirtschaftlich auf dem Rücken ausgebeuteter Wanderarbeiter prosperierende Überwachungssystem chinesischer Machart hat schließlich gezeigt, wie schnell aus Marxisten rücksichtslose Superkapitalisten werden, die gleichzeitig dem Marxismus das Wort reden können. Immerhin erweist sich das System als Wohlstandsmotor für wachsende Mittelschichten, aber auch Oligarchien, und als Staatsordnung, die, sich als kollektivistische Gesellschaft in der Corona-Krise als stark überlebensfähig zeigt. Offensichtlich kann es von Vorteil sein, sinnvolle Regeln zu setzen und diese auch zu respektieren. Ein Umstand, den die von Reichsflaggen umnebelten Berliner Aluhüte vor dem Reichstag noch durchdringen müssten, wenn sie es denn könnten. Die Hoffnung stirbt wie immer zuletzt.

Wozu nun die Aufführung dieser Beispiele? Alle Regime nahmen in weiten Teilen des öffentlichen Bewusstseins immer noch für sich in Anspruch, Zuwachs an Gerechtigkeit und Befreiung zu schaffen. Keine der Versuchsanordnungen erscheint dabei als historisches oder gegenwärtiges Modell, das in der Lage wäre, die bislang beste, aber nunmehr schwer kränkelnde politische Form des liberalen Kapitalismus zu ersetzen; der Wohlfühlfaktor scheint in ihnen doch arg begrenzt. Demokratische Entscheidungen gab und gibt es in ihnen nicht. Die gewählten Ausformungen sind allerdings wertvolle Datensätze und Anschauungsmodelle, mit deren Hilfe aus Fehlern gelernt werden kann, um wieder bei Null zu beginnen.[10] Denn es muss im Angesicht der sich abzeichnenden Katastrophe mit der Arbeit wieder ernsthaft ganz von vorn begonnen werden, auch im Kleinen. Ziele sollte man nicht aufgeben. Ohne Ziele gibt es keine emanzipatorische Erneuerung. Innovation ist aber dringend vonnöten, da sich nicht nur die modernen westlichen Demokratien samt der Mehrzahl ihrer Parteien allzu willfährig dem trügerischen Neoliberalismus untergeordnet haben (Bregmann, 2020)[11]. Die überhitzte und konzentrierte Marktwirtschaft frisst sich nun aber selbst auf. Man begreift den nicht nur von Trump und seinen Freunden gern verspotteten Klimawandel als größtes Marktversagen aller Zeiten.[12]

Wenn sich der Versuch lohnen sollte, die Menschheit zu retten, müssen eben völlig neue Konzepte her. Der lateinamerikanische Postextraktivismus und die politische Aufbruchsstimmung junger afrikanischer Bewegungen, auch unsere eigene Jugend machen Hoffnung. Dabei muss die progressive Seite sehen, dass wir nach Fourest eine Auswahl zwischen einer neuen, gefährlich linksidentitären, auf individuelle Befindlichkeiten fixierten und einer laizistisch-religionskritischen Form treffen müssen. Fourest nennt letztere in Erinnerung an den islamistisch-terroristischen Anschlag 2015 und die französisch-republikanische Tradition wie weiter oben beschrieben die „Charlie-Linke". In Deutschland könnte man sich unter Umständen mit dem Verweis auf das *Titanic-Magazin*, das *Zentrum für politische Schönheit* oder *Die Partei* ebenfalls begriffsbildend engagieren. Wer die Demokratie stärken will, muss für die Grenzen der Toleranz sensibel werden.

Im Sinne der historisch begründeten religionskritischen Tradition emanzipatorischer Bewegungen sollte klar sein, wofür wir letztlich optieren sollten: Eine Weiterentwicklung der bisher besten Regierungsform im Respekt der bewährten Grundrechte. In den folgenden Kapiteln soll auch der Versuch angedacht werden, sich im Sinne einer utilitaristischen Sicht auf das Notwendige und Sinnvolle zu beschränken, während der Mensch und seine irrationalen Unzulänglichkeiten natürlich stets mitgedacht sein sollen. Im Angesicht der drohenden Verwerfungen zum desillusionierten Rechten zu werden, zeugt allerdings von Denkfaulheit, Haltungslosigkeit und in Müdigkeit zerknirschter Selbstaufgabe. Wer die Aufklärung stärken will, muss zu gedanklicher Arbeit bereit sein und an sich selbst arbeiten. Schließlich ist das Leben, man gönne zur Abrundung einen Verweis auf den konservativen Philosophen Sloterdijk, eine Übung.[13]

4.

Die Qual der Wahl. Parteien als Karrieräume

Als die Grünen 1983 in den Bundestag einziehen, zeigt sich schon rein optisch eine neue Epoche. Haarbürsten in Latzhosentaschen, Rauschebärte, wilde Mähnen, Selbstgedrehte und Atomkraft-Buttons – so etwas hat man im alten Parlament und seinen „etablierten" (ein längst vergessenes Wort der Achtziger) Fraktionen noch nicht gesehen. Auch sprachlich wird einiges anders. Figuren wie der Altkommunist Thomas Ebermann treiben die bräsigen Gewohnheitstiere der Bundesrepublik mit sarkastischen Sprüchen zur Weißglut, und die in West und Ost gleichermaßen unbequeme Petra Kelly bringt es zusammen mit dem friedensbewegten Brigadegeneral Gert Bastian sogar fertig, sich mit Kohl und der unfreiwillig noch spießigeren SED gleichzeitig anzulegen. Bei Kohl ging es um die mysteriöse Ermordung des deutschen Arztes Albrecht Pflaum durch US-Schergen im Nicaragua-Konflikt, beim *Generalsekretär des Zentralkomitees der Sozialistischen Einheitspartei Deutschlands*, Erich Honecker, um das Entrollen eines harmlosen Protestplakats am Ost-Berliner Alexanderplatz, der seinen sozialismusresistenten Namen einem Zaren zu verdanken hat. Alice Schwarzer hat Kelly und Bastian, lang vor ihrem späten und unseligen Kachelmann-Engagement bei der wie immer verlässlich krawalligen Boulevardzeitung, im hochcleveren und literarisch beeindruckenden Bericht „Eine tödliche Liebe"[1] ihren mit Abstand besten Text gewidmet. Könnten Kelly und Bastian, hier sei eine gewagte These erlaubt, die grünen Kolleg:innen am Beginn des einundzwanzigsten Jahrhunderts sehen, sie würden sich sprichwörtlich im Grabe umdrehen. Zwar hören sich die gesellschaftlich-politischen Forderungen anlässlich der Diskussionsveranstaltungen immer noch stark progressiv und feministisch engagiert an, kontrastieren aber auf krasse Art mit der politischen Realität in beispielsweise einer Landeshauptstadt, in der Untersuchungsausschüsse zum längst nicht aufgeklärten NSU-Terror verlangsamt, wenn nicht gar verhindert werden sollten[2], man die Füße mit dem Verweis auf eine ominöse *Verantwortung* mit denen unter den Tisch stellte, die die einschlägigen Akten mit dem dünnen Verweis auf Quellenschutz für 120 Jahre unter Verschluss legen lassen haben, und einer nicht nur bei lärmgeplagten Anwohnern hochkritisch gesehenen Flughafenerweiterung nur müde Worte entgegensetzt hat. Unbeweglichkeit ist das politische Menetekel. Die Politik selbst ist hier zu bloßer Beteuerung, Logo und Überschrift geronnen. Zeit heilt vielleicht die Wunden, der dicke Schorf darauf aber bewegt sich nicht.

Auch der denkerische Goldstandard der evidenzbasierten Wissenschaft hat es bei den Grünen schwer. Eine Grundsatzdiskussion zur Kostenerstattung homöopathischer, also bis zur Schwelle des Placebo-Effekts eigentlich wirkungsloser Behandlungen wurde lange Zeit verhindert, und aus Angst esoterische Wählerschichten zu vergraulen, die konfliktgemäße Kommission gegründet. Schließlich gilt auch bei den Grünen die alte Politikregel: Wer einmal nicht mehr weiter weiß, der bildet einen Arbeitskreis. Auch die kindergefährlichen Impfgegner haben großen Einfluss, wie die Diskussionen um die Arztdarsteller aus der überwiegend süddeutsch geprägten Heilpraktikerfraktion und der wachsenden Gruppe der Impfgegner zeigen.[3] Hier wird die stark irrationale Haltung großer Teile der sich gebildet wähnenden Wählerschaft noch deutlicher als in den anderen Parteien sichtbar, einem Überzeugungsmuster, dem traditionell mit Information nur schwer beizukommen ist. Einige aus der ehemaligen Führungskaste sind, ganz wie bei den „Etablierten", als Lobbyisten zu Automobil-, Lebensmittelindustrie und

Energiewirtschaft abgewandert. Man hat sich somit von der Bürgerbewegung unten links ganz schnell nach oben rechts bewegt, verortet sich allerdings, wo sonst, in der gähnenden Langeweile der parteiübergreifend mit Verve und unablässig beschworenen Mitte.

Im Jahre 2020 gleicht die grüne Partei, auch durch die Schwäche der Sozialdemokratie, nur noch einem besorgten Wahlverein für CDU-Kanzlerkandidaten, der unter dem Verweis auf den allfälligen Gestaltungswillen sicherlich nicht einmal vor *der* historischen Figur der Neunziger, dem jüngst reanimierten Merz also, zurückgeschreckt wäre, und in der eigenen Regierungsarbeit im Sinne des Postkapitalismuskritikers Mark Fisher zu bloßem *Design* wird. Der klägliche Rest zentraler Fragen grün-ökologischer Identität wird mit einer um den rechten Rand bemühten CDU nicht durchsetzbar sein, in der der ordnungsgemäß sportliche BAB-Bleifuß vielen weiterhin als das Freiheitsideal per se gilt, und man sich gern an FFP-2-Maskenbeschaffungen oder als Aserbaidschan-Lobbyist bereichert. Ernährung, Agrarsektor, Innenpolitik, Umwelt und Wirtschaft sind Felder, die soviel an Konfliktpotential besitzen, dass die ersehnte Annäherung Fortschritt nur in homöopathischen Dosen bringen kann. Ein Zuviel an Disruption könnte breite Wählerschichten überfordern, denn wer als durchschnittlich verdienender Pendler auf sein Auto angewiesen ist, wird Schwierigkeiten haben, eben mal einfach auf den neuen Tesla umzustellen. Das moderat Christdemokratische wird weiter zementiert, und die verbleibenden Teile der CDU-Stammwählerschaft überfordert, während dem fortschrittsgesinnten Wähler nur noch Frustration über Wahlunmöglichkeiten bleibt. Der Bewegungsspielraum kommt dem einer Zwangsjacke gleich. Palmer, Özdemir und Kretschmer könnten und wollen als Übergangsfiguren nahtlos bei den Schwarzen weitermachen. Im Ergebnis steht daher eine urbane, grüne Christdemokratie mit Kehrwoche, Daimler und obligatorischem Vollkornanteil, die nur deshalb grüne Wählerpotentiale anzieht, weil sie selbst längst genauso schwarz geworden ist. Wozu aber dann noch die Ursprungsfarbe wählen? In der Broschüre mit dem Namen *Grüne Erfolgsgeschichten* des hessischen Parteiablegers kommt auf 57 Seiten zwar die Überschrift *Soziales und Integration* vor, allerdings können in dem Bändchen die sozialen Fragen im eigentlichen Sinne nicht einmal unterm Vergrößerungsglas gefunden werden. Die Teilüberschriften *Gesundheit*, *Kinderbetreuung*, *Integration*, *Frauen* und *Queer* lassen, so wichtig sie für manche auch sein mögen, wirtschaftlich-soziale Fragen sehr sichtbar außen vor. Allenfalls im Bildungsbereich geht es um Ganztagsschule und Schulsozialarbeit, die Anliegen prekärer Schichten und diejenigen der Geringverdiener finden sich in kaum einem Wort. Die Programmübersicht ist das Manifest einer gesellschaftlichen Fraktion ohne umfassende Ambitionen. Das vor vermeintlicher Modernität strotzende, durchgestylte Hochglanzengagement wird im Hinblick auf eine in Kauf genommene Neuauflage christdemokratischer Herrschaft unglaubwürdig. Nicht einmal eine pragmatische, an den Anforderungen der Gegenwart ausgerichtete Haltung, wie diejenige des mutigen, flügelübergreifenden Emmanuel Macron, scheint hier erfahrbar zu werden. Die wichtigsten Kernthemen islamistischer und rechtsextremer Terrorismus, gesellschaftliche Spaltung, Pandemie, Prekariat und die globalen Machtstrukturen des Postkapitalismus finden im Grunde genommen gar nicht statt.

Die Sozialdemokraten beten das ebengleiche Mantra von der Mitte, schließlich könnten anderenorts die Wahlen nicht gewonnen werden, doch allein, die Völker hören die Signale nicht. Da seit Jahrzehnten alles, was zwei Beine hat, in diese imaginäre Mitte drängt, treten sich dort auch die Sozialdemokraten schon gegenseitig auf die Füße, wobei die Wahlpokale stets von den anderen gewonnen werden. Das Antiklerikale in der alten Freidenkerpartei wurde verschämt beiseite geräumt. Die Gruppe *Säkulare in der SPD* wartet seit Jahren darauf, genau so wie die magisch denkenden Christen und Muslime offiziell auch als gleichberechtigter Arbeitskreis anerkannt zu werden. Die hochbezahlte Parteiführung (Diäten plus neuntausend) hat das bislang erfolgreich verhindert.[4] Die SPD hat durchaus Persönlichkeiten, allein kommt es dem Beobachter doch eher so vor, als würde das Fußvolk versuchen, sie von der Arbeit abzuhalten. Man gehört zu den Guten, beißt sich aber im Haifischbecken untereinander weg. Junge Talente wie Kühnert werden bestenfalls belächelt, schlimmstenfalls aber vom Management öffentlich und höhnisch abkommentiert. Wer erinnert sich nicht an die Pressekonferenz, auf der der Hamburger Parteielite nichts anderes einfällt, als Kühnerts kluge Verstaatlichungsthesen verächtlich und kommentarlos grinsend wegzuglucksen. Immerhin hat das sperrige Duo Borjans und Esken den Vorsitz gewonnen, doch man wird nicht müde, ihm das Leben schwer zu machen. Aussichtsreichster Kanzlerkandidat ist momentan derjenige, welcher noch kurz zuvor abgewählt wurde. Für die Partei zu schlecht, doch für Deutschland gerade gut genug, wie ein typischerweise böser Politikspruch geht. Das alles aber ist immerhin ein konzeptueller Fortschritt gegenüber einem resignierten Torsten Albig, der 2015 ernsthaft die Frage gestellt hatte, ob die SPD angesichts der Merkelschen Übermacht überhaupt noch einen Kandidaten aufstellen solle.

Der machtvolle Seeheimer Kreis schließlich, gern als Hort hochangereicherter Wirtschaftskompetenz gepriesen, würde eher zu den Christdemokraten passen. Und überhaupt, kann es jenseits der Seeheimer gar kein Wissen um Arbeitsplätze und Märkte geben, wie sie immer gern selbst von sich behaupten? Kompetenz hin oder her, immer wieder bestätigt sich das Wort Kurt Tucholskys: „Man tut was für die Revolution und weiß genau: Mit dieser Partei kommt sie nicht." Nun aber wird es eng: In der Corona-Krise darf man neuerdings fast wie selbstverständlich, sogar in den Reihen der CDU, eine zumindest temporäre Verstaatlichung diskutieren. Manche scheinen an der Krise zu wachsen, die völlig neue und überraschende Denkmuster hervorbringt. So hat Scholz vorgeschlagen, systemrelevante Tätigkeiten mit steuerfreien eintausendfünfhundert Euro zu belohnen. Geht doch! Muss da erst das Covidschwert drohen?

In der Vergangenheit jedoch hat es die SPD wie die meisten Parteien zugelassen, dass Schulen wie Bruchbuden aussehen, der Gesundheitssektor den Marktradikalen zum Fraß vorgeworfen wurde, Parteifunktionäre sich in den gehobenen Sphären der traditionsreichen und angeblich gemeinnützigen Arbeiterwohlfahrt obszöne Gehälter auszahlen lassen, Ärzte massenhaft in die besseren Arbeitsbedingungen Großbritanniens und Skandinaviens abwanderten, und die Rüstungsindustrie mehr denn je florierte. Offensichtlich hatte man auch kein Problem damit, die allfälligen Oma-Betrüger mit ihren miesen Telefon- und Enkelmaschen zu beklagen, und gleichzeitig dem eigenen Spitzenpersonal zu huldigen, das enge Freundschaften mit denen pflegte, die alten Leuten per Anzug, Krawatte und Anlegeplan das Geld aus der Tasche zu ziehen wussten. Mancher Parteistratege hat für den Schulsektor die kooperative Gesamtschule gepredigt, und den eigenen Nachwuchs aber heimlich in die germanisch verbrämten Privat-Lehranstalten Rudolf Steiners abkommandiert. Wer das entschiedene Sowohl-als-auch fordert, einer Partei die Stimme geben möchte, die Angst vor der eigenen Courage hat, den Billiglohnsektor ausbaut und zugleich versucht, den Mindestlohn zu erhöhen, kein Problem damit hat, in Pleitestädten wie Essen Fußballstadien errichten zu lassen, den Hauptakteuren dabei zusehen möchte, wie sie sich zu Gazprom-Protagonisten oder Beratern der ausbeuterischen Fleischindustrie entwickeln, sollte sich für die SPD entscheiden. Wie der sozialdemokratische Großlautsprecher Sigmar Gabriel jüngst verlauten ließ, sind die monatlich zehntausend Euro Honorar für „normale Menschen" viel Geld, im Branchenvergleich sei das aber eher wenig. Sicherlich zählt sich Herr Gabriel nach allem nicht mehr zu den normalen Menschen aus dem Adressbuch. Immerhin ist seine Partei allerdings strikt antifaschistisch geblieben, und hat sich nicht, wie mindestens zwei andere Gruppierungen, an der Thüringer AfD die Finger schmutzig gemacht. Ihre Kanzlerkandidaten aber wählt sie mit Verlässlichkeit immer unter den Chancenlosen. Neue Ansätze aus der Wissenschaft, wie die Bildungspolitik der Hochschullehrerin Wara Wende wurden vom Establishment aggressiv weggebissen (vgl. taz.de 2020: Fehler und Sexismus in der Politik. Ein Interview von Unfried und Welzer). Kurz, es bleibt bei der SPD kaum Überzeugendes. Die Dekonstruktion sozialistischer Politik, welche in Frankreich schon 1981 unter Mitterrand begann, hat sich über Blair und Schröder bis in die Gegenwart fortgesetzt. Man wird sehen, was Scholz bewegen wird.

Den konservativen Parteien haftete für historisch sensible Beobachter aus nahe liegenden Gründen lange Zeit der Nachkriegsmakel an. An zwanzig Fingern kann man die ehemaligen Apologeten der österreichischen Politikmigration jedenfalls nicht abzählen, die nach der weiland noch so genannten *Niederlage*[5] im Christdemokratischen in höchsten Ämtern weiter bequem Karriere machten. Es brauchte erst den großen Weizsäcker und vor ihm vierzig allzu lange Jahre, um endlich das Wort von der *Befreiung* auszusprechen. Für viele sogar damals noch ein Skandal, was in sich bereits wieder als erneute Provokation der alten Seilschaften gebrandmarkt werden darf. Justiz und Staat, ein „braunes Netz" (Willi Winkler), ein Gemenge aus unheiliger Allianz aus Frömmlern, Politik und Alt-

Eliten, in der die Pfarrer von der Kanzel predigten, am Sonntag bloß nichts anderes als C-Partei zu wählen. Keine Frage, dass die skurrilen Achtundsechziger den Finger in die Wunde legen mussten. Und nicht nur für Merkel war Jahrzehnte später nicht der Mord an Benno Ohnesorg[6] der Grund, die Pensionszahlungen Frage zu stellen, es war viel mehr die Tatsache, dass der Mörder nebenberuflich auch noch für den Auslandsdienst der DDR und dessen Staat gearbeitet hatte (Vgl. Kap. 12). Überhaupt ist die Sicht der Kanzlerin auf die westdeutsche Zeit um 68 trotz ihrer überragenden Intelligenz von selbstverschuldetem Unwissen, wenigstens aber von der Tatsache geprägt, dass sie die genannten Ereignisse, wenn bestenfalls auch naturwissenschaftlich nüchtern und abgeklärt, offensichtlich nur durch die trübe Brille der selbsternannten Mitte betrachten will. Dennoch werden wir sie wohl bald vermissen.

Der christdemokratische Diskurs um das verstärkte Aufkommen der Neonazis nach 89 war die längste Zeit von Beschwichtigung, Rechtsblindheit und den blockflötenhaften, obligatorischen Sprüchen geprägt, von „beiden Extremen" ginge die „gleiche Gefahr" aus. Nun scheint man erkannt zu haben, dass bei den Linksradikalen der Post RAF-Ära eher Premium-Autos, bei den Rechten aber Menschen brennen. Der Denkprozess und die zögerlichen Konsequenzen haben dafür gesorgt, dass wir uns etwas heranwachsen lassen haben, gegen das nun keine demokratische Arznei mehr wirkt. Es war das falsche Signal, Abfangjäger der Bundeswehr zum G20-Gipfel abzustellen, den Rechten der *national befreiten Zonen* aber nahezu freie Hand zu lassen, um einen beängstigend großen Teil besorgter Bürger nach all der Treuhand-Korruption nicht erneut durch Autorität zu traumatisieren. Nach 89 hat man allerlei westdeutsches B-Personal in ostdeutsche Ämter hinaufbefördert oder weggelobt, was nicht nur ein Affront gegen die neuen Länder selbst war, sondern unter anderem auch Aufklärung und Bekämpfung des NSU aktiv verhindert hat: Was man nicht direkt anspricht, rückt mehr und mehr in die Zone den kaum Vorstellbaren. Darum hat es so lange Zeit gebraucht, vom mentalen Modell des *Döner-mords* bis zu Zschäpe und den beiden Uwes zu gelangen. Wer nach Ütöya noch Naziläden duldet, deren Namen so klingen wie der Massenmörder selbst, untätig bleibt, wenn Kinder T-Shirts mit dem Aufdruck *wir bauen eine U-Bahn nach Auschwitz* in der Kita tragen, muss sich über nichts mehr wundern. In der aktuellen Zeit fehlt den christdemokratischen Fraktionen in Brüssel der durchgängige Wille zum Bruch mit den autoritären bis neodiktatorischen und damit demokratiefeindlichen Strömungen der osteuropäischen Länder, und eine Absage an alle Fahnenschwenker der lokalen Ebene. Nur so ließe sich die eigene, demokratische Haltung zweifelsfrei legitimieren. In der erhitzen, von Marco Wanderwitz 2021 ausgelösten Diskussion um die rechten Ränder und Kooperationsmöglichkeiten im abgehängten und dem „nicht in der Demokratie angekommenen" Osten (siehe Anhang) ist auch noch niemand auf die Idee gekommen, die vielleicht heute wertvollen Erfahrungen mit der Integration von Altnazis unter dem ersten Bundeskanzler für die Neuzeit nutzbar zu machen. Figuren wie Spahn, oder der Intellektuelle Tauber scheinen in der Partei noch ihre Rolle zu suchen, deren Stammklientel, um sie nicht unnötig zu verschrecken, nicht viel mehr als bedächtige Langsamkeit angeboten werden kann, die allerdings für die Erfordernisse der Zeit und ihre Geschwindigkeit nicht ausreicht. Einem Laschet traut man da auch parteiintern nicht viel zu. Auch das Programm des Jahres 2021 klingt ungefähr und verzagt. Kein Wunder. Die CDU muss im Osten das rechtsextreme Element beschwichtigen – und im Westen zu den Grünen anschlussfähig bleiben. Ein Ding der Unmöglichkeit, selbst wenn es in Ursula von der Leyens technokratischem Brüsseler Laborenglisch verkaufen will.

Mit dem arbeitnehmerfreundlichen Vorzeigemenschen und Sympa-thieträger Blüm, vielleicht auch dem skurrilen und späteren Attack-Unterstützer Geißler (blendet man dessen unüberlegtes oder kalku-liertes Gerede vom Juni 1983 zu Pazifismus und Auschwitz einmal aus), Benda, Weizsäcker, Süssmuth, dem in der Nachsicht glückli-cherweise nach rechts bindenden, aber dafür Spiegel-affärenbelasteten Strauß und vielen mehr, hat die Partei fraglos große, bedeutende Persönlichkeiten und Demokraten hervorge-bracht. Doch ihre müden wirtschaftspolitischen und arbeitspoliti-schen Rezepte erinnern heutzutage nur noch an das, was schon in den Neunzigern der Schnee von gestern war. Jeder kann bei Piket-ty[5] und Stiglitz[6] nachlesen, was der Neoliberalismus mit der Ein-kommensverteilung macht, wie hart die Leute arbeiten um zur Mo-natsmitte hin zu merken, dass das Geld doch wieder nicht reicht. Genau so wie die SPD unter dem brillanten Spaßmacher und spon-tanen Gummistiefelträger Schröder hat die CDU dafür gesorgt, dass das Geld der Allgemeinheit nicht mehr in die Krankenhäuser, sondern in die Taschen derjenigen fließt, die ohnehin schon zu viel davon besitzen. Krankenschwestern sind bloße Kostenfaktoren geworden; nach den Aufwendungen für Feuerwehr und Polizei fragt aber niemand. Ein Widerspruch, der auf Klärung dringt. Den gehetzten Briefträger kennt man nicht mehr, die Bahn kommt im-mer noch zu spät, wer einen Brief aufgeben will, wartet in Erman-gelung eines Postamtes in der quengeligen Schlange zwischen den Müsliregalen eines Biolädchens mit gelbem Versandtresen. So aber geht das nicht weiter.

Wer der CDU seine Stimme gibt, befürwortet die Simulation der Vergangenheit, eine Politik der unscharf definierten Mitte im Sammelsurium für die Stammwählerschaft unbestimmter, im schlimmsten Falle rechtsoffener Werte, das alles ohne einen zu-kunftsgerichteten Anspruch, der den Namen nicht eines Sedativums, sondern einer Philosophie verdienen würde. Im Osten erfolgt die Abgrenzung zu den besorgten Rechtsextremen, wenn überhaupt, aus kultureller Rücksichtnahme nur recht halbherzig. Merz sollte alles richten, was vermasselt wurde, doch hat das mit der Kandidatur bekanntlich nicht geklappt und es bleibt nur noch die Wahl zwischen einer reich verheirateten südlichen Regionalgröße – und einem langweiligen Parteisoldaten aus dem Westen. Auch die Vordenkerin der Parteijugend, Diana Kinnert, liefert neben sprachlich anspruchsvoll gestalteter Prosa zu den Segnungen der Tradition und ihrer möglichen Wirkung auf die Gegenwart, im gestalterischen Sinne aber nur wenig Substanzielles. Den Konservatismus als Grundlage eines zukünftigen Sicherheitsversprechens zu verkaufen kommt mir zu gehaltlos, nicht stringent und widersprüchlich vor. Das Tragen eines schwarzen Cowboyhutes reicht für die große Philosophie der Tradition offenbar nicht aus.[7] Von der schon in Vergessenheit geratenen Kristina Schröder, Philipp Amthor und seinen amerikanischen Beteiligungsverstrickungen, sowie der irgendwie immer noch typischen Maskenbereicherung wollen wir gar nicht erst reden.

Wer erinnert sich nicht gern an die im aufgeregten Geschrei untergegangene Prager Balkonrede Genschers? „Hirsch, Baum, Hamm-Brücher, Lambsdorff, das waren noch Politiker!" solches kann man allenthalben hören. Der seichten Gegenwart unterm selbstgefälligen Lindner, den immer wiederkehrenden Sprüchen von den „Leistungsbereiten" und „Leistungsträgern", dem niveaulosen Herumeiern um die Landtagswahl in Thüringen und dem zähen Jamaika-Koalitiongeschacher kann man dieser politischen Höhle der Löwen nur wenig Überlegenswertes abgewinnen. Lediglich der Veteran Kubitzki mit seiner diebischen Freude an den eigenen, cleveren Sprüchen fällt hier positiv aus dem Rahmen, obgleich seine derben

Späße nicht jedem gefallen dürften. Es liegt auf der Hand, dass die alten Rezepte der ewigen Porschefahrer nicht mehr wirken. Hört man den Namen der Liberalen, muss man satirisch die Lehrerin mitdenken, die zu Beginn der Mathestunde zu den Kindern sagt, dass der Unterricht von McDonald's und Coca Cola präsentiert wird. Vielen Beobachtern in guter Erinnerung bleiben wird in jedem Falle der blutjunge und brillant scharf formulierende Altenpfleger Jorde. Ein Praktiker, der den in der Arbeitsrealität unerfahrenen Sprücheautomaten und Unternehmensgewerkschaftler Lindner zusammen mit dem (in dieser Sendungsausgabe überwiegend seichten) Lanz im Fernsehen intellektuell sehr alt aussehen ließ.[7]

Am 13. August 2018 gibt ein versucht gravitätischer Alexander Gauland ein erschreckendes TV-Sommerinterview auf öffentlich-rechtlichem Sessel. Klimawandel? Wenn es das überhaupt gäbe, könne man ohnehin nichts machen. Rentenkonzept? Käme später erst noch. Digitalisierung? Keine Strategie. „Der AfD-Vorsitzende Alexander präsentiert sich im ‚ZDF-Sommerinterview' mit Thomas Walde bei den zentralen Zukunftsfragen so gut wie ohne Antworten" schreibt Christian Vock in seiner Zusammenfassung auf web.de.[8] In der Tat wirkt der Protagonist müde und unkonzentriert, zu zentralen Fragen hat er dem Zuschauer überhaupt keine Konzepte anzubieten. Wenn es die so genannten Systemmedien geben sollte, hier haben sie eine Sternstunde der Wahrheit geliefert. An dieser Stelle ergibt sich der direkte Zusammenhang mit der Klassifikation der AfD als „postfaktische" Partei[9], bei der es nicht mehr um sachliche Inhalte, sondern um die Mechanismen des Triggerns von Gefühlen geht: Eigentlich sei es egal, wo die Rente herkommt, auf jeden Fall aber wolle man für faule Migranten und die Griechen nichts bezahlen, so geht die Devise. Wie viele Millionen Punkte die Deutschen in Flensburg gesammelt haben, und für wie viele Jahrtausende Führerscheine summa summarum einkassiert werden mussten, sei uns egal, aber guck mal, der Schwarze da hinten fährt mit dem Rad auf dem Gehweg, während der Türke dort vorn die Reifen quietschen lässt: Das Staubkorn im Auge des Nächsten. Kübra Gümüsay bebildert diese uninspirierte und faule Denkparade der subjektiven Wahrnehmung so: „Wenn ich bei Rot über die Ampel gehe, gehen fünf Milliarden Muslime mit."[10] Auch Tino Chrupalla hat außer einigen Ausflüchten im Interviewreigen des Jahres 2021 zu Leid der Journalisten nicht übermäßig viel Substanzielles beizutragen gewusst. Eigentlich hat Chrupalla in der Sendung den Reporter gegrillt, nicht aber umgekehrt.

Wie funktioniert aber die an anderer Stelle durchaus vorhandene ideologisch-strukturelle Grundlage des rechten Randes? Es lohnt sich aus Gründen des persönlichen Kenntniszuwachses Überlegungen des Sloderdijk-Adepten Jongen zu verfolgen, einem der wenigen Parteidenker. Nach dessen Vorstellung muss es darum gehen, eine geeignete „Psychopolitik" zu entwerfen, mit der das Bauchgefühl angeregt werden soll, um wutbürgerlichen Zorn zu erzeugen.[11] Ein beängstigender Ansatz. Der orakelnde Publizist Kubitschek dagegen raunt in seinem pseudoklassisch und verschwurbelt klingenden Neusprech vom „Geistigen und Ideellen", das „in die Wirklichkeit hinein übersetzt" wird.[12] Es ist nicht klar, wer all diese Hirnfrüchte lesen und auch noch verstehen soll, das zu Bekanntheit gekommene Deutschlandhütchen aus Dresden („Sie haben mir ins Gesicht gefilmt") konsumiert das eher nicht, wohl soll es der selbstlegitimierenden Ergötzung in einer pseudointellektuellen Teutonenblase dienen, in der sich so mancher Hobbyphilosoph des Bürgertums wohlzufühlen scheint, und dort, wie bei den klagenden Vorträgen des Thüringer Oberlehrers, philosophische Substanz vorzugaukeln, wo nicht viel ist.

Wo also das Germanische noch richtig cool ist, und man sich vor allem für Herkunft und Vornamen von Verdächtigen und Tätern interessiert, liest sich die vaterlandverwurzelte Promiliste wie der Auszug aus einem multikulturellen Telefonverzeichnis. Da muss man schon aufpassen, um Familiennamen richtig auszusprechen! Horst Schimanski kennen wir zwar auch ohne slawistische Philologie schon aus dem Tatort, aber ein kurzes Überfliegen der einschlägigen Namensliste fördert am rechten Rand wesentlich Erstaunlicheres zu Tage. Von den 89 Abgeordneten tragen mindestens 13 einen sperrigen Namen, der nicht gerade an Müllermeierschmidt erinnert. Das ist ein Anteil von 14,6 Prozent. Immerhin liegt er patriotische 4 Prozent unter der Quote des gesamten Bevölkerungsdurchschnitts. Chapeau. Wie Bender den Sachverhalt treffend formuliert: „Wahrscheinlich fänden sich unter denen, die Deutschland (…) verteidigen würden, auch viele mit Nachnamen, die einen türkischen, slawischen oder afrikanischen Ursprung haben. Auch der Name Kubitschek deutet auf eine Migrationsgeschichte hin (…)." [13] Soll Deutschlands Bevölkerung sich darüber freuen? Hier trifft die Entwicklung auf den zu Beginn zitierten Hegar, nach dem einfach ausgeblendet wird, was parteistrategisch nicht zusammenpasst.

Seit der Verfassungsschutz einen engagierten Präsidenten bekommen hat, und der vaterländische Flügel unter Beobachtung desselbigen steht, dürfte jedem klar geworden sein, wo es der AfD nicht gelingt, sich vollumfänglich abzugrenzen. In ihr gewinnt das „Recht des Lauteren".[14] Die einschlägigen Bundestagsreden, am besten immer zusammen mit der Videospur zu genießen, zeigen die ätzenden und teils hasserfüllten Beiträge manchmal hoch intelligenter, daher aber umso verantwortlicherer, gut situierter Parlamentarier, die sich ihre Diäten teilweise noch bis vor Kurzem in der Schweiz versteuern ließen. Mit den Früchten des Zorns lässt sich einiges an Mammon abzweigen. Man wäre fast versucht, das klassische Achtundsechziger-Wort von der Staatsknete zu reaktivieren. Wer seine Stimme einer Partei geben möchte, die sich, neben allen anderen, ebenfalls in der gesellschaftlichen Mitte verortet, für sämtliche Probleme die diffusen Schimären Europa, Alt-Kommunarden, Migranten, die Aufarbeitung der als „Vogelschiss" banalisierten Periode zwischen 33 und 45, die Systemparteien und -medien, Merkel und die Linken verantwortlich macht, dabei aber keinerlei Lösungen vorstellt und sich dessen nicht einmal schämt, ist bei der AfD recht gut aufgehoben. Ihm müsste dann nur noch stringent erklärt werden, wie man die Bereiche Wehrmacht und Putin geschickt unter einen Hut bringen kann – und es zugleich geschickt vermeidet, als Patriot an allen Außengrenzen mit den rechten Nationalistenbrüdern der jeweiligen Nachbarländer zusammenzustoßen. Dem west-östlichen Schulterschluss kommt dabei allerdings zupass, dass der Diskurs vom omnipräsenten *Globalisten* und seiner Herrschaft auf höchster Thüringischer Ebene die klassisch stalinistische Sprachregelung über das *Kosmopolitentum* anklingen lässt.

Die geniale New Yorker Denkerin Fran Lebowitz hat einmal vorgeschlagen, den nicht totzukriegenden Hauptdarstellern geschichtlicher Vorgänge eine Mitgliedschaft im Club *rip* (*rest in pleasure*) zu ermöglichen; ein Ort, an dem sich solche historische Figuren aufhalten sollten, die zwar längst verstorben sind, sich als ewige *bad guys* aber noch nicht wirklich leblos anfühlten. Die Entscheidung , ob die Lebowitz'sche Wohlfühloase oder das Gehirn mancher Politiker der richtige Ort für österreichische Migranten und ihre Follower sein könnte, möchte ich den Leser:innen überlassen. Mir selbst jedenfalls haben Frau Henning-Wellsows ikonischer Blumenstraußwurf und Kemmerichs verdutztes Gesicht im Thüringer

Landtag genauso gut gefallen wie Brandts Warschauer Kniefall, wobei wir nun schon bei der Linkspartei angekommen wären.

Am gegenüberliegenden Ende des Spektrums sind die Politiker der Linken vornehmlich damit beschäftigt, sich mit hohem Energieaufwand untereinander wegzubeißen. Die Berichte dazu reißen jedenfalls nicht ab. Hochinteressante Persönlichkeiten wie Wagenknecht, Kipping, Wissler und Riexinger sind sich gegenseitig nicht grün (oder sollte man rot sagen?), und der partykompatible, brillante Frauentraum und (hier den Etablierten gleichende) Gutverdiener Gysi schafft es immer noch nicht ganz, den Talar der realsozialistischen Vergangenheit abzustreifen. Die Linkspartei kann uns somit kaum erklären, wie das Zusammenleben der Alltagsmenschen organisiert werden sollte, wenn sie nicht einmal den Hexenkessel der eigenen Firma unter einen Hut bringen kann. Bei den präpubertären Minister-Beleidigungen, wie dem im Anhang belegten Zitat „Das ist die Situation, in der ein gut gestylter Nato-Strichjunge [...] Heiko Maas meint, jede Rechtmäßigkeit und das Grundgesetz mit Füßen treten zu dürfen" schrillt bei mir analog zum klassischen Nazometer aus Harald Schmidts berühmter *Late Night Show* just an dieser Stelle durchdringender AfD-Alarm. Ein in der Linkspartei engagierter Bekannter schildert mir die Gemengelage kurz und knapp: „Bei uns sitzen nun mal fünfzig Prozent Spinner." Das ist umso trauriger, als die Linke, zusammen mit den Grünen, in den Bundes- und Landesparlamenten mit hoher Zuverlässigkeit die besten parlamentarischen Anfragen stellt, Politiker:innen wie Wissler, Wagenknecht und De Masi wirtschaftspolitisch hochkompetent sind, und viele die Zeichen der Zeit, nämlich diejenigen vom Ende des ewigen weiter so ganz richtig erkannt haben. Das Parteiprogramm bietet gute bildungs- und religionspolitische Ansätze, die den Atheismus eindeutig als gleichermaßen ernstzunehmende Größe anerkennen, und den Machtmissbrauch des Glaubens eindämmen sollen. [15] Leider aber hindert der böse Konflikt zwischen regierungsbereiten Reformern und Fundamentalisten die Verwirklichung einer progressiven Politik, die gesellschafts- und wirtschaftspolitisch die richtigen Antworten für die Gegenwart geben könnte. Wer Zeit hat zu warten, bis sich von selbst etwas tut, ist daher bei der Linkspartei sehr gut aufgehoben.

Als Fazit bleibt die Feststellung, dass es wohl keiner der aktuellen Parteien gelingt, auf der ganzen Linie wirklich zu überzeugen. Gerade Arbeitnehmer:innen mit geringem Einkommen dürften sich kaum aus der Nichtwählerecke hervorlocken lassen. Ähnlich wie dem amerikanischen Demokraten gelingt es der gemäßigten Linken nicht, Verbesserungen gerade denjenigen schmackhaft zu machen, denen eigentlich geholfen werden soll: Politik bedeutet offensichtlich vielen nur noch die Ausweglosigkeit einer verfahrenen Bringt-mir-eh-nichts-Einstellung.[16] In Sachsen hat sich die traurige Zahl der Wahlverweigerer zuletzt verdoppelt. Die momentanen Mehrheitsverhältnisse auf Bundesebene lassen nur Mutlosigkeit zu. Wieder droht Unionsgeführter Stillstand, nun auch noch unter grüner Beteiligung. Keine der Parteien tritt mit einer prägnanten Erzählung der Zukunft hervor, die die Pattsituation auszulösen imstande wäre. Die Kandidaten wirken wie ununterscheidbare Akteure mit Karriereambitionen, die Parteien wie konkurrierende Firmen mit ähnlichen Tätigkeitsfeldern und vergleichbaren Produkten. Die Corona-Krise scheint sie immerhin ein wenig aufgerüttelt zu haben. Bis zum Zeitpunkt scheint der Wähler das zu goutieren. Wir werden abwarten müssen, wie sich undogmatisch-pragmatische Parteien wie *Volt* durchsetzen, die gerade am Beginn ihrer Entwicklung stehen. Und Macron muss mit seinem Pragmatismus in Frankreich zeigen, ob eine Präsidentschaft der Marine Le Pen verhindert werden kann.

5.

Religion, Physik, Esoterik. Von Dürr zur Quantenheilung

"You start to feel that maybe there's no pattern there, that it's just one endless miasmic experience. And that's when it gets really serious because then you have to start contemplating that there might be a situation where there is no God."

DAVID BOWIE

„Sie werden lachen: die Bibel", antwortet Brecht auf die Frage nach seiner Lieblingslektüre. Wer soll ihm das verdenken? Die Schrift ist voll spannender Generationskonflikte, aufregender Geschichten, Maximen, Verführung, Rätseln, Mord und Totschlag, alles „gipfelnd im Hohelied der Liebe". Dabei gilt leider immer wieder die Krux: Ausgeklügelte Religionen und ihre Praxis sind immer noch zwei paar Schuhe: Meine Eltern sind aus der Kirche ausgetreten, als der Klerus am Ende der Fünfziger unmittelbar nach dem mörderischen Krieg neu beschaffte Waffen und die teuren Karossen christsozialer Lokalhelden gesegnet hatte. Und es gab da noch eine weitere Geschichte: Ein Freund aus hochfrommem Hause sollte sich Ende der Siebziger unter Strafe nicht weiter mit der Tochter der Putzfrau aus der Unterschicht abgeben, weshalb dessen Mutter und Vater vor der wirklichen Schönheit auf den Knien lagen, und sie anflehten, vom dem Sohne aus höherem Stande (heute würde man ihn als *Rich Kid* bezeichnen) abzulassen. In jüngster Zeit kamen nach den Missbrauchsvorwürfen gegen kirchliche Organisationen in Deutschland nun auch noch die Berichte von den hunderten, vielleicht tausend Kinderskeletten, die in unmittelbarer

Nähe kanadischer Internate gefunden wurden. Diese Internate wurden ab dem Ende des neunzehnten Jahrhunderts von christlich-religiösen Organisationen betrieben, man hatte den Ureinwohnerkindern, die nicht Englisch sprechen konnten oder wollten, zur Strafe stundenlang Holzkeile in die Münder gesteckt, sie geschlagen, gefoltert, umgebracht oder sie einfach verhungern lassen, wie neben vielen anderen Portalen auch *libération.fr* und *lapresse.cn* berichteten. Die Forschung dazu steckt noch in den Anfängen. Ist all das eine mögliche Gerinnung religiösen Denkens? Mit religiöser Praxis kann ich selbst, als vor allem atheistisch erzogener Mensch, aus nahe liegenden Gründen nur wenig anfangen, vor allem dann, wenn sie in regelkonformer, dümmlicher Erstarrung den imaginierten Kernüberzeugungen allumfassender Liebe vollkommen entgegenläuft, und dies auch noch für jeden ganz offensichtlich. Hier ist der hervorragende Satz Luhmanns angebracht, nach dem Aufgabe der Ethik sei, über die Moral zu wachen. Moral und Religion leben gut von der Angst, die bekanntermaßen ein leider schlechter Ratgeber ist. Es fällt mir schwer, ein Folterinstrument, ein Todessymbol, mit oder ohne Leichenbeigabe, als attraktives Zeichen einer in die Zukunft gerichteten Weltanschauung zu sehen. Das Wort Gottesfurcht trägt die Angst schließlich schon in sich selbst.

Andreas Altmann hat die Familienhölle süddeutsch-religiöser Frömmelei eindrucksvoll geschildert,[1] einer dunkle Unter- und Parallelwelt, in der auch der Sohn eines protestantischen Bekannten meiner eigenen Mutter ein knappes Jahr nach dem Umzug ins damals weit entfernte Bayern den Selbstmord des Verschrienen, Verachteten und geradezu Aussätzigen beging. Man kann dem Christentum zugute halten, dass es zwar hoffnungsvoll ins Jenseits gerichtet ist, ihm aber gleichzeitig vorwerfen, dass es ein reflektiertes Hier und Jetzt wie viele andere Religionen für weniger wichtig nimmt als das ewige Wir und Die. Mit diesem Handgriff erzeugt es Zutritts- und Konformitätsangst, nimmt gleichzeitig die Furcht vor dem Tod, erklärt dabei aber nicht schlüssig, wozu das eingeschobene Jammertal des Lebens überhaupt durchschritten werden muss.

Es ist für Menschen mit progressiver Einstellung ein stetiger Ärger mit den Frommen und ihren widersprüchlichen Denksystemen: In *God's own country* fährt man mit der Handfeuerwaffe im Kofferraum zum Gottesdienst, buddhistische Milizen in Sri Lanka und Burma fordern zum Töten auf, selbst vor der Gefahr einer Auslöschung durch Infektionen schreckt man nicht zurück, und missioniert die handvoll verbleibender Indianervölker Brasiliens, als gäbe es nichts Wichtigeres und Hilfreicheres als das zu tun. Einigen gilt Covid 19 als Strafe Gottes, dann allerdings gerade nicht, wenn sie ausgerechnet einen alten weißen Kampfgenossen wie Trump befällt. Dem vor Kurzem noch infizierten Jair Messias Bolsonaro ist die Krankheit ohnehin ziemlich egal, Hauptsache war für seine religiöse Agenda viel mehr, dass zehnjährige Vergewaltigungsopfer von den evangelikalen Bodentruppen gezwungen werden sollten, ihre viel zu jungen Schwangerschaften auszutragen, während ein paar tausend Kilometer weiter östlich eine *Fatwa* gegen Schriftsteller fernöstlichen Eiferern als gerechtes Urteil des dort wirkenden Gottes galt. Gleichzeitig aber ist das älteste Krankenhaus Berlins nach der Barmherzigkeit benannt, Geistliche betreiben Seelsorge, opfern sich auf für die Aussätzigen der Welt, machen Sozialarbeit, kümmern sich um Bildung, beschreiben, verschriftlichen, sichern indigene Sprachen und verschönern die Welt seit Jahrtausenden mit einer wunderbaren Architektur. Religion ist für so manche äußerst nützlich. Auch das muss gesehen werden, wenn wir über sie reden.

Die Fundamentalisten unter den Gläubigen wissen stets ganz genau, was der jeweils eigene Gott will. Da sie das Problem menschlichen Leidens nicht erklären können, weichen sie ihm aus, indem sie es zur Strafe ebendieses vorgeblich oder vergeblich liebenden Gottes erklären. Eine Haltung, die der wie immer begeisternde und erfrischende Religionspädagoge Siegfried Zimmer sehr plastisch als „theologischen Dünnschiss" bezeichnet hat. Beobachtet man Zusammenkünfte solcher Frömmler oder Evangelikalen, kann man es mit der Angst zu tun bekommen, wenn man sich im Erregungskonglomerat ekstatisch schreiend in dem Armen liegt und tut, als würde man mit den Handflächen Sonnenlicht einfangen, und zugleich in Zungen reden können. Wer kennt sie nicht, die bezopften Mädchen mit Wollstrümpfen und den seltsamen Röcken, die von Generation zu Generation in jeder vierten Klasse anzutreffen sind, nach dem Klingelton zum Schulschluss schnell nach Hause rennen, nicht mit auf Klassenfahrt und keine Freunde haben dürfen? Wer hat sie nicht schon oft verscheucht, die gut gekleideten und adretten Missionare, die an der Tür klingeln, und ihre stets frisch gewaschenen und stickerfreien Mittelklassewagen vor adrett gepflegten Königreichsälen parken? Doch gerade hier ist auch viel Respekt gefordert: Mit dem österreichischen Migranten haben sie sich nicht eingelassen, haben den Kriegsdienst verweigert, und sind freiwillig für ihren Glauben in den Tod gegangen. Dem gleich zu tun wäre den meisten anderen äußerst schwer gefallen. In diesem Sinne ziehe ich vor den Zeugen meinen Hut. Was hätte ich denn damals selbst getan?

Michel Onfray beschreibt das religiöse Trauma eines Beduinen, der nächtelang nicht schlafen kann, weil er gegen Allahs Gesetz beim Fahren auf der Straße aus Versehen einen Schakal getötet hat.[2] Christliche Milizen kämpften im libanesischen Bürgerkrieg, und vielleicht demnächst als Kämpfer des *White Christian Nationalism* in US-amerikanischen Vorstädten und Parlamenten. Junge Männer und Frauen unterwerfen sich martialischen Regeln und ziehen als Söldner freiwillig in fremde, religiöse Kriege. All das laienhaft unter der Rubrik *seelische Störungen* abzulegen wäre ein Leichtes, allerdings gefährlich vorschnell und verkürzt, es käme der verzwickten Sache mit dem Glauben letztlich nicht gerecht.

Wie man es auch dreht, die Religion ist trotz der vielen Kirchenaustritte zurück, und, global besehen, in ihrer radikalen Ausformung offensichtlich stärker denn je zuvor. Schon wird diskutiert, ob sie eine neuronale Basis[3] habe, oder bloß eine genetische Disposition, ein das Überleben der Gruppe begünstigendes Nebenprodukt der Evolution sei[4]. Harte atheistische Kämpfer wie Dawkins nennen sie einen „antiintellektuellen Wahn"[5], gleichzeitig zeigen Studien auf, dass sie einen evolutionären Vorteil des inhärenten Altruismus schaffen, der streng religiöse Gemeinschaften wesentlich überlebensfähiger als konkurrierende Gruppen macht.[6] Für den Glauben würden manche sterben. Für Dieter Bohlen aber ginge wohl kaum jemand freiwillig in den Tod. Ohne die strengen Regeln und Rituale hätten Hutterer, die Amischen, das orthodoxe Judentum in einer meist feindlichen Umwelt niemals überlebt. Doch die Qualität der Nächstenliebe steigt in der Praxis nicht dann selbst auch automatisch an, wenn man sich als religiös definiert: Das hat der berühmte Samariter-Versuch in Princeton gezeigt, bei dem eine Notsituation simuliert, und Testpersonen reagieren mussten, die sich als gläubig (Studenten der Theologie) oder eben nicht einschätzten. Die Gottesfürchtigen zeigten dabei nicht mehr Fürsorge als die Studierenden aus den anderen Testgruppen.

Die nach westlichen Maßstäben hochreligiösen US-Amerikaner haben in der Corona-Krise Europa düpiert und den Chinesen eine für Frankreich bestimmte Schutzmaskenlieferung durch ein Wucherangebot noch auf dem Vorfeld eines Flughafens abgeluchst.[7] Die Gegenwart mit den zehntausenden Neuinfektionen pro Tag aber zeigt, dass mit Gottesdienst und Knarre eine Pandemie nicht einzudämmen ist. Gott hat gerade dort nicht viel bewirkt, wo man es eigentlich vermutet hätte. Die Wissenschaft mit ihrer Schnellentwicklung von Vakzinen allerdings schon. Im Kontrast veranschaulicht der Osten Deutschlands wiederum, wie die im kapitalistisch abgewickelten DDR-Regime zwangssäkularisierte Zivilgesellschaft ins intellektuelle Elend reichsbürgerlicher Rauschzustände degenerieren konnte, und sozialistische Zwangsabstinenz ins Fahnen schwenkende, biologistische und lautstarke Ödland der besorgten Abendlandverteidiger führt. Im bürgerlichen Osten liegen die Impfquoten jedenfalls genau so niedrig wie im frömmelnden Süden der USA.

Nicht jeder ist für den Glauben empfänglich, offenbar gibt es einen „Bewusstseinszustand, den ausschließlich religiöse Menschen kennen", und in einen Freiheitsraum führt, in dem der „Klang des Universums" unsere Ohren füllt, wie Dawkins zähneknirschend ausführt.[8] Religiöse Menschen kommen mit dem Tod besser klar, sagt mir eine befreundete Ärztin, die es von Berufs wegen wissen muss. Erleichterndes Beten könnte man auch als Placeboeffekt erklären. Wie dem auch sei, das Irrationale lebt in uns, es stabilisiert manche von uns, wer hat nicht insgeheim schon einmal versucht, einen Wunsch durch magisches Denken herbeizuführen, mit seinem PC oder dem startunwilligen Auto ein ernstes Wörtchen gesprochen? In den afrikanischen Vierteln von Paris erhält man allenthalben Visitenkarten von Wunderheilern, den *Maîtres Marabout*, die „jegliches Liebesproblem" lösen und Beziehungen sogar mit Garantieversprechen möglich machen wollen. Ob positives Denken immer nützlich ist? Im Sinne einer Lebenshilfe und psychischer Befind-lichkeiten vielleicht schon. Dawkins beschreibt die ernüchternden Resultate eines Gebetsexperiments, dessen „negativer Ausgang [...] die Gläubigen [allerdings] nicht erschütterte".[9] Die utilitaristische Statistik spricht also deutlich gegen das Gebet. Hören will das al-lerdings kaum jemand, denn die Wahrnehmungspsychologie lehrt sogar den Atheisten: Von den zehntausend, die vergeblich nach Lourdes pilgern, redet keiner. Von dem einen, der wieder gesund wird, spricht man noch in hundert Jahren. Für den Nichtreligiösen wirkt der Betende wie ein Mensch, der mit einer Person spricht, die gar nicht vorhanden ist. Neulich konnte ich selbst eine überra-schende Erfahrung mit religiösem Denken machen, als ein Freund mir in voller Überzeugung auf *WhatsApp* ein paar *Fake News* und Memes mit Politikerbildchen weiterleitete, die ich unmittelbar da-rauf recht stolz und per correctiv.org als Fälschungen entlarven konnte. Seine jede Logik überspringende Reaktion: „Beeindru-ckend. Aber es hätte gerade bei dem Trittin trotzdem so sein *kön-nen*." Auch dieser Freund ist, das muss ich leider wieder einmal zugeben, wesentlich cleverer als ich selbst. Und dabei in einem menschlichen Sinne eben auch noch ziemlich religiös. All das er-gibt somit eine soziale Beziehung mit hochproduktiver Reibungs-fläche. Und so muss das auch sein. Der Fortschritt liegt immer in der Debatte.

Wie es mit der Religion auch sei, was achtzig Jahre Sowjetherr-schaft nicht bewerkstelligt haben, wird auch einem Dawkins nicht gelingen: den Glauben einfach abzuschaffen. Da kann Bowie lange zweifeln, wie das Zitat zu Beginn des Kapitels es zu belegen scheint. Wie aber gehen wir besser mit dem Glauben um, wenn er trotz allem auch so viel Kummer macht? Ob man den Buddhismus als Religion oder Philosophie sehen will, der Hirnforscher Singer sowie sein Co-Autor, der Molekularbiologe und Mönch Ricard schildern eindrücklich, wie durch buddhistische Meditation die Funktion des Gehirns positiv und messbar verändert werden kann.[9] Es tut offensichtlich gut, sich zu versenken, sich, ganz allgemein gesprochen, in andere, fokussiertere Zustände zu versetzen. Schon Meister Eckart empfiehlt solche Versenkung zur Erkenntnis des tiefen Inneren, in dem ihm zufolge Gott wohnt. Mir selbst gelingt das meistens nicht, wenngleich Musik bisweilen bei der Fokussierung helfen kann. Hier läge eine wichtige Funktion der inneren Zentrierung vor, deren Resultate messbar sind. Zwei weitere Dinge sind wichtig, wenn wir über den Glauben sprechen: Er überbrückt die Kluft zum Unerklärlichen und setzt mehr oder weniger erfolgreich Regeln für den Umgang miteinander.

Ich sehe mir gern Filmdokus über Orang-Utans und Krähen an. Solche Filme sind zentrierend und heilsam. Mich faszinieren die Geschicklichkeit und der nachdenklich melancholische Gesichtsausdruck der uns so nah verwandten Lebewesen und die unglaubliche Intelligenz der Rabenvögel, deren Gehirn lediglich die Größe einer Walnuss hat. Beide Tierarten nutzen Werkzeuge, können vorausplanend in Ursache und Wirkung denken und komplexe, neu gestellte Probleme lösen. Doch weder der Orang-Utan noch die Krähe sind Philosophen. Nach allem, was man annehmen kann, würden sie niemals über sich selbst, ihr Leben und den Tod im eigentlichen Sinne nachdenken, obgleich das Spiegel-Experiment bei einigen Tieren positiv ausgeht und man sagt, Elefanten trauerten um verendete Artgenossen. Nach Pinker [10] ist Bewusstsein ein in der Evolution immer ausdifferenzierter entstandenes Kontinuum von Tier zu Mensch, weshalb es uns Wissenden eigentlich auch schwer fallen sollte, Tiere einfach zu verspeisen.[11] Wir sehen den Übergang unbewussten Erlebens hin zum mehr oder weniger reflektierten Dasein. In der Regel blenden solche Hypothesen allerdings die Themen Psyche und Seele einfach aus.

Harte Atheisten sagen, Glauben sei der Unwillen zur Erkenntnis, ein freiwilliger Denkverzicht, ein Rückfall in den psychischen Urzustand, der nicht hinterfragt, was wahr und falsch sein soll, und erkennt, dass unsinnige Ideen aufgegeben werden sollten. Wir wollen schnelle Erklärungen, und dabei bloß nicht zu viel sinnieren. Religion liefert in ihrer simpleren Ausprägung solche schnellen Argumente. Das Portal wenigerglauben.de etwa liefert für Interessierte einige griffige Beispiele.[12] In der Tat ist aber die Wissenschaft der denkerische Goldstandard, von dem alle insgeheim profitieren. Einer ihrer Grundsätze lautet: Die Gewissheit von heute ist der Irrtum von morgen. Einem Gläubigen würde es indessen schwer fallen, Grundlegendes zu hinterfragen, ganz im Gegenteil wird er Vorgegebenes so unkritisch akzeptieren, wie es beispielsweise die Anhänger der Homöopathie seit Samuel Hahnemann immer wieder gern tun. Es ist eine Behandlungsweise, die, nach allem was zu lesen ist, keine Wirkung zeigt, die über den Placebo-Effekt hinausginge.

Das atheistische Urteil über den Glauben ist richtig und schlüssig. Einer der Grundfehler des modernen Atheismus aber ist sein kalter, arroganter und normativer Verzicht auf den Mitgedanken an diejenigen, welche gar nicht in der Lage sind, tiefgründig und zugleich unabhängig zu philosophieren (vgl. Kap. 7). Aus welchen Gründen auch immer, es ist nicht jedem gegeben, viel zu verstehen. An uns selbst können wir den Horizont des Überschaubaren sehr gut mit dem *Monty-Hall-Dilemma* (auch als *Ziegenproblem* bekannt) ausprobieren. Bei diesem Gedankenexperiment kann man also sehr einfach die Grenzen der eigenen Intelligenz ausloten. Mathematik geht bei diesem Experiment bei vielen in Glaubenshaltung über. Im

Spiel geht es darum, einen Gewinn zu erzielen, und die Chancen darauf optimal auszunutzen. Es ist empfehlenswert, einige der erklärenden Diskussionen und Videos zu diesem Dilemma vor dem Weiterlesen dieses Kapitels zu ergoogeln oder nachzulesen. Eine detaillierte Darstellung führte hier zu weit. Nun aber zur Praxis: Das Nachdenken über das Dilemma kommt einer Übung zur Demut gleich, denn mit der Grenzerfahrung am eigenen Erkenntnishorizont wird das Verständnis für das eigene Unzulängliche und der Eingriff von Glaubensüberzeugungen direkt erfahrbar. Durch eine zusätzliche, schwer nachvollziehbare Wechselentscheidung erhöhen die Mitspieler nach den Überlegungen von Marilyn Vos Savant (ihr IQ wird mit einem beängstigenden Wert zwischen 197 und 228 angegeben) offensichtlich ihre Gewinnchancen. Ab einem gewissen Punkt der Gedankenführung übernimmt der Glauben die Oberhand, er schwappt, jedenfalls in meinem eigenen bescheidenen Erleben, an irgendeiner Stelle aus dem logischen Räsonnement in den Bereich der Bilder und bloßen Überzeugungen. Eine unverzichtbare Übung, die auch für den Glauben der Mitmenschen Verständnis schaffen könnte.

Für den, der nicht viel nachdenken kann, ist es Notwendigkeit, umso mehr glauben zu müssen. Nach Luhmann[13] sind wir schon lange an einem Punkt angelangt, zu dem Wissen nicht mehr integrierbar ist. Wir bilden unablässig mentale Modelle, um uns Unverständliches zu veranschaulichen. Die Wahrnehmungspsychologie lehrt, wie das Gehirn versucht, aus zufälligen Pixelgruppen Muster zu konstruieren. Die Fähigkeit zur Musterbildung gilt als evolutionärer Vorteil. Man kann auch das an sich selbst mit zufällig ausgewählten QR-Codes testen, aus denen unvermittelt Figuren und Gesichter hervorspringen können. Die Menge des Unverstandenen besitzt nach wie vor enorme Ausmaße, eine solche Binse sei uns an dieser

Stelle gegönnt. Wer kann schon bloß im Alltagsleben erklären, wie Informationen auf USB-Sticks auffindbar gespeichert werden, ein Reißverschluss genau funktioniert, das Immunsystem auf molekularer Ebene arbeitet, was in der Seele vor sich geht, und wie das Leben überhaupt entstanden ist? Wer legt den Verstorbenen keine Blumen aufs Grab, redet nicht der Batterie zu, die im Winter schlapp macht, und wer betreibt nicht heimlich Volkslinguistik oder Küchenpsychologie? Wir geben vor zu verstehen, und tun es nicht, wollen rational sein und gehen trotzdem auf Beerdigungen. Manche Bereiche dieser maskierten Unkenntnis nennt die Kognitionsforschung den Bereich der *Wissensillusion*, der Gang zum Friedhof mag auch Folge schamkulturell-sozialer Impulse sein.

Doch auch die Wissenschaft selbst hat natürlich ihre Lücken, die hoffentlich irgendwann einmal ausgefüllt sein werden. Der Skeptiker aber spricht über diese Leerstellen nicht gern. Die Offenbarung erklärt alles, die Physik aber ist noch offen. Letztlich wissen wir noch immer nicht genau wie, und noch wichtiger vielleicht, wozu die Welt entstanden ist. Das ist die Frage nach dem Sinn. Selbst nach ein paar nach Metern populärwissenschaftlicher Kosmologiebände wird klar: Physiker suchen immer noch nach der großen Formel, der *Grand Unifying Theory*, die alles widerspruchsfrei erklären und integrieren kann, was bereits erforscht ist. Und wieder steht die klassische Frage im Raum: Weshalb gibt es überhaupt etwas und nicht nichts?[14] Das *Nichts* ist fürs Alltagsleben weitgehend unbedeutend, aber ein großes Denkproblem von Logik und Philosophie. Es muss schließlich im Gegensatz zum *Etwas* gedacht werden. Beide bedingen sich gegenseitig, somit dürfte es das Nichts an sich gar nicht geben. Letztlich bleibt die ernüchternde Feststellung: Wissenschaft kann viel erklären, stillt aber nicht unbedingt den Durst nach schneller Befriedigung. Trotz griffiger

Buchtitel und beeindruckenden Inhaltsverzeichnissen liefern auch die Stars am Physikerhimmel keine letztgültigen, sinnvollen Erklärungen. Der bedeutende Schmetterlingskundler und geniale Dichter Vladimir Nabokov hat die Sache mit der Religion in seiner wie gewohnt glasklaren und messerscharfen Weise so geschildert:

„Um ganz offen zu sein – und jetzt sage ich etwas, was ich noch nie gesagt habe, und hoffe, dass es ein heilsames Frösteln hervorruft–, ich weiß mehr, als ich in Worten ausdrücken kann, und das wenige, was ich ausdrücken kann, wäre nicht ausgedrückt worden, hätte ich nicht mehr gewusst." [15]

Damit ist Nabokov wieder einmal eine seiner beklemmend hellsichtigen Schilderungen des Unerklärlichen gelungen, die in der Tat stets aufs Neue Gänsehaut erzeugen. Demut entsteht nicht nur bei *Monty Hall*, sondern auch an dieser literarischen Stelle. In letzter Zeit wurde die von einigen Neurowissenschaftlern und KI-Forschern (zum Beispiel Beck 2014) gestellte Frage diskutiert, ob die Fähigkeit zur freien Entscheidung Wirklichkeit oder Illusion sei.[16] Die plausibelste Antwort auf diese Frage lautet: Gäbe es keinen freien Willen, gäbe es wohl auch kein Bungee-Jumping. Denn welcher von Automatismen gesteuerte Mechanismus wollte sein eigenes Leben mit dieser Praxis unnötig in Gefahr bringen? Letztlich kann auch die Hirnforschung die Frage nach dem Bewusstsein noch nicht erschöpfend beantworten. Und das Bewusstsein selbst sei mit naturwissenschaftlichen Mustern nicht erklärbar, wie der atheistische Bewusstseinsforscher Nagel äußerst detailliert beschreibt.[17] Überhaupt stellt er an dieser Stelle den Alleinerklärungsanspruch der Naturwissenschaften in Frage, und warnt davor, seine These einer über den materialistischen Reduktionismus hinausgehenden Ursache mit Gott gleichzusetzen. Zwar ist das Bewusstsein mehr als die Menge von Verknüpfungen, die ein neuronales Netz bespielen, doch Berichte von Persönlichkeitsveränderungen nach Hirnverletzungen und das allmähliche Verschwinden der Persönlichkeit bei Dementen zeigen jedem Beobachter auf, wie stark das, was wir auch als Seele bezeichnen, mit ebendiesem Netz verknüpft zu sein scheint. Es spricht daher nicht viel für ihr Fortbestehen nach dem Tod. Und doch gehört sie zum Bereich des Unbeschreiblichen.

Theorien wie die scheinbar griffige Quantenphysik sind Einfallstore für allerlei naive Esoterik, die die plastischen Konzepte von Verschränkungen und seltsamem Teilchenverhalten für ihre vereinfachend verträumten und naiven Zwecke nutzbar machen will. Tatsächlich liefert die Physik in weiten Teilen der Allgemeinheit Bilder, die Vorstellungen eines wie immer gearteten Göttlichen mit der Wissenschaft in Überschneidungen kommen lassen. So geben Philosophen wie Guitton anschauliche Beispiele dafür, wie Teilchen, je nach dem, wie sie beobachtet werden, eine Eigenschaft als Welle oder auch Teilchen offenlegen, wie es das verblüffende Doppelspaltexperiment zeigt. Guitton[18] vermutet in der Teilchenwelt eine Art göttlicher Kraft, die allem zugrunde liegen soll. Hawking[19] zeigt auf, dass allem simple mathematische Regeln auferliegen, und eine wie immer gedachte Intelligenz gar nicht vonnöten ist, um das Universum samt seinen Gottesteilchen zu erklären, umstrittene radikale Abweichler wie Tipler[20] zeichnen das Bild eines berechenbaren Kosmos in der Art eines Laplaceschen Dämons, der sogar die Möglichkeit der eigenen Unsterblichkeit beinhalten soll. Und Hans-Peter Dürr, langjähriger Materieforscher und Direktor des Heisenberg-Instituts du später YouTuber, gibt schließlich zu bedenken, dass er fünfzig Jahre seines Forscherlebens gebraucht hat, um zu verstehen, dass es so etwas wie Materie gar nicht gibt.[21]

Der sehr einnehmende und lesenswerte Autor spricht von Potentialitäten, aus denen alles, so auch wir besteht, und dass das Fundament unserer Wirklichkeit eigentlich etwas Spirituelles sei. Das Ganze wäre immer mehr als die Summe seiner Teile, aus den Teilen heraus gar nicht erklärbar, ein eigentlich instabiler, der Thermodynamik komplett widersprechender Zustand (das Leben) würde fortwährend von einer noch unverstandenen Kraft aufrechterhalten. Engagierte, als ein wenig arrogantes Korrektiv unabdingbare und in ihrer gesellschaftlich positiven Wirkung nicht zu unterschätzende Skeptiker wie die von der Organisation GWUP [22] führen solche Diskussionen nur ungern, und versuchen zu belegen, dass alles Unerklärte letztlich lediglich noch Unerforschtes sei.[23] Damit dürften sie, historisch gesehen, nicht ganz falsch liegen, machen es sich allerdings auch recht bequem.

Dennoch gilt: Solche geheimnisvollen Gedankengebäude sind ein gefundenes Fressen für Spezialisten der selektiven Wahrnehmung, die diese kaum verstandenen physikalischen Ideen in Bruchstücken für ihr eigenes esoterisches Süppchen in der Art einer Religion nutzbar machen, alles Erdenkliche damit verkaufen und erklären wollen. Die Gedankenwelten wirken im Sinne von Komplexitätsreduktion und Selbstvergewisserung. Irrationale Konzepte wie Kinesiologie, Spagyrik, Quantenheilung (von der wohl nicht einmal ihre eigenen Vertreter den détail erklären können, was sie eigentlich ausmacht), die indisch-mythologisch aufgeladenen Chakrentheorien, Biofeedback, TCM und andere naive Behandlungs- und Diagnosekonzepte sind Ansätze, die gern von selbst ernannten Therapeuten und Abtrünnigen der Medizin, wie Heilpraktikern und Geistheilern, angewendet werden, die mit ihren unreflektierten und widersprüchlichen energetischen Konzepten gefährliche Entwicklungen wie die immer weiter grassierende Impfgegnerschaft fördern können. Ihre Stärke aber liegt nach allem was bekannt ist im machtvollen Placeboeffekt.[24] Ein Narr, der anhand von Heilsanpreisungen wie der Dunkelfeldmikroskopie nicht an die E-Meter der pseudowissenschaftlichen Scientologen denken muss. Und dennoch: Die Zauberer springen in eine Lücke, die eine hochgerüstete, rationale und als kalt empfundene Heilkunde genau dann nicht liefern kann, wenn sie nur an den Umsatz denkt und sich für ihre Patienten („sprechende Medizin") nicht die nötige Zeit der Zuwendung nimmt. Wenn die Mutter mit der Tasse heißer Milch kommt, geht es dem kranken Kind schon besser. Die westliche Medizin behandelt sicherlich meistens perfekt. Doch wer Menschlichkeit sucht, ist fehl am Platz. Daher der generalisierte Satz: Wer kuriert, hat Recht. Doch auch hier zeigt sich die Überlegenheit der modernen Naturwissenschaft: es scheint absehbar, dass in Rekordzeit Impfstoffe gegen das bedrohliche Corona-Virus gefunden werden können. Dann kann, wird der Optimist denken, die Komplementärmedizin eigentlich einpacken. Viele ihrer Apologeten wären gar nicht auf der Welt, wären ihre Urgroßmütter nicht in den Genuss moderner Vorsorgeprogramme gekommen. Dies zu begreifen fällt manchem offenbar sehr schwer. Es bleiben Zweifel, ob dies allein an der zu kurzen Spanne des Lebens liegt.

Zusammenfassend gesagt: Die Naturwissenschaften haben, anders als von vielen Verteidigern des rein Rationalen vermutet, ihre Grenzen. Rationalisten erwecken den Eindruck, mit ihrer Hilfe nahezu alles erklären zu können, doch fünfundneunzig Prozent der Materie, so gehen Vermutungen, sind uns immer noch völlig unbekannt. Die Naturwissenschaften wirken kalt, wenig empathisch, und haben den Nachteil, für die meisten nur sehr schwer verständlich zu sein. Der Mensch will einfache Erklärungen, und bekommt sie mit religiösen Konzepten leicht verdaulich geliefert. Religiöse

Praxis aber ist widersprüchlich – und mitunter gefährlich. Eine mögliche Synthese aus beiden Modellen sollte so angelegt sein, dass Religion dezidiert als Erklärungsmuster, als mentales Modell für all das dient, was zum aktuellen Stand der Erkenntnisse wissenschaftlich noch nicht erklärt werden kann. Insofern befände sie sich fast unbemerkt auf einem allmählichen Rückzug, wobei die Wissenschaft aber nicht den Fehler machen darf, alles magische Denken, für das genetische Dispositionen vermutet werden, grundsätzlich ins Lächerliche zu ziehen. Das steht ihr nicht gut an. Netzangebote wie *Adornochrom* versuchen daher, als „Entschwörer" (Bernd Harder) mit Fakten in konstruktiven und gesitteten Debatten gegen die neuen Kulte vorzugehen.[26] Wir sollten genau beobachten, was daraus wird. Wissenschaftler:innen sollten immer auch die verständliche Kommunikation ihrer Fachgebiete zu Ziel haben.

In diesem Ansatz liegen zwei Möglichkeiten: Die Verteidiger der absoluten Wissenschaft dürfen hoffen zu einem in der Zukunft liegenden Zeitpunkt, und, vielleicht unter Zuhilfenahme künstlicher Intelligenz, eine allumfassende Erklärung für alles vorlegen zu können. In diesem Falle zöge sich die Religion, wie dies zumindest im Westen in vieler Hinsicht geschehen ist, allmählich noch weiter zurück. Die zweite Variante könnte darin liegen, dass der Wissenschaft dieser Schritt nicht gelingt, und sie religiösem Denken unfreiwillig ein Überleben zu sichern gezwungen ist, zumal ein Großteil der Menschen ihre Erklärungen gar nicht verstehen will und kann. Die Diskussion um die Impfpflicht zeigt, dass das menschliche Denken das geringe Risiko der Impfschädigung in irrationaler Weise zum wesentlich größeren Erkrankungsrisiko hervorhebt. Es gilt, die Unwissenden und Beratungsresistenten erst einmal vor sich selbst, und dann die Allgemeinheit vor der Dummheit im Besonderen zu schützen.

Was aber bliebe in beiden Fällen von den Religionen übrig? An dieser Stelle kämen ethische Konzepte ins Spiel. Die Entwicklung von Nowitschok, Nuklear- und Biowaffen macht ja deutlich, dass rein wissenschaftliches Denken die Welt nicht per se auch automatisch zu einem besseren Ort macht. Auch der posthum und popkulturell verklärte Einstein hat, immerhin aus mehr als nachvollziehbaren Gründen, zur Entwicklung der Atombombe beigetragen. Doch überall, wo der Mensch auftaucht, kommen das Böse, aber mit Sicherheit auch das Gute und Empathische zum Vorschein. Religiöse und atheistische Lebensentwürfe werden von den Unzulänglichkeiten des Menschen in gleichem Maße negativ beeinflusst. Es gibt Atheisten, die sich wesentlich christlicher verhalten als so mancher Kirchgänger. Soziale Projekte in Brennpunkten werden mit, aber auch ohne kirchliche Hilfe realisiert. Eine wissenschaftlich-religiöse Synthese sollte herausarbeiten, was an den ethischen Überzeugungen zu deutlichen Fortschritten, oder aber zu Kriegen und Verwerfungen geführt hat. Dazu kann die Wissenschaft zu einem Konzept beitragen, das durch allgemeinverständliche Erklärungen weitgehend auf die Vorstellung personalisierter Götter verzichtet, eine Philosophie, die auch die das modernere theologische Denken verdichtet hat[25] und das Göttliche eher als ein alldurchdringendes Prinzip begreift, was im Idealfall zwischenmenschliche Spannungen abbaut und harmoniefördernd wirken kann und soll. Der Mensch ist schließlich auch deshalb religiös, weil er sich zu ernst nimmt. Er schafft sich einen Gott, der dem Menschen gleicht. Der Glauben wird mit Geltungssucht aufgeladen und berauscht sich am ureigenen Selbst. Gott wird dem Menschen mit seinen Narzissmus bildlich gleichgesetzt.

Kommen wir abschließend zu einigen rechtlichen Überlegungen. Da das Grundgesetz Religionsfreiheit garantiert, bildet es die Basis weiterer Regelungen, so auch der zur weltanschaulichen Neutralität. Die Artikel des Grundgesetzes sind gleichrangig und unterliegen keiner Hierarchie. Dieses gesetzliche Fundament darf aber nicht im Sinne individueller Persönlichkeitsentfaltung verzerrt und aufgeweicht werden. Ein Recht gilt nur dann, wenn es die Freiräume anderer nicht berührt. Die negative Religionsfreiheit ist die jedem gegebene Freiheit, einen Glauben nicht annehmen und praktizieren zu müssen. Weltanschauliche Neutralität der Institutionen muss also weiterhin garantiert bleiben. Die offensive Präsentation religiöser Symbole, wie wichtig diese auch individuell wahrgenommen werden, sollte in staatlichen Strukturen im Hinblick auf die Würde der säkularen Mitmenschen unterbunden werden. Das allfällige Beklagen von weltanschaulicher Diskriminierung, und die vulgärpädagogische Forderung nach Diversität im Sinne einer facettenreichen und offenen Kindererziehung in den Lehranstalten darf nicht das atheistische Interesse an einer Freiheit von jedwedem Bekenntnis aushebeln. Hier sind die demokratischen Parteien gefordert, alle gesellschaftlichen Interessen gleichermaßen auszugleichen. Der aggressiv geführte Berliner Streit um das Neutralitätsgesetz und die damit zusammenhängenden Rechtsstreitigkeiten muss durch wasserdichte und grundgesetzkonforme Regelungen beendet werden. Nicht ein Mehr, sondern ein Weniger an Religion stünde einer modernen Bildungslandschaft an.[27] Unsere Gegenwart ist, historisch besehen, auch ein Resultat des Zurückdrängens religiöser Einflussnahme. Eine Verlagerung religiöser Instruktion auf klerikale Institutionen, und die Gefahr eines damit verbundenen Kontrollverlusts, muss durch staatliche Überprüfung gebannt werden. Wer religiöse Symbole präsentieren möchte, kann dies genauso gut in seiner Freizeit tun. Cinnzia Sciuto hat die große Gefahr unkontrollierter, religiöser Denkweise im ihr kulturfremden Raum eindrucksvoll geschildert, und im Falle der ermordeten Pakistanerin

Saman Abbas von den Repräsentanten der Religiösen Seite klare Worte gefordert.[28] Auch an dieser Stelle ist eine breit angelegte Debatte notwendig, in der die Restlinke ihre Sicht zu den Religionen neu erklären muss. Die Konservativen haben das nicht nötig. Bei ihnen liegen die Dinge, wie so oft, wesentlich einfacher. Die Linke aber sollte das Historische in sich wiederentdecken und die Erinnerung aufrufen: Was für Marx falsch war, kann heute nicht auf einmal richtig sein. Sicher ist, wir sollten nicht darauf hoffen, das magische Denken aus den Köpfen zu bekommen. Das haben, es gilt dies ständig zu wiederholen, nicht einmal die achtzig Jahre Sowjetherrschaft vermocht. Glauben kann, so lautet die Erkenntnis, mehr helfen, als so manchem lieb ist. Er braucht aber klare Grenzen.

6.

Klimawandler. Ist da noch was zu retten?

Der deutsche Volkswirtschaftler Thilo Sarrazin ist seit längerem davon überzeugt, Deutschland schaffe sich ab. Alle schaffen sich heutzutage ab, Erik Marquardt (2021) schreibt sogar, ganz Europa gäbe sich selbst nunmehr auf, wenn auch aus völlig anders gelagerten, ethischen Gründen. Hier zeigen sich die gegensätzlichen Pole einer erbittert geführten, politischen Kulturdebatte. Dabei hat Sarrazin übersehen, dass, genau genommen, nicht bloß das kleine Deutschland (mit seinem Prozentsatz von 1,15 an der Weltbevölkerung), sondern die gesamte Menschheit schon seit Jahrzehnten durch Umweltzerstörung eifrig an ihrer Selbstbeseitigung arbeitet. In diesem Blickwinkel bildete das von Thilo Sarrazin (sein migrantischer Familienname geht übrigens auf den nahen Osten und das Französische zurück) besprochene Land nur den winzigen Teil einer globalen Gesamtentwicklung. Er liefert somit eine Sichtweise, welche in ihrer kulturell geprägten Detailverlorenheit das hinlänglich bekannte Gesamtbild der globalen Umweltkrise vollkommen unzulässig verzerrt. Letztlich nützt alle Migrationskritik nicht viel, da die Naturzerstörung an politischen Grenzen keinen Halt macht. Kulturelle Fokussierung nimmt in diesem Bereich den Überblick. Blicken wir zur Erläuterung einmal kurz in die jüngste automobile Vergangenheit Deutschlands: Der erste *Polo* aus dem Hause Volkswagen galt in den Achtzigern des vergangenen Jahrhunderts mit seinen vierzig PS als überaus spritzig. Jedenfalls stimmte diese Einschätzung im Vergleich mit den damals noch omnipräsenten *Käfern* oder *Enten*. Der etwas stärkere Volkswagen mit seinen fünfzig PS hieß im Volksmund daher *der Große Polo*, eine Bezeichnung, die heute einiges an schönem Zeitkolorit trägt, in der aber auch viel Respekt für einen Wagen mitschwang, der mit den kaum erwähnenswerten zehn PS mehr Kraft als eine Art Rakete der Städte und Landstraßen galt.

Das Jahr 2020 aber sieht leistungsmäßig vollkommen anders aus: Ein Motorjournalist testet auf YouTube die stärkere Version eines effizienten japanischen Hybridwagens, der bisher mit 120 PS, nun aber auch in einer Variante mit 184 Pferdestärken bestellt werden kann. Der Reporter geht ein paar Mal um die Karosse herum, erklärt diesen und jeden Design-Gimmick und bemäkelt Spaltmaße. Dann beginnt die Fahrt auf der Landstraße, der Tester muss, wie es sich für einen Journalisten seines Genres wohl gehört, natürlich erst einmal „Vollgas" geben. Doch die Enttäuschung folgt auf den Fuß. „Dynamik fühlt sich anders an", klagt der frustrierte Mann, während der Motor am stufenlosen Automatikgetriebe im Hintergrund in höchste Höhen dreht. „Enttäuschend" sei das, klar, er fährt sich ziemlich gut, und auch an der Verarbeitung gibt es nicht viel zu meckern, aber „Spaß will da keiner aufkommen".

Armer Motortester, würde man gern mitleidsvoll im Kommentarbereich hinterher schieben, wenn man bloß mehr Zeit für solche Mitmenschen hätte. Wohlgemerkt, bei normaler Fahrweise verbraucht der Wagen um die vier Liter auf einhundert Kilometer, ein exzellenter Wert, der weit unter den Flottenverbräuchen der premiumdeutschen Konkurrenz liegt. Bei diesem Testvideo beschleicht den Betrachter das Gefühl, dass es Leute gibt, die sich im Morast einer gefühlt ewigen Vergangenheit festgefahren haben, sagen wir dem der Achtziger, und denen es vollkommen egal ist, wie viel solch ein Auto verbraucht, welche Abgaswerte es hat, kurz: Um wie viel weniger umweltschädlich es im Vergleich zu den üblichen, satisfaktionssicheren Penisprothesen auf seine Umwelt einwirkt. Hauptsache vernünftig Power unter der Haube. Alles andere aber ist gleich.

Glücklicherweise haben so einige Leute die Kommentarfunktion genutzt, und dem Tester ins Stammbuch geschrieben, was sie von seinem Ansatz halten. Nämlich rein gar nichts. Er wirkt wie ein unfreiwilliger Verfechter des im letzten Kapitel diskutierten Akzelerationismus, einer Lehre, die das gegenwärtige System durch eine Beschleunigung der eigenen Parameter noch schneller zu seinem Ende bringen will, als es ohnehin von ganz allein gelangt.

Wissenschaft muss beobachten, beschreiben, Schlüsse ziehen. Einigen Heterodoxien zum Trotz hat sich die große Mehrheit der Klimaforscher mittlerweile darauf geeinigt, dass eine beschleunigte Klimaerwärmung zu verzeichnen ist, die, ungebremst fortgesetzt, mit Sicherheit zu irreversibel großen Schäden führen wird. Daher sind die Bemühungen enorm, die bestehende Technik auf Effizienz auszurichten. Jets verbrauchen schon wesentlich weniger als früher, nur beim Automobil scheint der Rebound-Effekt jede technische Entwicklung zur Sparsamkeit durch Übermotorisierung und immer mehr Zusatzausstattung aufzufressen. Die Jahresproduktion der neuesten und schnellsten Waffe aus dem Hause Porsche war schon Ende letzten Jahres komplett ausverkauft. Das Verlangen nach immer höherer Motorisierung scheint grenzenlos. Auch die Elektromodelle aus dem Premiumbereich bieten mittlerweile bis zu rund 600 PS Leistung und 300 km/h sind problemlos zu erreichen.

Unser Land, unsere Regeln, das klebt sich mancher gern an auf die Heckscheibe. Doch um welche Vorschriften soll es dabei gehen? Schaut man sich die Statistik des Kraftfahrtbundesamtes an, wurden 2019 rund 2,4 Millionen Männer und 680 000 Frauen wegen Geschwindigkeitsverstößen ins Fahreignungsregister eingetragen, das momentan um die 11 Millionen Einträge verzeichnet hat. Im Übrigen steigt die Zahl illegaler Autorennen rasant an.[1] Die Dunkelziffer liegt hoch, da sich die Fahrer durch Blitzer-Apps und beitragsfinanzierte Radar-Warnungen des öffentlich-rechtlichen Rundfunks in einer mentalen Sicherheitszone bewegen, und jährliche Blitzmarathons eigens in vielen Medien vorab mit genauen Standorten bekannt gegeben werden, um die vielbeklagte „Abzocke" zu hintertreiben. Google liefert zu der Begriffszusammenstellung *Blitzer* und *Abzocke* 3,5 Millionen Treffer, die Suchkombination der Radaranlage mit dem Wort *notwendig* ergibt nur schlappe 223.000. Spezialisierte Kanzleien tun ein Übriges, um die bisher schon überlasteten Bußgeldstellen zusätzlich mit postalischen DNS-Attacken in der Form von Einsprüchen zu bombardieren. Facebook ist voll mit entsprechender Kanzleiwerbung. Und macht man selber eine Testfahrt auf der Landstraße, wird man, bei egal welcher Geschwindigkeit, garantiert von irgendwem abgehängt. Neulich erreichte mich die Einladung zu einer Geburtstagsparty samt Anfahrtsskizze und genauen Blitzerangaben. Die individuelle Interpretation der gesetzlichen Vorgaben hat den Vorrang. Dreitausend Verkehrstote pro Jahr zählen offenbar nicht viel. Und immer mehr Überwachungstechnik wird mutwillig zerstört, wie die Vorgänge über den zu einiger Berühmtheit gelangten Bielefelder Blitzer *Bernhard* zeigen, der zum Opfer einer Spitzhackenattentats werden musste. Es wird eng auf den Straßen. Mancher Autofahrer geht nun auch am Straßenrand über in den Kampfmodus. Frankreich verzeichnet ebenfalls dergeartete Gewaltakte, gerade zur Blütezeit der Gelbwesten wurden die Geräte offensichtlich verstärkt als Ziele staatlicher Repräsentation zerstört. *capital.fr* berichtet auf seiner Nachrichtenseite von einer Beschädigungsrate von 60% aller stationären Geräte.[2]

Im Berlin des Juni 2020 wurden nach einer Kontrollinitiative in zwei Wochen zwanzigtausend Raser erwischt. Immer wieder und auch immer öfter fallen Unbeteiligte innerstädtischen Autorennen zum Opfer. Momentan bemüht sich der aktuelle CSU-Verkehrsminister sogar darum, den zunächst verschärften Bußgeldkatalog wieder abzumildern. Belege genug, um die von der allgemeinen Stimmung getriggerte Laisser-faire-Mentalität im Umgang mit Geschwindigkeit nachzuweisen. Wer sich viel im Ausland bewegt, kann unmittelbar nach Grenzüberfahrt im eigenen Rückspiegel beobachten, wie sich beim Überholen der LKW-Kolonnen die ersten Nieren und Ringe am Heck festbeißen und versuchen, den gegnerischen Schleicher mit Lichtimpulsen auf die rechte Spur zu zwingen. Offensichtlich ist es den meisten völlig egal, wie viel ihr Auto verbraucht, denn anderenfalls würden sie mit Sicherheit Versuche unternehmen, den Benzinkonsum zu drosseln. Jeder weiß schließlich aus Physikraum oder Fahrschule, dass der Verbrauch mit der Geschwindigkeit exponentiell anwächst.

Zu Greta mag man stehen wie man will, ihr dramatisch aufgeladenes, in der Art von Hollywood-Schnulzen intoniertes Englisch trägt bei manchen unter Umständen dazu bei, dass sich Schwierigkeiten aufbauen, tiefere Sympathien zu entwickeln. Das kann man verstehen. Unerhört und abstoßend aber bleiben, dieser Einschub sei gewährt, die tausendfachen Vergewaltigungsphantasien, die sich in den sozialen Netzwerken über der mädchenhaften Reizfigur entladen, seit sie damit begonnen hat, die Öffentlichkeit zu suchen. Ich möchte dabei nicht en détail die tiefenpsychologischen Strukturen ausführen, denen zufolge gerade diejenigen, welche gern per Autosticker nicht nur die Einhaltung *unserer Regeln* sondern auch unverblümt die *Todesstrafe für Kinderschänder* fordern, anhand der Thunberg ihre dezidiert sexualisierten Phantasien freilaufen lassen. Dazu geht mir nicht der Wille, vielmehr aber die Kompetenz ab.

Daneben postiert sich die etwas pragmatischere und reflektiertere *Gruppe Fridays For Hubraum*. Klar, dass sich nicht jeder vom Dieselpreis belastete Pendler schnell mal einen neuen Tesla kaufen kann. Eine Forderung, die en passant bemerkt, neben der Benzinsteuer auch zur Gelbwestenbewegung der *gilets jaunes* in Frankreich geführt hat. Dass so mancher Carfreitagspilot aber Gretas Portrait, als großen Aufkleber ausgefertigt, mit ausgeschnittenen Augen genau so auf die Stoßstange klebt, dass dem Gesicht die Auspuffrohre aus den Augen treten, ist fast noch geschmackloser als einer der unsäglichen Auschwitz-Texte der notorischen Berliner Großfamilien-Rapper, sonstigen breitbeinigen Muskelprotzen – oder all den Innenstadtpiloten, die auf unseren, ja, unseren Straßen lautstark Tag und Nacht herumprollen müssen. Die Ästhetik dieser Kraftmeier erinnert damit unmittelbar an die beklemmenden, prämortalen, röhrenäugigen *Blackstar*-Videos von David Bowie, der in ihnen den eigenen Tod als Selbstabgesang mit der Kunst verflochten hat, und nun, so wie er das geplant hatte, in millionenfachen Audio- und Videodateien einfach weiterlebt. Vorher klang das noch wie „Die Welt hat Angst, und Bowie hat uns nur noch dies zu sagen: Ich auch" (Patrick Eudeline). Wie richtig Eudelines Einschätzung doch war! Die verzerrte Greta-Ästhetik erinnert dazu auch noch überdeutlich an die Furcht einflößenden Gemälde mit ihren schwarzen, leeren Augenhöhlen aus dem Kasseler Museum für Sepulkralkultur. Ein Totschlagdesign der Auslassröhren hat man sich da ausgewählt, ein brutales Machwerk aus Holzhammermethoden. Einfacher ist es wie immer allemal, simplen Glaubenssätzen zu folgen, einer schlichten Denkweise also, die alles leugnet und Figuren wie Trump oder Bolsonaro gerade deswegen so erfolgreich macht, weil sie offen sagen, was viele gern hören wollen. Wer aber Teil der Lösung sein will, muss bereit sein, das entscheidende Quäntchen mehr an Denkarbeit zu leisten, was wiederum nicht jeder will und kann. Bequemlichkeit ist da nur fehl am Platz.

Eigentlich wissen wir genau, was wir tun müssten, aber bei sich selbst beginnen will fast niemand. Wer oben angekommen ist, kann es sich leisten, ein wenig zu verzichten. Wer unten steht, muss dagegen sehen, wie er über die Runden kommt. Die Unterstützer der *Fridays For Future*-Bewegung stammen zu großen Teilen aus den privilegierten Schichten. Ihr ökologischer Fußabdruck ist aus kulturellen Gründen oft größer als derjenige der Geringverdiener, ihr Oberstufen-Englisch dafür aber überraschend überschaubar: Das englische Wort *future* erfordert ein vorangestelltes *the*, wie der bereits zitierte Linguist Stepanowisch in seinem cleveren *sprachlog* süffisant ausführt. Die Future-Leute müssen also nicht nur in Beziehung auf ihr individuelles Emissionsprofil, sondern auch sprachlich besser werden.

Sehen wir die Lage darwinistisch: Offensichtlich hat sich der Mensch zu weit entwickelt, um der Komplexität der Probleme noch Herr zu werden. Was globale Antworten erfordert, scheitert am selbstbezogenen Individuum.[3] Wenn der übersteigerte Kapitalismus in seiner zerstörerischen Kraft den Planeten so stark beschädigt haben wird, dass menschliches Leben kaum noch möglich ist, sollte in ein paar Millionen Jahren nach der postkonsumistischen Epoche eine andere Spezies übernommen haben. Nach der Lektüre von Heinrichs oder Reichelmanns[4] Krähenbüchern denke ich dabei wieder an die Rabenvögel, bei deren Observation die Vogelkundler sich am Feierabend schon oft die Frage gestellt haben, wer eigentlich wen beobachtet. So wie sich der Mensch durch gezielte Selektion von Wolfswelpen den größten Untertanen des Planeten herangezüchtet hat, wird die Natur schon dafür sorgen, dass sich, vielleicht, die Krähen zu ungeahnten intellektuellen Höhen aufschwingen werden. Warum auch nicht? Das Potential wartet doch nur auf seine Entfaltung. Die Welt hat viel mehr Zeit als wir selbst: In einem schönen Witz treffen sich zwei Planeten. Sagt der erste: "Ich hab' Homo Sapiens." Darauf der zweite: „Nicht schlimm, das geht vorüber."

Bostron sieht in der Komplexität der verzwickt verästelten Fragestellungen und den daraus folgenden kombinatorischen Konsequenzen eine unendlich stark wirkende Paralyse, das heißt, egal, was wir tun, wären die Folgen unabsehbar, zumal das Denken sich im Angesicht der Herausforderung einer kombinatorischen Explosion nicht auf nur eine Disziplin beschränken kann.[5] Wie dem auch sei: Es gibt einfach zu viele Menschen. Neun Milliarden Menschen sind neun Milliarden Lagerfeuer. Und schließlich sagt ein böses Wort, der beste Beitrag zum Klimaschutz sei Kinderlosigkeit. Egal, welcher Teilbereich menschlichen Zusammenlebens betrachtet wird, die Zahl der Probleme bleibt erschreckend groß.

Historisch besehen wurden wir als Menschheit mehrfach gekränkt. Zunächst galt es zu verstehen, dass die Welt nicht die Mitte des Universums ist, und die Sonne nicht in jedem Bezugssystem um den bewohnte Planeten kreist. Dann galt es zu akzeptieren, dass unsere Spezies kein Ebenbild des jeweiligen Gottes, sondern nur eine mögliche Variante unter vielen Menschenaffenarten ist. Die die längste Zeit gern so überheblichen Frankophonen mussten, en passant bemerkt, in der Zeit nach der *Port-Royal-Grammatik* (1660) zu allem Überfluss auch noch leidvoll erkennen, dass ihr Idiom doch nicht besser und logischer war als alle anderen, und schließlich lehrt uns heute die Hirnforschung, dass unser überschätztes Bewusstsein allenfalls ein paar Hebel an der Spitze des Eisberges der Kognition bedient, das meiste aber in unterschwelligen neuronalen Prozessen abgewickelt wird, zu denen wir kaum Zugang haben,[6,7,8] und die ihrerseits zum großen Teil von Voreingenommenheiten, Denkmustern und Filtern gelenkt werden.

Nun aber kommt der vorläufig letzte Affront, denn längst ist man dabei, künstliche Intelligenz über die des Menschen hinauswachsen zu lassen, um zu einer Singularität zu kommen, an der nichts mehr wie vorher sein wird, wie KI-Pessimisten sagen, schließlich ist die vollautonome Kampfdrohne nicht mehr weit entfernt. Ihre Befürworter dagegen wollen sich die Welt von dieser Intelligenz besser berechnen und optimieren lassen. Man sei noch gar nicht so weit, noch hat man das Steuer in der Hand, beschwichtigt die Maschinenethikerin Catrin Misselhorn.[9] Und schon sind wir beim autonomen Fahren angelangt, das eine arbeitsfreie und goldene Zukunft reibungsloser, unfallfreier, effizienter Fortbewegung versprechen könnte. Doch welcher Freizeitrennfahrer wollte sich schon die Regie übers Gaspedal von einem kleinen Mikrochip abnehmen lassen? Wer will darauf verzichten, schneller zu fahren, als er denken kann? AMG und Autonomie klingen nicht nur wie Gegensätze. Sie sind es. Soziale Verwerfungen sind ab dieser Stelle vorprogrammiert. Man blicke auf das bedrohliche Auslaufmodell USA[10], ein Hybridsystem aus (universitärer) Hochkultur und -technologie nebst Religion und Todesstrafe, das zum politisch-sozialen Terrain Vague wütenden, egozentrischen, ungeimpften, bewaffneten Ungehorsams geworden ist. Wer also glaubt, der Bevölkerung par ordre de mufti Verhaltensweisen ohne Kompensation vorschreiben zu können, hat die Rechnung ohne den Wirt gemacht. Immerhin bleibt die Hoffnung, die Technologie könnte die Lösung von allein entwickeln, wie Professor Rieck auf seinem im Anhang gelisteten und sehenswerten Spieltheorie-Channel erklärt: Kann man mit etwas Geld verdienen, wird's irgendwann gemacht. Das gilt auch für klimafreundliche Techniken.

Statistik und Kosmologie besagen, dass die Wahrscheinlichkeit für benachbartes außerirdisches Leben als eher gering eingeschätzt wird.[11] Weitere Lebensformen wären für Versuche einer Kontaktaufnahme zu weit entfernt. Ihre Entwicklung müsste mit der unsrigen in etwa zeitgleich laufen, doch durch Umweltkatastrophen, Krankheiten und Kriege könnten ihre Lebensformen schon untergegangen sein, wenn ihre Nachrichten uns erreichen. Vorbilder werden wir daher so bald nicht vom Himmel fallen sehen. All dies vorausgesetzt stellt sich die Frage, ob die halbwegs intelligente Menschheit ihr Überleben im metaphorischen Sinne mehr verdient hat als jede andere Spezies. Ich kann mir kein Argument denken, das dafür spräche. In Zusammenhängen von Jahrmillionen gedacht, hieße das folglich: Sollte man nicht auch den anderen ihre Chance geben, und im Sinne des Akzelerationismus einfach so weitermachen wie bisher? Lohnt es, sich noch weiter zu verkämpfen? Naturschützer werden die ästhetische, dabei aber von egozentrischer Sicht verzerrte Dimension einer als anmutig wahrgenommenen Welt ins Feld führen. Doch solch ein Habitat kommt auch ohne bewundernde Menschen aus. Die Frage nach der Rettung kommt einem selbstverliebten Zirkelschluss gleich, da die Gefragten Betroffene und damit immer subjektiv sein müssen. Wie dem auch sei, das Universum kann auch ganz gut ohne das Zufallsprodukt Mensch und seine Konflikte überleben.

Sollte man nach allem also einfach aufgeben? Diese Frage müsste sich jeder für sich selbst stellen, viele werden und können das jedoch nicht tun. Eines aber bleibt für alle sicher: Globalisierungsauswüchse wie der Versand von grönländischen Eiswürfeln an japanische Whiskytrinker braucht eigentlich kein Mensch. Ein größeres Maß an Demut über all das Unbedeutende an uns wäre viel eher angebracht. Die Zeichen stehen auf Sturm. Armin Nassehi hat in komplexer skizzierten Zusammenhängen sehr plastisch dargelegt, dass wir als Menschheit eigentlich gar nicht in diese Welt hineinpassen.[13]

7.

Magisches Denken und skeptischer Narzissmus

Darf die humanistisch-progressive Haltung Religiosität billigen? Sie kann, muss es aber nicht. Gerade dann, wenn es um übertriebene Ausformungen magischen Denkens geht, ist Skepsis angebracht. Wer aber bestimmt, was als unverhältnismäßig gelten soll? Wenn durch ein naives Verbot des Sichtbarmachens solcher Bekenntnisse ein noch größeres Maß an Unfreiheit droht, und so manche bei mangelnder Bedeckung die Wohnung nicht mehr verlassen darf, muss die Überlegung angebracht sein, welche Form und welches Maß für die Freiheit lebenswichtiger Toleranz vonnöten ist, um Isolation, Enge und den daraus vielleicht resultierenden Anstieg häuslicher Gewalt auf ein paar Quadratmetern Miet-Deutschland sicher zu verhindern. Denn wo in gar nicht so weit entfernten Gottesreichen zahllose Frauen ihre Kopfbedeckungen so weit wie nur religionspolizeilich irgend möglich nach hinten schieben wollen (all dies ist in Natalie Amiris *Zwischen den Welten* am Beispiel des Iran sehr eindringlich beschrieben worden), man in westlichen Gefilden allerdings eher zu beflissentlich duldet, dass schon Präpubertäre selbst im Sommer dick verpackt im Öffentlichen Raum zu erscheinen haben, gewinnt der Spruch an Deutlichkeit, nach dem der *Pessimist ein Optimist mit Erfahrung* sei. Amiri schildert eine unter dem Zwang der Verhältnisse gespielte Religiosität in einer Gesellschaft, deren Mitglieder sich selbst zu 70% als ungläubig sehen. In Deutschland aber sind an mancher Stelle die Insignien der Religion keine bloße Vortäuschung, sondern für viele bittere Realität. Wo dort die Regeln gesellschaftlicher Zwangdarstellung gelten, geht es hierzulande zu oft um die ostentative Dokumentation ihrer Befolgung. Als Nachsichtigkeit beschönigte Duldung in eben diesem

Bereich verstärkt Abgrenzung, da eine solche Toleranz aus Mangel an konzeptueller Stringenz verlässlich nur auf ausgewählte Teilbereiche angewandt wird, die ins eigene Denkmuster passen. So würde ein Mann sicherlich sehr kritisch gesehen, der seine Frau zu einer gegenteilig orientierten, freizügigeren Kleiderordnung zwingen wollte. Wer sich einen Kulturkreis zum Leben aussucht, in dem *Das Leben des Brian* mit sichtbarem Vergnügen betrachtet werden darf, muss auch mit *Titanic-Magazin* und *Charlie Hebdo* fertig werden können. Alles andere führte zu einer obskurantistischen Transformation der Lebenswelt. Was also tun? Wir können nicht einerseits die mutigen Frauenrechtlerinnen unter dem Taliban-Regime unterstützen, ohne zugleich den afghanischen Frauen auch hierzulande alle Freiheiten zu garantieren. Alles andere wäre ein Widerspruch in sich. Eine gezielte und ausschließliche Stärkung moderner Ausrichtungen kluger religiöser Praxis könnte die aufgeklärten Bereiche der diversen Bekenntnisse fördern. Bleibt zu hoffen, dass in der Folge die engagierte Anwendung solcher Bestrebungen auch wirklich Früchte trägt. Deshalb darf es auch nicht angehen, eine strenge und für uns verstörende Haltung mithilfe überreicher Staaten fördern zu lassen, die ihre Ideologie durch den Export von Geld und bezahlten Klerikern auf europäische Kanzeln tragen. Hier muss die Bringschuld gegenüber der Gastgesellschaft greifen, die Ahmad Mansour mehrfach und deutlich eingefordert hat. Wer die Chancen historisch erkämpfter Freiräume wahrnimmt, darf diese Beweglichkeiten und ihr Toleranzpotential nicht für ein Mehr an Trübung ausschlachten. Nutzen darf nicht ausnutzen bedeuten.

Ein gut geeignetes Beispiel, um Pessimismus und Mutlosigkeit im Angesicht irrationaler Lebenspraxis zu stärken, ist die Beschreibung einer mittelgroßen Stadt aus einem subtropischen Teil der

Anglowelt. Uniformierte Menschenmaschinen laufen dort wie in einer Dystopie – man muss zwangsläufig an die Band Kraftwerk mit ihrem russischen Refrain denken – als ferngesteuerte Roboterklone oder Arbeitsameisen von Gebäude zu Gebäude. Frauen tragen bequem geschnittene Stoffhosen oder enge Röcke zu weißen Blusen, ihre Männer altmodisch flatternde Mormonen-Hosen zu kurzärmeligen Missionarshemden. Die Ausstaffierung lässt an einen gigantischen Flughafen denken. Beide Geschlechter machen einen äußerst gepflegten Eindruck. Krawatten, Stasi-Täschchen und allerlei sonderbare Abzeichen scheinen obligatorisch zu sein. Die Straßenszenen wirken wie Aufnahmen aus dem Außenbereich eines Nordkoreanischen Straflagers. Man könnte auch an eine Biofarm denken, in der die freilaufenden Hennen einfach durch Menschen ersetzt wurden. Doch anders als im *Khyohwaso* wirken die Bewohner gut genährt, und das Klima ist ganzjährig warm. Selbst im Januar werden um die zwanzig Grad erreicht, selten einmal sinkt die Temperatur unter elf. Das Leben muss recht angenehm sein. Doch es passiert darin offenbar nicht viel. Außerhalb der regulären Arbeitszeiten wirkt diese Stadt der Ameisen wie ausgestorben. Allenfalls ein paar übergewichtige Sicherheitskräfte patrouillieren durch die von Palmen gesäumten Straßen. An Kreuzungen parken ihre riesigen Pick up Trucks im Design überdimensionaler Heizlüfter.

Eine Organisation hat in jahrzehntelanger Arbeit nahezu die gesamte Stadt übernommen. Sie nennt ihre Strategie *Gebietskontrolle*. Nur wenige Stadtverordnete gelten noch als dezidiert organisationskritisch. Ihre geringe Zahl macht sie für den aufgeklärten Widerstand umso bedeutender. Die meisten der Menschmaschinen sind schlecht bezahlte Angestellte. Manche wandeln täglich in Schulungszentren oder organisationseigene Bildungsstätten, die wie Hochschulen aussehen sollen. Man verwendet eine idiosynkratisch geprägte Sprache. Fragen von Fremden werden nicht beantwortet. Möchte man von einem der Roboter Auskunft erhalten, setzt er seinen Weg in der Art einer programmierten Arbeitseinheit einfach fort.

Mutige Menschen hatten gegen die Organisation protestiert und ein Gebäude in der Innenstadt gekauft, das nur ein paar Meter vom Generalkommando entfernt ist. Die Gegner nannten ihre oppositionelle Gruppe die *Firma*. Einmal pro Jahr wurde der Menschen gedacht, die durch die Organisation ums Leben gekommen waren. Bei jeder Protestveranstaltung erschienen Sicherheitskräfte der Organisation, die wie auf Impfgegner-Demos unablässig Videos und Fotos der Protestierenden machten, sie körperlich bedrängten, und manches Mal bis in die Hotellobby verfolgten. Entsprechende Schreiduelle mit britischen Journalisten sind im Netz problemlos abrufbar.

Auf Bestreben der Organisation wurde auf Gerichtsbeschluss eine Bannmeile um das Generalkommando festgelegt, in der Protestbekundungen verboten waren. Teuer bezahlte Ex-Polizisten sicherten das Gelände. Ein Gemeinderichter ließ die Zone später noch erweitern. Mitglieder der Organisation und ihrer Gegner durften sich, der Kontaktsperre in der Corona-Krise ähnlich, einander nur bis auf drei Meter nähern. Der Asphalt wurde mit weißen Linien zur Markierung der Zone versehen. Die Organisation konstruierte nach Art der Boulevardpresse Fahrerflucht- und Sexszenarien gegen die Leitung der Firma. Sie baute mit einer Armee teuer bezahlter Anwälte so viel Druck auf, dass die Firma ihre Zentrale nach wenigen Jahren schließen musste. Als religiöse Gemeinschaft zahlt die Organisation wie so mancher Superreiche keinerlei Steuern, und saugt wie ein Parasit an der Infrastruktur ihres Wirtsstaates. Die Organisation überzog die gegnerische Firma mit Dutzenden Gegenklagen. Der Leiter der Firma starb als gebrochener Mann. Er war zum psychischen Abschuss freigegeben worden.

Für Mitglieder, die Probleme machen, besitzt die Organisation Straflager zur Rehabilitation. Gehen Mitglieder beruflichen Tätigkeiten nach, die ihre Basis außerhalb der Organisation haben, müssen sie einen Großteil ihrer Einnahmen abgeben. Die höchste Führungsebene der Organisation befindet sich als schwesterlicher Orden aus rechtlichen Gründen meist auf hoher See. So konnte sie der Verfolgung durch bestimmte Staaten durch die Drei-Meilen-Zonenregelung entkommen: In internationalen Gewässern ist der Verfolgungsdruck geringer.

Mitglieder der Führungsebene müssen einen Vertrag unterzeichnen, der nach den menschlich begrenzten Maßstäben für unendliche Zeiten gilt. Dies geschieht, da die Organisation bestrebt ist, sich *in Raum und Zeit* auszubreiten. Die Lehre der Firma erinnert an die trockenen, frühen Texte des Behaviourismus. Dem Gehirn liegt in ihrem Glauben ein Computermodell zugrunde. Das System sei belegt mit traumatischen Informationen, die die Seelen daran hinderten, unschuldig und rein zu werden. Gott habe vor Millionen Jahren ein paar Milliarden Menschen in Flugzeugen von anderen Planeten auf die Erde gebracht, die an die Modelle eines bekannten Flugzeugbauers erinnern. Ein Gott (auch sein Name besteht aus vier Buchstaben) habe die Menschen um Vulkane platziert, in denen er Wasserstoffbomben zündete. In Folge der Explosion seien die Seelen mit den Körpern verschmolzen, die in der Folge traumatisiert wurden. Den Grad der Verunreinigung könne man mit Messgeräten bestimmen. In den Fußgängerzonen der großen Städte lockt man Passanten in die Gebäude der Organisation, damit sie sich dort auf Traumata testen lassen. Jugendliche ködert man gern unter den allzu billigen Vorwänden der Nachhilfe und städtischen Drogenprävention.

Ein Medium hat vor langer Zeit die Lehre der Organisation als Wort des Weltraum-Gottes schriftlich niedergelegt. Man hatte den Empfänger vor langer Zeit aus besorgtem Anlass nervenärztlich begutachten und behandeln lassen wollen. Eine entsprechend gestellte Diagnose führte beim Medium zu abgrundtiefem Hass auf alles, das mit Psychologie und Psychiatrie zu tun hat. Diese beiden Disziplinen trügen nach Auffassung des Mediums entschieden zum Unheil der Welt bei.

Das materielle Universum sei, so das Medium, imaginär und existiere nur als verabredete Vorstellung unsterblicher Seelen. Als sich die Seelen ihrer Schöpfung mehr als ihrer spirituellen Eigenschaften bewusst wurden, seien sie in Ungnade gefallen, denn sie hätten die Erinnerung an ihre ursprünglichen Grundlagen verloren. Für Menschen, denen die tieferen Einsichten der Organisation noch nicht vertraut sind, seien solche Informationen schädlich. Erst durch das Durchlaufen einer hierarchischen Laufbahn könnten sie sich mit diesen Datensätzen befassen. Ziel müsse die vollkommen verklärte Seele sein, die sich vom Ballast der Gottesstrafe befreit hat. Um das Ziel zu erreichen, ist das Belegen teurer Lehrgänge notwendig. Kurz vor dem Ziel gehen viele Anhänger schnell noch pleite, was zu noch mehr Abhängigkeit von der Organisation führt.

All das spielt sich nicht in Pjöngjang, in einer WG von QAnon-Anhängern auf einer Überdosis LSD, im imaginären Pizzakeller der Hillary Clinton, sondern in einer in der größten Demokratien der Welt ab. Ein legalistisch subversives Prinzip spielt mit dem in der Verfassung gewährten Recht auf Religionsfreiheit. Die Demokratie erkennt nicht die Infektionsgefahr, die den destruktiven Handlungen der Organisation innewohnt. Im Gegenteil. Weite Teile der Bevölkerung sind der Staatsidee abhanden gekommen. Wie in den beeindruckend geschilderten, Randtschen[1] Science-Fiction-Kollektiven und seinen vielen Planeten, leben sie parallel als konkurrierende Gesellschaften nebeneinander her. Falsch verstandene Religionsfreiheit ist der formale Satz, der frei nach Douglas. R. Hofstadter, das System an dieser Stelle zum Kollaps bringen kann, eine Schwingung, die die Rechtsordnung zum Einsturz bringt.

Die Irrationalität derartiger Systeme kann ihre einfach strukturierten Anhängern natürlich nicht erschüttern, denn sie bemerken die widersprüchliche Beschränktheit nicht. Die auf egozentrische Selbstoptimierung ausgerichtete Ideologie schafft maschinell funktionierende Gesellschaften zahlender Arbeitsdrohnen. Das System hat zehn Millionen Anhänger, und zieht allerlei Prominente mit vergleichbarem Gesichtsausdruck an, die als Aushängeschild fungieren sollen. Bowies Pianist Mike Garson hat seine eigene Abhängigkeit von diesem pseudoszientistischen Dogma und die eigene Befreiung davon eindrucksvoll geschildert.[3] Religion ist, all dies zeigt es einmal mehr, ein hirnfreundliches Bio-Sedativum, das sich perfekt aufs Netzwerk der Neuronen legt.

Was aber passiert mit in Jahrtausenden durchdachten, auf klug fortentwickelten Denksystemen und Altruismus basierten Religionen wie Buddhismus, Islam oder Christentum? Pari und Jonas kommen auch ohne supermassive Filme, E-Meter und Wasserstoffbomben aus. Doch auch ihr Leben richtet sich nach einem fest gefügten Plan. Die Tagesarchitektur gibt Struktur und Sicherheit. So muss man sich auch hier nicht durch zuviel Nachdenken durcheinander bringen lassen. Zu Mittag steht je ein Krug mit rotem und gelbem Saft auf dem Naturholztisch. Speisevorschriften gibt es sonst keine. Vor dem Essen wird gebetet. Um einen gewissen Grad an Lässigkeit zu demonstrieren, klauben sich die ganz Frechen, für alle sichtbar, gern vorab einen Bissen vom Teller herunter. Die Koketterie will heißen: locker bleiben, so streng ist man ja nun auch nicht. Pari und Jonas leben zusammen, weil Gott das „so bestimmt" hat. Pari und Jonas wissen immer ganz genau, was Gott will – und was er nicht duldet. Gott mag es beispielsweise gar nicht, wenn sich seine Schafe mit bibelfernen Presseerzeugnissen oder Nachrichten im TV befassen.

Als ich Pari und Jonas in einer meiner mittleren Lebenskrisen kennengelernt hatte, wussten beide schnell und bestimmt, dass Gott nichts von meiner damaligen Verlobten hielt, schrieben Briefe an sie, in denen zu lesen war, dass Gott sich „gegen die Beziehung entschieden" hätte.
Der Allmächtige hat diesen Kampf zum Glück verloren, wenn er ihn je aufgenommen hat. Er kann sich schließlich nicht um alles kümmern. Nach fünfundzwanzig Jahren Ehe danke ich dem höheren Wesen in aller Form für seine Untätigkeit – oder Nachsicht.

Pari folgt Jonas' Vorgaben. Als Frau hat sie sich unterzuordnen. Alles in ihrem Leben ist von Gott – und für Gott. So auch die gepflegte Kleidung und die Tücher, welche sich die Frauen bei der Andacht über den Kopf legen müssen. Was es in der Bibel zu lesen gibt, nur die *Elbersfelder Ausgabe* darf es sein, ist das unumstößliche Wort des Herrn. Von all den ausgesonderten Texten weiß man nichts. Bringt man die zur Sprache wird eingeworfen, durch solche Diskussionen wolle man doch nur das Wort „verwässern", und sich an Gott versündigen. So, wie es auch „der Drewermann" mit seinen

Gedanken getan habe, den sie natürlich nie gelesen haben, aber stets aufs Neue zu verurteilen bereit sind. Der sonntägliche Gottesdienst reicht als Arbeitsleistung für den Herrn nicht aus, weshalb man sich unter der Woche in Bibelkreisen treffen muss, und dabei jedes Mal den Standort wechselt. Das hat den Vorteil, dass leicht kontrolliert werden kann, ob sich die entsprechende Wohnung in ordnungsgemäß frommem Hauskreis-Zustand befindet, und ob genügend roter und gelber Saft auf dem Tisch stehen. Der Gemeindepastor tritt auf wie ein Oberarzt ohne Assistentenpulk, er steht durch seine eingehenden Studien stets in direkter Verbindung mit dem Souverän, weshalb man auch dem Pastor selbst genau so ehrfurchtsvoll huldigt. In den seltenen Streitfällen urteilt er allein. Die Gemeindemitglieder sind nicht dumm oder naiv. Sie haben Berufe, für deren Ausübung man gut ausgebildet sein muss. Sogar die mathematisch geforderten Ingenieure sind darunter. Manche Gemeindemitglieder lernen schwer zu meisternde, exotische Sprachen, um einen Teil ihres Lebens mit Missionierung zu verbringen. Man kann mit allen reden, doch im Verlauf eines jeden ernsthaften Gesprächs bekommt man unweigerlich den Eindruck, sie hätten ihr Gehirn zumindest temporär an der Garderobe abgegeben, ein geheimer Schalter hätte sich umgelegt, um im neuronalen Netz die Gottesrichtung anzusteuern, eine rote Pille begänne zu wirken, und jedes Gespräch kennte nur ein mögliches Themenziel. Pari, Jonas und all die anderen Bemitleidenswerten leben in einem Gefängnis von Regeln, die ihnen vortäuschen, frei geworden zu sein.

Den Glauben trägt ihre internationale Kirche rücksichtslos und unsensibel in die Welt, genau so, wie es in den Schriften vorgegeben ist. In einer Kirche Bangkoks hängt die Karte Thailands. Sie ist gespickt mit roten Stecknadeln. Jede Nadel steht für eine fundamentalistische Gemeindegründung. Nur oben im Norden, nach

Laos hin, gibt es viele kahle Stellen. „Der Geisterglauben im Norden ist so hart, da kriegen wir keinen Fuß in die Tür", klagt der US-amerikanische Missionar, als er mir bei 37 Grad Celsius in langer Stoffhose, Hemd, Krawatte und im feinen Bostoner Akzent die Karte erklärt. „In der Mitte und im Süden haben wir zum Glück und mit Gottes Hilfe aber längst schon alles erobert!"

Der gläubige Amerikaner, der wie die leibhaftige Inkarnation Ned Flanders aussieht, ist für Waffen, aber gegen Abtreibung. Dabei sind die meisten Linken für Abtreibung und gegen Waffen. Wer kann den Widerspruch der formal in sich unschlüssigen Denksysteme erklären? Der Missionarskrieger jedenfalls nicht. Von Politik will auch er nichts wissen, was unter durchaus eine weise Entscheidung sein könnte, wenn man sich die bittere Realität der Staatskunst etwas genauer betrachtet. Das Recht auf Waffen sei von Gott so vorgegeben, argumentiert er leichtfüßig, schließlich seien die USA Gefilde des Herrn, und jeder Mann muss seinen Anteil am Territorium eben auch verteidigen können: *Stand your ground*. Das Recht auf ein homosexuelles Leben sei allerdings keinesfalls Gottes Forderung und Wille, das weiß man ganz genau. Da die Wege des Herrn unergründlich seien, wäre Hinterfragen auch an dieser Stelle bloße Sünde. Im Norden Thailands hat Gott wohl nur wenig Macht, denke ich mir. So stark ist der gar nicht. Zu viele siamesische Gespenster stehen ihm im Weg. Der Missionar besitzt einen Toyota-Bus, mit dem er kreuz und quer durchs Land fährt. Sein Thai ist klar, fließend und bibelfest. Vokabeln wie Verklärung und das vertrackte Alphabet sind für ihn mitnichten ein Problem.

Mit dem vollbesetzten Bus geht es von Dorf zu Dorf. Seine stets wie bekifft wirkenden Jünger:innen verstummen, wenn er das Wort ergreift und die Arme in die Luft hebt. Eigentlich besitzt Thailand mit dem Buddhismus eine wohldurchdachte Lehre, die einiges an heilsamer Ruhe und Zurückhaltung in die Gesellschaft fließen lässt. Doch, vielleicht weil Buddha kein furchterregender Gott im eigentlichen Sinne ist, gerät man in Versuchung, ihn zurückzudrängen. Von vielen Gläubigen wird er missverstanden als Institution, die das Ziel eines einfachen und bedürfnislosen Lebens durch allerlei Tombola-und-Räucherstäbchen-Hokuspokus in unermesslichen Reichtum verwandeln kann. In dieser geistigen Ödnis des puren Konsumismus kann sich christlicher Fundamentalismus mit seinem simplen Herrschaftsgedanken des lenkenden und damit fernsteuernden Gottes mit Leichtigkeit festsetzen.

Thailänder kaufen sich gern billige, comicartige Heftchen voller Geistergeschichten. Einer der Dämonen, *Krasü*, besteht nur aus einem weiblichen Kopf mit daran hängenden Eingeweiden, eine Gestalt, die nachts durch die Gegend schwebt, und gegen die und ihre Kollegen man Haus und Wohnung mit Gespensterhäuschen verteidigen muss. „Gibt es in Deutschland auch Geister?", fragt mich die Nachbarin verstohlen und mit gedämpfter Stimme. Der Missionar betet jetzt für die armen Verlorenen, die immer noch dem Buddhismus anhängen. Die Gemeinde hält die Handflächen nach oben, als solle das Sonnenlicht eingefangen werden. Manche fangen an zu zittern und schütteln sich, sinken zu Boden und schreien wie unter Geburtswehen. Die US-amerikanische Mode der psychischen Entgleisung und Verzückung hat es rund um die Welt bis nach Südostasien und nun von dort zurück ins Weiße Haus zu Trump geschafft. Beim frei denkenden Menschen entsteht hier ziemlich viel an Bangigkeit und Unbehagen.

Was aber läuft im unter Merkel naturwissenschaftlich-rational regierten Deutschland? In der deutschen Kita 2020 tauscht man zu

Jahresbeginn noch Adressen von Heilpraktikern aus, die sich mit *morgellonverseuchten* Masken auskennen, und debattiert, wie man am besten um die Masern-Impfpflicht herumkommt. Corona gibt es für die einen eigentlich gar nicht, dafür fürchtet man sich vor 5G-Netzen und Impfchips des Bill Gates. Wegen der Handy-Strahlung wird empfohlen, die notorischen Arnica-Globuli in Alufolie zu wickeln, selbsternannte Heilschamanen nähren das Netz mit PDFs zu Immunstärkung und Versandangeboten für Vitaminelixiere zur Infektionsabwehr. Wer mit sich im Reinen ist, würde angeblich auch erst nicht krank: Das Leiden entfaltet sich als Schuldphänomen, was dem großen Latinum der Heilpraktiker entspricht, und zugleich schon wieder einer Strafe Gottes nahe kommt. Schließlich kann man fragen: Was ist Dein Thema? Dass viele ihre stethoskopbewehrte Weißkittel-Existenz[4] dem Leben in einem reichen Land, einer guten Internetversorgung und einer dritten Tatsache verdanken, nach der ihre eigenen Mütter und Großmütter durch die moderne Medizin nicht an Infektionen gestorben sind, will man gar nicht erst durchdringen. Die irrationale Angst wiegt schwerer. Ob es um Schlagschatten, Adrenochrom, Aluminiumsalze im Deo oder Infraschall geht, irgendwas ist immer los. Und auf der Alu-Skala ist nach oben hin am Maßstab noch sehr viel freier Platz.

Auf *amazon* können für teures Geld Steine gegen Elektrostrahlen bestellt werden, ein Gerät zur energetischen *Photonisierung* der Raumluft kostet 888 Euro, eine bayrische Realschule ließ ihren Wasserspender mit dem mehr als umstrittenen *Granderwasser* aufwerten, und um den Neubau einer Wiener Klinik[5] wurde von Esoterikern für die obszöne Summe von fünfundneunzigtausend Euro ein energetischer Ring gelegt. Die wohl absurdesten Blüten sind, natürlich, in den Netzwerken nachzulesen, wo mit Rechtschreibfehlern gespickte Texte und Filmchen zu finden sind, auf denen sich ein heulender Naidoo, selbstverwaltete Reichsbürger, antisemitische Vegetarier, Anti-Impf, Rael-Bewegung und, vielleicht noch schlimmer, der vegane Germane Attila ein Stelldichein des absurden Theaters geben. Daneben gibt es Texte zu goutieren, in denen behauptet wird, Merkel habe in unterirdischen Gängen Impfarmeen aufgestellt, die bald pieksend an die Oberfläche kommen würden, und die Welt sei überhaupt von Reptilien beherrscht. Millionen von Kindern seien aus den Fängen der adrenalingesteuerten Q-Anon-Bewegung vor der Gefahr des Missbrauchs errettet worden, von wem auch immer, wahrscheinlich aber Trump. Hillary *herself* habe in einem Pizzeriakeller einen Kindersexring unterhalten, und böse Mächte manipulierten die Massen durch Kerosinbeimischungen, die mittels der Kondensstreifen Informationen am Himmel verteilten. Lange hat ein skurriler Präsident die für sein Land erschreckend tödliche Epidemie des Jahres 2020 erst klein geredet, dann heroisch als *chinesisches Virus* altbewährt-rassistisch umgedeutet, und das Krankenhaus nach der Eigeninfektion als vermeintlicher Sieger verlassen. Überhaupt, Corona- und Impfkritik stehen weit rechts. Sachsen hat die geringsten Impfzahlen, und jüngst verstarb gar Trumps bekanntester Impfgegner Dick Farell an Covid, kurz vor seinem Tod hatte er noch zu Umkehr und Vakzination aufgerufen.

Einige Repräsentanten der griechisch-orthodoxen Kirche, die aussehen wie eine haarige Mischung aus *Blackwater*-Söldnern und *ZZ Top*, haben jüngst die Yogapraxis als Teufelszeug verdammt – was als weiterer Beleg für meine ironische These gelten kann, dass in den meisten Fällen die Bärte an aller Misere der Welt schuld sind. Ein einstmals kluger Freund ging mir an die Eingebungen des allerdings bartlosen *Edgar Cayce* verloren. Er stand eines Tages neben seiner verzweifelnden Frau in der Küche und sagte: „Ich habe es erkannt, ihr aber nicht." Eines der klassischen religiösen

Totschlagargumente. Es wurde unmöglich, mit rationalen Argumenten an ihn heranzukommen. Auch er ist uns im allgegenwärtigen Irrsinn intellektuell abgestorben, und das auch noch als Informatiker. Wir wollen hoffen, dass die Medizin bald einen Wirkstoff gegen Temporallappenepilepsie findet, die manche Forscher für solch neuronal begründete Erweckungsschimären verantwortlich gemacht haben.[6]

Wie dem auch sei, ein Leichtes wäre es, all das vorschnell als Ausgeburt pathologischen Denkens zu bezeichnen. Und es fällt schwer, von solch nahe liegendem Urteil keinen Gebrauch zu machen. Doch was früher allenfalls in Abhandlungen zur Psychiatrie Eingang fand, erfährt nun, unter Klarnamen, millionenfache, professionell anmutende Verbreitung. Das nötige Designtool kann sich jeder kostenlos herunterladen. Portale wie *GWUP, der Goldene Aluhut, All about the truth* und *Medwatch* haben sich auf solche Schwurbeleien spezialisiert. *GWUP* und *Medwatch* versuchen noch, wissenschaftlich-argumentativ zu kontern. Ein Unterfangen, das redlich, aber zum Scheitern verurteilt ist: Wer glaubt, will nichts wissen, und meistens auch kaum etwas Vernünftiges lesen. Eine Minute Wahnsinn aus dem Weg zu räumen, kostet Jahre an Überzeugungsarbeit, deren Erfolg vollkommen ungesichert ist.

Es bleibt die Frage, ob das eigentliche Problem schlechte Bildungspolitik, die geschlossenen Blasen, die emotionslose Wüstenei des Post-Rationalismus oder die Koexistenz konkurrierender Diskursräume sind, die sich nirgendwo berühren. *Der Goldene Aluhut* versucht wenigstens noch, all das Elend satirisch zu nehmen, doch die mit einigem Genuss zitierten Texte, die im Grunde doch nur limitiertes und schon auf den ersten Blick psychotisch-krankhaftes Befinden aufzeigen, werden für viele zum Freudenmahl arroganter

Glaubensverächter, die sich eher am eigenen Hass berauschen, als Mitleid für die elenden, von behandlungsbedürftigem Denken befallenen Mitbürger zu erspüren versuchen, und dabei die für jeden Laien sichtbare Krankheit mit den vielen bewusst verbreiteten und bösartigen *Fake News* verwechseln. Glücklicherweise sind die großen Internetfirmen aufgewacht und haben begonnen, allzu aberwitzige Gruppen von den Plattformen zu verbannen. Und auch die Skeptiker haben damit angefangen, ihre kalte Arroganz in ein Mehr an Empathie zu verwandeln. Gruppen wie *adornochrom* bemühen sich um eine konstruktiv angelegte Überzeugungsarbeit.

Festhalten können wir an dieser Stelle zweierlei: Wie das nächste Kapitel zeigt, festigt die etablierte Bildung offensichtlich zuerst die Kluft aus arroganter Distanz und Diskursunfähigkeit. Würde man die Krankenhäuser mit allen Psychiatriepflichtigen aus den Natzwerken vollstopfen, käme zweitens das Gesundheitssystem sofort an seine Grenzen. Wer gesellschaftlich isoliert ist, keine tradierte Familienstrukturen besitzt, die in Lebensphasen der Spinnerei auffangen können, unter einem Mangel an zielgerichteter, moderner Kenntnis leidet, oder einfach nur ein mies bezahlter und verschämter Dienstleister der sich gern selbst feiernden, arroganten, manchmal empathielosen und oft auch eindimensionalen Wissenschafts-Community geworden ist, könnte in Gefahr geraten, in die Fänge esoterischer, rechtsradikaler oder wie bei manchen Impfgegnern gleich an beiden Krankheiten leidender Menschenfänger zu geraten, die ihr oder ihm den letzten Rest an selbstreflektierender Lebensenergie rauben. Da streift das intellektuell vereinsamte Blasenwesen, aufs Handy starrend, durch die volle Innenstadt. Für die Umwelt unerreichbar, und doch begriffen in permanenter selektiver Kommunikation.

Vielleicht kann Schopenhauer weiterhelfen: "Ein Mensch kann wohl tun, was er will, aber nicht wollen, was er will." Denn, so lautet auch hier eine meiner bescheidenen Interpretationen, nicht jedem ist gegeben, viel zu verstehen. Es könnte das ewige Schicksal des denkenden Menschen sein, kein Mittel gegen die Dummheit finden zu können. Der Kampf gegen den Unsinn ist zu schwer und überwältigend. Der positiv Denkende kann also nur im Kleinen wirksam sein. Doch auch gerade dort, im Alltäglichen, sollte der Resignation entgegengewirkt, und dem gefährlichen Wahn Einhalt geboten werden. Schweigen ist hier nicht mit Gold zu verwechseln. An dieser Stelle drängt sich die Frage auf, ob ein gesellschaftliches System, das solchen Irrsinn, wenn es ihn nicht aktiv möglich macht, so doch aber auch nicht mit vehementer Anstrengung verhindert, sich nicht bereits so weit in Richtung Kollaps bewegt hat, dass schon die Frage nach der Legitimation der Gegenwart und der Qualität des darauf Folgenden gestellt werden muss. Die von polizeilicher Seite aus leider unbehelligten Demos zehntausender Maskenverweigerer in Kassel und Stuttgart lassen nichts Gutes erahnen.

Es bliebe demnach schon wieder nur die fatale Möglichkeit moralischer Selbstaufgabe, die klar denkende Menschen aufgrund der schieren Masse an kleingeistigen Empörungswellen zur Resignation bringt. Und natürlich, so ginge eine Gegenrede, die Zahl der Intellektuellen, die dem Nazismus, als Zuspitzung der Esoterik, auf den Leim gegangen sind, ist ebenfalls Legende. Wer erinnert sich nicht an all die Parteigänger, rückgratlosen Stiefellecker, Denker und Künstler wie Leander und die unkaputtbare Riefenstahl (die posthum zu Rammsteins deutschtümelnden Ertüchtigungsvideos, und gar noch im Juli 2021 für den IOC in einem Werbefilmchen zu den Olympischen Spielen von Tokio beitragen durfte), Schmitt, Breker, Celine? Manche von denen sind eben nicht totzukriegen, doch was noch vor Jahrzehnten bloß als verschämte Klotürschmiererei und doch auch überall zu finden war, bekommt auch auf dieser Ebene heutzutage ein Millionenpublikum. Grund genug, endlich dagegenzuhalten. Der Mensch ist fähig zur Anteilnahme. Werden wir symbiotisch. Wie wäre es mit dem Versuch, aus allen etablierten Glaubenssystemen das humane und empathische Potenzial zu extrahieren, es in barrierefreier Sprache, dabei aber psychologisch geschickt auf den kleinsten gemeinsamen Nenner zu bringen, und unmittelbar an den Grenzen der Naturwissenschaften ansetzen zu lassen? So viel Wissenschaft wie möglich, so viel kluge Religion wie nötig, so wenig Toleranz wie zumutbar, aber auch soviel *Nudging* und Gegenwind wie demokratisch gerade noch zu vertreten.

Kann man zum besseren Verständnis der Mechanismen eine Religion oder ihre Entstehung unter dem Mikroskop betrachten? In seinem populärwissenschaftlichen Werk *L'homme de paroles* schildert der berühmte Sprachwissenschaftler Claude Hagège den viel diskutierten und beeindruckenden Versuch des Linguisten Bickerton, das Haeckel'sche Gesetz der Biologie, nach dem die Entwicklung des Embyos von der Eizelle bis zum geburtsfähigen Lebewesen (Ontogenese) die Entwicklung der Spezies (Phylogenese) abbildet, bei der Entstehung einer *Pidgin-Sprache* auf die Geburt eines komplexer angelegten Idioms (Glottogenese) zu beziehen: Entstehung sowie Entwicklung einer neuen *lingua franca* würden demnach die Gesamtevolution einer Sprache widerspiegeln.[7] Wir beobachteten in diesem Sinne die Geburt einer Sprache selbst. Und das in allen Facetten ihrer Komplexität.

Unsere Zeit scheint sehr gut dazu geeignet, der Genese und Entwicklung irrationaler Denksysteme in Echtzeit und auf tausenden

Kanälen gleichzeitig beizuwohnen. Was vor nicht allzu langer Zeit in Psychiatrien thematisiert wurde, verstärkt sich untereinander, besitzt heute einen eigenen Account. Vielleicht können wir aus einer solchen Geburt moderner Cargo-Kulte für die Zukunft und unser von Ballast befreite Denken etwas lernen – und zugleich versuchen, mit dem gewonnenen Wissen den gefährlichen Irrationalismus in ungefährlichere Bahnen zu manövrieren. Es könnte die Sternstunde der Psychologie werden.

8.

Bildung und Anschluss

Der Blick auf das vermeintlich Unzulängliche kaschiert die Mängel am Eigenen. Wer sich nicht mit dem Überlegenen in demütiges Benehmen setzt, hat es leicht, zu kategorisieren, wobei der jeweils niedrigeren Stufe gern Vorzug gegeben wird. Wenn am Defizit orientierte Gespräche nur noch darum kreisen, wie groß die Zahl schwacher Schüler sei, wer bald den Anschluss verpasse, Hauptschüler werden könnte, wenn vorgetragen wird, dass Klassenarbeiten, die man noch von zwanzig Jahren in eben dieser Schulform vorgelegt hat, heutzutage von keinem Realschüler mehr zu schaffen wären, am anderen Ende der Skala angeblich aber jedem Schüler ein Abitur geschenkt würde, der seinen Namen schreiben kann, wer am liebsten hätte, dass bald möglichst viele wieder in den nächstniedrigeren Kurs hinuntergestuft werden sollten, beteiligt sich an einer Diskussion, in der es natürlicherweise nicht zuallererst ums realistische Selbstbild, sondern nur noch um den Makel der zu Betreuenden geht. Wer sich beispielsweise nie mit dem Ziegenproblem (vgl. Kap. 5), Artikeln in der Zeit oder Sophie Passmann auseinandersetzen würde, einer Autorin, die mit ihren siebenundzwanzig Jahren schon so virtuos mit Tastatur und Sprache umgeht, wie man es selbst mit Fünfzig nie vermöchte, sich und das eigene Vermögen also niemals nach oben hin in Beziehung setzt, muss durch den täglichen Umgang mit noch unreifen Menschen zu dem Fehlschluss kommen, die Weisheit selbst mit vollen Löffeln gefressen zu haben. Nur wer den Vergleich wagt, die eigenen Grenzen auslotet, an den Horizont des eigenen begrenzten Denkens gelangen will, wird aber mit dem wichtigen Wort Ergebenheit etwas anfangen können. Der Mangel an solchem Beziehungsverständnis ist das eine Dilemma.

In diesem Kapitel geht es um Namen und Voreingenommenheiten. Alle Namen im Abschnitt sind frei erfunden, aber immerhin, so wie auch die beschriebenen Vorkommnisse, strukturell der mir beschriebenen Realität nachempfunden. Orte wurden zudem auch einmal miteinander kombiniert. Namen sind wichtig. Mit den Namen ist das allerdings so eine Sache. In Thailand hat es beispielsweise schwer, wer einen chinesischen Vornamen trägt. Denn das wirkt sich hinderlich für eine Karriere in Staat, Schule oder Militär aus. Wessen Familie in Deutschland Adaş, Güngörmüş oder Abdelkader heißt, bekommt in den besseren Vierteln einige Schwierigkeiten bei der Wohnungssuche, während die Lafontaines und Schimanskis längst nicht mehr als unpassend oder fremd wahrgenommen werden. Die Zeit heilt migrationstechnisch offensichtlich viele Wunden, was für ausschließlich gegenwärtig Orientierte nur schwer zu greifen ist. Das menschliche Leben ist, frei nach Goethe, kurz. Der historische Überblick dafür aber für so manchen unbegreiflich lang. Dies soll als Vorbemerkung zu einem weiteren Problem gelten, der Dilemmata gibt es schließlich viele: Nicht nur Familiennamen, sondern auch ungeschickt vergebene Vornamen verheißen für manchen lebensperspektivisch nichts Gutes, vor allem dann, wenn sie aus TV-Serien stammen und, zu allem Überfluss vom Standesamt ganz unbemerkt, noch falsch geschrieben worden sind. Welche Lehrkraft kennt sie nicht, die Anekdoten von Charles Jordan Santana Bartschneider, von Shanona Cheyenne Süßbauer, Kevin Rübenhacker, Tanner Sachtleber, all den Stessis, Chelceys, Cara-Inja-Abbys, Jacquelines ohne *c* und Shantalles, deren Namen Vertretungslehrer falsch aussprechen, wenn sie anhand der Klassenliste die Anwesenheit zu kontrollieren versuchen. Die Lehrkraft stolpert an dieser Stelle leicht in die Abgründe der *self fulfilling prophecy*. Noch tiefer aber fallen die Schüler und Schülerinnen: Falsche, also Fernsehserien entnommene Vornamen generieren nachweislich schlechtere Beurteilungen (El-Mafaalani 2020).[1] Schlimmstenfalls erhalten sie noch einen Eintrag auf *chantalismus.de*. Genau so werden Kinder, deren Äußeres nicht der vom Kollegium vielleicht unbewusst festgelegten Norm der linksliberalen Schichten entspricht, bisweilen von vornherein als minderwertig eingestuft. Die Schule wird nach dem französischen Schriftsteller und Soziologen Eribon zu einem „Schlachtfeld", auf dem manche Lehrkräfte zwar „ihr Bestes" geben, sie sei trotz allem eine Institution, die an manchen Stellen nur den „vergeblichen Versuch unternimmt", gegen die „unüberwindbaren Kräfte der sozialen Ordnung anzukämpfen". An anderer Stelle heißt es die Eribon: „Er hatte einen schönen Vornamen. Und ich einen banalen." (Eribon 2008, Übersetzung von mir). Hier hilft nur der klare Blick auf die bisweilen fatalen Auswirkungen der eigenen beruflichen Funktion und Handlungsweise, die doch die Gerechtigkeit im demokratischen System stärken, und dem Grundgesetz entsprechend, die Würde des Menschen respektieren soll.

Solch rassistische Einordnungen, aber auch andere unsägliche, verletzende und erbärmliche Aussagen, das Nicht-Erkennen von Schülerpotential und die verbalen Ohrfeigen überheblicher, überforderter Lehrkräfte sind in der dokumentarischen und lehrreichen Schrift *exit Racism* von Tupoka Ogette so eindringlich beschrieben worden, dass beim Lesen der Zitatsammlung bei empathischen Menschen ein Kloß im Hals zurückbleibt. Ein liberales Bildungsbürgertum aus einem weiß geprägten, von Ogette *Happyland* genannten Milieu, beteiligt sich in diesen Schilderungen aktiv an der Ausgrenzung sozialer Gruppen, traut ihnen nicht einmal die erfolgreiche Teilnahme am Unterricht zu – und unterstützt sie nicht beim Erlernen der Zielsprache, indem es für die Kinder aus der letzten Reihe statt der entsprechenden Förderung nur Ausmalbilder anzubieten hat. *Happyland* ist nach Ogette ein gedankliches Konstrukt, in dem weiße Menschen so stark in ihrem Glauben daran, auf der Seite der Guten zu stehen, davon überzeugt sind, dass Rassismus stets das Vergehen der illiberalen Anderen sei, die Benennung rassistischer Strukturen im eigenen Milieu dagegen aber auf vehemente Ablehnung stößt. Es sei ein Land selbstbewusster Überzeugungen, das von Weißen für Weiße errichtet worden sei, und auf Kosten von schwarzen und dunkelhäutigen Menschen besteht (Vgl. Ogette 2020, 21ff). Leider aber sieht Ogette die Masse weißer Menschen als völlig homogen, eine aufrichtige Solidarisierung kluger und unvoreingenommener Weißer mit den Letztgenannten, ohne das diese unter dem Regeldruck des *Happyland* zu leiden hätten, schließt sie vollkommen aus. Insofern ist ihre Benennung der Missstände sehr treffend gelungen, die beleglose Annahme, weiße Menschen seien von vornherein immer irgendwie schuldig, und ein reflektiertes Weißsein an sich gar nicht möglich, allerdings ein Fehlschluss. Vielleicht liegt das auch an Ogettes Leipziger Sozialisierung. Ich nehme für mich selbst sehr wohl in Anspruch, Rassismus aktiv, wie in diesem Kapitel, zu reflektieren, und in Kooperation mit Dunkelhäutigen, Asiaten oder Schwarzen im Leben aktiv zu bekämpfen und zu unterlaufen. Tupoka Ogette ist optimistisch und hofft auf einen „Auszug" möglichst vieler aus dem *Happyland*. Doch auch sie rechnet wie so viele nicht mit der Dummheit der Menschen, mit solchen, die rassismuskritischen Gedanken gar nicht folgen können, oder, als überzeugte, blauäugige Happylandbewohner, gar nicht wollen. Infofern wird es das wahre *Happyland*, in dem alle ausnahmslos glücklich wären, niemals geben. Wir können aber daran arbeiten, ihm möglicht nahe zu kommen. Exit Racism ist trotz des Titels das Manifest einer Ausweglosigkeit. Gerade die gilt es aber zu überwinden.

Wir betreten nach diesem kurzen Exkurs zu rassistischen und klassistischen Haltungen den Klassenraum in einer baufällig anmutenden Stadtteilschule irgendwo in Norddeutschland. Teile des Gebäudes sind mit rotweißem Absperrband als unbenutzbar markiert. Es ist sieben Uhr fünfundvierzig. Zwei Drittel aus der Lerngruppe kommen pünktlich, der Rest tröpfelt nach und nach in den Unterricht. Manche sind froh, wenn engagierte Lehrkräfte ihnen die durchgescheuerte Plastiktüte gegen einen ausrangierten Ranzen, die schon in Papierfasern ausflockende, verranzte medizinische Maske gegen eine neue tauschen kann. Das späte Eintreffen der Schüler ist auch ein logistisches Problem. Noch nach Jahren hat der Busanbieter seine unterbezahlten Fahrerinnen und Fahrer nicht zur Pünktlichkeit bringen können, zumal der straffe Einsatzplan ohnehin nicht einzuhalten ist. Schließlich gilt es, den billigsten Provider, ganz wirtschaftsradikal, preislich immer noch weiter zu unterbieten. Kein Wunder, wenn Verkehrsverbindungen europaweit ausgeschrieben werden, daher sogar Schulbusunternehmen Insolvenz anmelden müssen, und mancher Berliner Fahrer das Brandenburger Tor nur vom Hörensagen kennt. Im Bus herrscht strenge Maskenpflicht, in Klassenraum kann die Schutzvorrichtung dafür aber in der Frühphase von Covid noch abgelegt werden. Der Abstand im Fahrgastraum ist also mit der kaum größeren Distanz im Klassenpferch im Denken der Landesregierungen nicht gleichzusetzen. Wie sollten Mitschüler und der Englischlehrer allerdings auch etwas verstehen, wenn die erste Fremdsprache unter einem Stofffetzen hervorgeknödelt wird?

Charles Jordan Carlos Santana Bartschneider, er ist wie immer verspätet, will jeden Mitschüler einzeln mit seinem *High Five* begrüßen, wird aber von der im Selbststudium hygienisch und virologisch fortgebildeten Lehrkraft sofort verbal daran gehindert. Der

Corona-Ellenbogen muss daher bis zur ersten Pause erst einmal zum Morgenritual ausreichen. Die Kleiderordnung geht, als gesamtgesellschaftliches Abbild, vom tiefen Décolleté über Bauchnabelfreiheit bis zum streng gebundenen Kopftuch. Optimisten wie El Mafaalani (2020) sehen in solcher Mannigfaltigkeit, im aufgeführten Werk, dort allerdings zunächst auf Erwachsene bezogen, die Abbildung gesellschaftlicher Realität. Eine Entsprechung der sozialen Muster also, in der man sich potentiell kennenlernen, teilhaben und näherkommen kann. Leichtfertige Kritiker der vehement bis mitunter hasserfüllt kontrovers diskutierten Netflix-Produktion *Mignonnes* (Maïmouna Doucouré 2020) sehen nicht das auch im Film thematisierte Spannungsfeld, im dem sich verschiedene kulturelle Prägungen nicht nur im Klassenraum begegnen, sondern fokussieren in verengtem Blick nur auf die tatsächlich verstörende Darstellung sehr junger Mädchen. Sie weichen damit dem zentralen Thema des Drucks sozialer Medien aus, und belegen ihr abgrundtiefes, sexualisiert gefiltertes Unverständnis der eigentlichen Filmthematik der demokratischen Teilhabe.

In der Pause drehen sich die Gespräche der Jugendlichen vor allem darum, was sich manche der Klassenkameraden alles „nicht leisten" können – und wer demnächst, dem Konsumdruck entsprechend, welches Handy oder Outfit bekommt. Schüler aus prekären Verhältnissen, die es schaffen, in solchem Lernmilieu den Hauptschulabschluss abzulegen, haben mehr geleistet, als manche wohlbehütete Söhne aus den Abiturklassen der gutsituierten Stadtteile (vgl. El-Mafaalani 2020: 104ff). Die beste Lehrkraft in derart schwierigen Lerngruppen wäre auch hier diejenige, welche weniger Defizite als Differenzen sähe, um die Talente, die in jedem schlummern, zu erkennen.

Charles Jordan Carlos Santana Bartschneider (die Namen in diesem Kapitel sind, wie eingangs erwähnt, erfunden, aber strukturell an die Realität angelehnt) ist extrem übergewichtig. Jeder ist froh, wenn er es bis zu seinem Platz im zweiten Stock geschafft hat. Kein Wunder, hat er doch die letzten Jahre jeden Vormittag mindestens eine Anderthalbliter-Maxiflasche *Cola* getrunken. Die Lehrkraft hatte Zee Jays Mutter, so wird er in der Schule gerufen, fernmündlich auf die hohe tägliche Coladosis angesprochen. Am nächsten Tag erschien er konsequenterweise mit einem ebenso voluminösen Kanister *Fanta – Limited Edition, fünfzehn Prozent gratis!* „Zucker ist schlimmer als Heroin", sagt mit ein heilkünstlerisch gebildeter Bekannter. Das ist keine Werbung für Drogenkonsum, aber Grund genug, zu Ehren der Gegenwart auch die Forderung nach Ernährungslehre mit auf den Plan zu nehmen, sofern die Lehrkräfte so etwas überhaupt noch leisten können.

Weder Schüler, Schülerinnen noch Lehrkräfte wissen, wie die beschleunigte Welt im Jahre 2030 auch nur ungefähr aussehen wird. Nach Harari[2] überschütten wir die Jugendlichen nach wie vor mit kurzlebigen Informationen, ohne zu ahnen, wie relevant diese in der Zukunft noch sein werden. Die vier Ks, kritisches Denken, Kommunikation, Kollaboration (Kooperation) und Kreativität sollten einen viel größeren Raum einnehmen, der Umgang mit einer sich verändernden Lebenswelt sei wichtiger als ein überholter Bildungskanon. Selbst die auf die Schnelle digital fortgebildeten Lehrkräfte müssen sich arbeitstechnisch also nicht nur beim Kontakt zu den jeweiligen Erziehungsberechtigten umstellen: Wer vor zwanzig Jahren noch anhand der Elternliste erkennen konnte, wer zu welchem Kind gehört, hat nun pro Familie bis zu drei Nachnamen auf den Verzeichnislisten temporärer Proliferationskonglomerate zur Auswahl, von denen manche als Lebensabschnittsbegleiter oftmals gar nicht zum Kreis der Erziehungsberechtigten zählen. Auch an dieser Stelle stoßen Lebenswelten aufeinander.

Sicherlich wird sich in der Mathematik der Zukunft nur wenig ändern. Wer sich heute damit beschäftigt, wird auch morgen noch mit ihr rechnen können. Doch wer dem populären Trugschluss unterliegt, niemand könne mehr mit Texten umgehen, es drohe verbreiteter Analphabetismus, schließlich würde nichts mehr gelesen und geschrieben, kennt die Datenlage nicht. Kaum jemals zuvor wurde mehr gelesen und geschrieben als heute, egal, wie das qualitativ aussieht, man sollte sich vom Anblick derjenigen nicht täuschen lassen, die im Gehen ihre Sprachnachrichten abhören, oder ins schräg am Kopf gehaltene Smartphone diktieren. Die entsprechende Körperposition des omnipräsenten *iHunch* kann also keinesfalls als überholt gesehen werden, das Aufnehmen von Sprachnachrichten korrigiert die ungesunde Haltung nicht.[3] Doch wie und was geschrieben wird, und welche mitunter katastrophalen Effekte das Geschriebene auslösen kann, wird kaum gelehrt. Grund genug, in einer groß angelegten Initiative zur Medienkompetenz den Umgang mit dem neuen Schreiben zu vermitteln. Andernfalls werden die Lehrkräfte der beschleunigten Gegenwart ungewollt mit zeitversetzter Wirkung zu „Subversiven Elementen", wie es Neil Postman schon 1971 hellsichtig vorausgesagt hat: Dort, wo nur das Gestern bekannt ist, wird für die Zukunft nichts zu holen sein. Gegen Fake News, Lügen, Impfgegner und ihre gefährliche Esoterik kann nur derjenige argumentieren, welcher schon in der Schule etwas von den Vorzügen moderner Medizin und korrekter Recherche gelernt hat. Wer dafür Platz schaffen will, muss die Curricula entrümpeln. Wissen ist Überblick. Ohne genaue Kenntnis verlieren wir den Horizont.

Wer sich mit dem Englischen auseinandergesetzt hat, weiß um die uferlose Komplexität der zum globalen Idiom gewachsenen Verkehrssprache. Schon allein das Zeitengefüge mit seinen feinsten Nuancierungen gehört zum Schwierigsten, was der Zweitspracherwerb zu bieten hat. Dazu kommen Varietäten und ein unermesslich dynamischer Wortschatz. Das Verb *to redpill* oder *to bobbitt* sei nur ein bescheidenes und banales Beispiel für die spielerische Beweglichkeit dieser Sprache. Beeindruckend ist auch die Möglichkeit, mittels desr Tempora Zeitlupeneffekte bei Verben zu erzeugen, die üblicherweise für die Beschreibung schneller Bewegung stehen. Doch eine fachliche Diskussion führte hier zu weit. Wichtig ist es aber festzuhalten, dass die gluckenhaft behüteten Lehrpläne das Durchackern aller möglichen Zeitformen vorsehen, von denen selbst *Native Speaker* kaum je Gebrauch machen. Von den Schülern wird in Zukunft kaum verlangt werden, essayistische Texte zu verfassen, an deren Entwicklung schon manch Muttersprachler scheitern würde. Studien haben gezeigt, dass *Native Speaker* schriftliche Arbeiten von Schülern qualitativ ungekehrt proportional zu Lehrkräften bewerteten. Ein Anglistikprofessor sagte mir einmal: „Englischarbeiten in Deutschland bewerten, das heißt, einen Stapel Hefte in weitem Bogen auf die Treppe schmeißen und sagen, was oben liegt, kriegt die Eins." Hier sollte eine bessere, wertschätzende Fokussierung auf die sprachliche Mitteilungskompetenz angestrebt werden, in der auch geschäftliche Aspekte und die entsprechende (digitale) Korrespondenz einen größeren Raum einnehmen. Schließlich leben wir in der globalen Welt. Schweden Dänen, Norweger und Holländer zeigen uns im Urlaub schon als Zehnjährige beim Frühstücksbüffet im Hotel oder auf dem Campingplatz, wie viel Sprachkompetenz durch den Konsum von Originalfilmen im OmU-Format erworben werden kann. Im Grunde müsste man jede Woche im Klassenzimmer mindestens einen englischen Film zeigen lassen, und dabei offensiv für den Konsum von Originalversionen werben. Auch die mit zahlreichen Nebenwirkungen behaftete Praxis der von Erwachsenen gern verdammten Online-Spiele hat ihr Gutes: im Chat lernen Schüler schnell und effizient Englisch und weitere Sprachen.

Der Schul- und Hochschullehrer Joachim Grzega hat mit dem *Basic Global Englisch* eine leider nur zu wenig beachtete Methode vorgelegt, die sich zu Beginn auf das Notwendige beschränkt[5] und von jedem erlernt werden kann. Wer will, kann später darauf immer noch aufbauen. Es ist besser, sich Essen bestellen und eine Gebrauchsanweisung lesen zu können, als alle möglichen *if clauses* zu beherrschen, zumal die gängige Schulgrammatik Beweglichkeit und Durchlässigkeit der Realsprache nur rudimentär abbildet. Fast jeder Rap-Text zeigt, dass *don't* und *doesn't* nicht immer dort stehen, wo sie, vereinfacht gesagt, eigentlich hingehören. Nehmen wir uns ein Beispiel an den zahllosen Touristenzielen, wo sprachliche Handlungen mit rudimentärsten Mitteln, aber effizient vollzogen werden. Die Schülerin Naina schreibt: "Ich bin fast 18 und hab' keine Ahnung von Steuern, Miete oder Versicherungen. Aber ich kann 'ne Gedichtsanalyse schreiben. In vier Sprachen".[6] Vielleicht wird die Pandemie beim Entrümpeln helfen.

Dynamische Entwicklung und Zukunftsfähigkeit der Lehre können aber nur dann verwirklicht werden, wenn die Lehrkräfte als Lernberater aktiv mitziehen, und einen extrem breiten, auch lernphysiologischen Bildungshintergrund mitbringen, der in seiner sozialen Bandbreite verschiedenste Kulturen und Schichten umfasst: Dabei muss der Papiermensch mit den Bänden von Spitzer im Regal genau so abgebildet werden, wie der Quereinsteiger, die Migrantin oder nachrückende *digital natives*, um die Anschlussfähigkeit zur

Schülerschaft herstellen zu können. Durch den Mangel an realen Aufstiegsmöglichkeiten finden sich allerdings zu wenige Lehrkräfte aus den unteren Schichten in den Kollegien, die sich selbst aus der linksliberalen Mittelschicht (Wagenknecht 2021) rekrutieren und ihr Milieu immer weiter reproduzieren. Nur in diesem Zusammenhang wird erklärbar, dass das böse Wort vom Vornamen Kevin, der *keine Name, sondern eine Diagnose* sei, in einem Lehrerzimmer erfunden worden ist, wie die zugrunde liegende Oldenburger Studie zeigt. Berührungspunkte zwischen den gesellschaftlichen Schichten muss man mit der Lupe suchen. Die Lehrkräfte müssen aber, um klassistische Haltungen zu vermeiden, Kenntnisse über möglichst viele soziale Schichten einer demokratischen Gesellschaft besitzen, deren Codes und Überzeugungen kennen, um mit möglichst vielen Schülern erfolgreich zu arbeiten. Stellvertretend für viele engagierte Lehrer hat Herr Bachmann jedenfalls den Bogen raus. Sein umfassendes und zielorientiertes Wirken kann in einem sehr anrührenden Dokumentarfilm betrachtet werden (Herr Bachmann und seine Klasse, Maria Speth 2021).

Doch auch trotz der wachsenden Zahl positiver Beispiele ist das Bild der Lehrkraft im Allgemeinen in akademischen Kreisen nach wie vor trübe, es gilt der Standardspruch die besten Schüler aus der Klasse würden Ärzte und Juristen, die schlechtesten Lehrer. Was ein Architekt macht, weiß niemand, bei der Schule aber will grundsätzlich jeder mitreden. Kaum jemand weiß um das vorherrschende Gefühl, die Arbeit sei eigentlich nie zu schaffen, und würde auch an den Wochenenden immer mehr. Auch die Arbeitszeit wird komplett falsch eingeschätzt. Nicht jeder, der um vierzehn Uhr nach Hause kommt, legt die Füße hoch. Der Druck ist hoch. Man ist nie mit der Arbeit fertig. Gesellschaftlich hat sich das Bild von den „faulen Säcken" seit den Zeiten des neoliberalen Regierungschefs und späteren Putinverstehers Schröder immerhin leicht gebessert, man sieht Schulen nun auch als staatlich gesponserte Reparaturwerkstätten für gesellschaftliche Missstände. Eine Erkenntnis, die sogar den späten Altkanzler noch eines besseren belehren lassen hat (SPON, 7.7.2020). Das Sozialprestige der Lehrkraft bessert sich also allmählich, wenngleich auf niedrigem Niveau.

Viele Experten in den einschlägigen Foren gönnen im alltäglichen Diskurs den Lehrkräften nach wie vor die krisensicheren Bezüge nicht. Dass die Polizei bezahlt wird, wenn niemand erschossen wird, und auch die Feuerwehrleute ihr Konto nicht überziehen müssen, wenn es längere Zeit einmal nicht gebrannt hat, sei geschenkt. Man gibt das Kind in der Schule ab, der Erziehungsservice ist durch die Steuern abgeglichen, die Schule soll richten, was gesellschaftlich nicht mehr funktioniert. Im Grunde müssten die Lehrkräfte viel stärker an den individuellen Bedürfnissen der Schüler:innen arbeiten, doch „die Lehrerausbildung ist im Hinblick auf die Diagnose des individuellen Potenzials eines Kindes – optimistisch ausgedrückt – mangelhaft, vielleicht sogar nah am Dilettantismus."[7] Das tut dem Grundgesetz im Hinblick auf die Entwicklungsmöglichkeiten der Jugendlichen nicht gut.

Doch trotz allem, man muss es sagen, es gibt sie leider immer noch: Studenten der Germanistik, die desinteressiert und genervt Veranstaltungen für Scheine absitzen, für die die Lektüre des Zauberberges selbst im Studium eine Zumutung wäre, die Schiller für ein Gedicht von Goethe halten, sich in Ermangelung anderweitig interessanter Qualifikationen interessant gemeinte, aber dümmlich klingende, da überlange Doppelnamen zulegen, den Osterspaziergang nicht kennen, „Jagdt", „Advend", „Haiku's" und noch schlimmere sächsische Genitive auf die Tafel schreiben, Büchern und Texten mißtrauen, und ein Fach vor allem deshalb studieren, weil es ihnen weniger Arbeit macht als das andere – und alles zusammengenommen zu einem Beruf mit Pensionsanspruch führt. Es gibt sie, die Naturwissenschaftler, denen Douglas R. Hofstadter kein Begriff ist, Englischvermittler, die Greenbaum & Quirk nie konsultiert haben, Lehrkräfte, die niemals Scobel gucken, ostdeutsche Germanisten, denen Lukas Rietzschel nichts sagt, oder Chemiekollegen, die weder *Breaking Bad, Onkel Wolfram* oder die Videos von Mai-Thi kennengelernt haben. Und zu allem Überfluss auch Grundschulen, wie die in Sprockhövel, auf deren Website angegeben wird, dass die „Präsenspflicht (…) aufgehoben" wurde (SPIEGEL Nr. 53, 2020: 154). Wer lehren will, muss kompetent, gegenwärtig und von seinem Thema fasziniert sein. Wer sein Fach nicht aus Begeisterung studiert hat, sollte auch nicht lehren. Allerdings ist reines Wissen auch kein Nachweis für Vermittlungsfähigkeit.

Verlässlich stechen in der öffentlichen Wahrnehmung unter den überwiegend stark engagierten, hochcleveren und an allen Fronten geforderten Lehrkräften immer nur die gut zu vermarktenden Negativbeispiele hervor, wie die Lehrerin, die sich krankschreiben ließ, um ihre Tochter auf einem Dschungelcamp-Event zu begleiten, dessen kulturellen Wert wir hier nicht weiter diskutieren müssen. Am Ende war immerhin der Beamtenstatus futsch. Ein Beispiel dafür, dass die Selbstreinigungskräfte im System wenigstens an dieser Stelle zum Glück noch zu funktionieren scheinen. Dennoch sind hartnäckige Formen unkultivierten Daseins immer noch als Mangelerscheinung beim Lehrpersonal zu diagnostizieren, eine Interesselosigkeit, die schon in den Dreißigern vom fast vergessenen Schriftsteller und Theoretiker Hermann Broch ein wenig zynisch überspitzt beschrieben wurde, als sein Lehrer Zacharias den Klassenraum betritt:

„unterrichtete er Mathematik und Physik, kraft einer kleinen Bega-
bung für exakte Betätigungen an diesen Beruf geraten war, und (...)
mit schöner Hingabe, roten Ohren und einem netten Glücksgefühl
im klopfenden Herzen seinem Studium obgelegen haben dürfte,
freilich ohne die höheren Aufgaben und Prinzipien der gewählten
Wissenschaft zu bedenken oder anzustreben, vielmehr überzeugt,
mit der Ablegung der Lehramtsprüfung nicht nur eine bürgerliche,
sondern auch eine geistige Höchstgrenze in seinem Fach erreicht
zu haben."

All das klingt aktueller, als man es für möglich hält. Ein wenig später dann arbeitet sich Broch auch noch an der pädagogischen Realität ab:

„ (...) er begann das nunmehr abgeschlossene, säuberlich abge-
schnürte und handliche Paket seines Wissens in kleine Paketchen
zu zerlegen, die er an die Schüler weitergab, auf dass er sie von
diesen in Gestalt von Prüfungsergebnissen zurückverlangen könne.
Wusste der Schüler nichts zu antworten, bildete sich in Zacharias
die, wenn auch nicht klare, Meinung, jener wolle ihm sein Leihgut
vorenthalten, schalt ihn als verstockt und fühlte sich benachteiligt.
Auf diese Weise wurde ihm jedes Klassenzimmer (...) zum Aufbe-
wahrungsort für ein Stück seines Ichs (...)"[8]

Das Leben in der Lehranstalt muss wohl schon damals ziemlich
langweilig gewesen sein. Inspiration musste man sich auch um
1930 außerhalb der Schulen suchen. Ganz anders dagegen Vladimir
Nabokovs lebensorientierter Dorfschullehrer Wassilij Martyno-
witsch Shernosekow, der die Kinder nicht in irgendetwas unterrichtet, sondern damit beginnt, auf *„ländlichen Spaziergängen (...) von*
Menschlichkeit zu sprechen. Von Freiheit, den Übeln des Krieges

und der traurigen (…) Notwendigkeit, Tyrannen in die Luft zu sprengen." [9] Inhaltliche Gegebenheiten also, die zumindest in Teilbereichen der vorrevolutionären Situation Russlands geschuldet waren, immerhin aber aus den persönlichen Lebensumständen hervorgingen. Welchem Lehrer wir hier den Vorzug geben, bleibt dem Leser überlassen. Shernosekov gleicht ganz offensichtlich dem zitierten Lehrer Bachmann, womit wir wieder in der Gegenwart angelangt wären.

Bei den Erwachsenen haben zwei Monate Drosten- und Wieler-Videos ihre Schuldigkeit getan: Teile des Kollegiums sind gar nicht erst im Lehrerzimmer erschienen, schließlich haben sie die Sechzig längst überschritten, leiden unter relevanten Vorerkrankungen oder solchen, die der Hausarzt auf die Schnelle noch herbeiattestieren konnte. Man beschränkt das Curriculum vor dem Wechselunterricht auf Deutsch, Mathe und Englisch, das offensichtlich also Wichtigste am Kanon. Das Personal aus Bio, Chemie und Physik, das ohnehin fast immer zwischen Skeletten, Reagenzgläsern und Generatoren in ihren Fachräumen abtaucht, sieht man nun überhaupt nicht mehr. Zwar hat man offiziell verlautbart, man solle die Kirche mal im Dorf lassen, ein paar Wochen Unterrichtsstoff könne man locker aufholen, doch die Sorge um Anschlussfähigkeit der Schwächeren bricht sich Bahn. Erst wurden nur die Probleme der Abiturienten und ihrer Klausuren diskutiert, bevor man plötzlich feststellte, dass es auch immer noch die Bedürfnisse von Haupt- und Realschülern gibt. Und im Lehrerzimmer, zu Zeiten des kompletten Lockdowns, wird wie mit dem sprichwörtlichen Brett vor dem Kopf diskutiert, wann man denn „endlich" nach Rückkehr der Schüler „wieder eine Klassenarbeit schreiben lassen" könne, statt zu überlegen, wie man die Kinder der Krise emotional wieder auffängt. Bevor flächendeckende Test in den Schulen durchgeführt werden, müssen unterschriebene Einverständniserklärungen eingesammelt werden. Die analoge Bürokratie Deutschlands bricht sich auch hier verlässlich wieder Bahn. Schon melden sich die ersten Testverweigerer, die zusätzlich seelisch betreut werden müssen, denn sie sollen nach Hause geschickt werden, dürfen am Unterricht nicht teilnehmen, wenigstens wird von den Lehrkräften neben dem Distanzunterricht nicht auch noch Überzeugungsengagement verlangt. In den Zeiten der Pandemie versucht das System Schule Dokumentations- und Verwaltungsmechanismen abzuarbeiten, die der realen Infektionskrise mit ihrer mangelnden Sinnhaftigkeit vollständig zuwiderlaufen.

Wie kommt man eigentlich in ein Lehrerzimmer? In der irrsinnigen Tortur des deutschen Referendariats, die Markus Orts in seinem Roman *Lehrerzimmer* en détail beschrieben hat, kommt es darauf an, den Ausbildern einmal im Leben die Unterrichtsstunden zu zeigen, die man niemals wieder halten wird, da sie stets zwei Wochen Vorbereitung kosten. Und die Ausbilder sind, so wird oft gesagt, in vielen Fällen diejenigen Problempersonen (oder verhaltensoriginellen Vertreter eines akademischen Pools), die in der Schule nicht mehr tragbar waren, erst (von Insidern des Beamtenwesens ironisch *Wanderpokale* genannt) von Schule zu Schule weitergereicht wurden, und am Ende in den Studienseminaren ihr Gnadenbrot erhalten. Ihre Aufgabe besteht für manche Leidtragenden darin, den jungen Referendaren (die man um die Jahrtausendwende noch Ref, nun aber LiV zu nennen hat, ohne dass sich für sie substanziell etwas gebessert hätte) den letzten Rest an Freude, Freiheit und Begeisterung auszutreiben. Man bekäme hier keine Ausbildung, die müsse man sich selbst holen, war die Aussage eines wohl gut bezahlten Seminarleiters in einer niedersächsischen Kleinstadt, als er in der Besprechung zu erklären versuchte, warum die Ausbilder nicht einmal eigene Unterrichtsstunden zeigen wollten. Für viele junge Lehrkräfte war das gar nicht schlecht, präsentierten doch die wenigen zeigefreudigen Ausbilder Unterrichtsstunden mit gröbsten Fachfehlern, und kamen in einigen Fällen selbst zu spät zum Unterrichtsbesuch. Für die Cleveren unter den Studierenden ist das Seminar erst einmal ein herber intellektueller Absturz. Man sollte die föderale und europäische Konkurrenz als Verbesserungschance wahrnehmen. Wie gut wäre es, könnte man in Austauschprogrammen britische Lehrer nach Deutschland und deutsche Lehrkräfte ins Ausbildungsparadies Finnland, nach Spanien oder Frankreich schicken. Eine Win-Win-Situation wäre für beide Seiten allemal. Und eine Stärkung für den Rest an verbliebener kontinentaler Einheit.

Die Gegenwart sieht anders aus. Nach dem wie gewohnt brillant und griffig formulierenden Welzer lässt man „Schulen und Lehrkörper verwahrlosen, und nennt die Sparmaßnahmen Inklusion." [10] Der Alltag lässt es kaum zu, dass dafür nicht dezidiert ausgebildete Lehrkräfte tun können, was sie eigentlich wollen: Sich verstärkt um die Schwächsten kümmern, und dabei noch mehr Sozialarbeit als ohnehin schon leisten. Dokumentationspflicht frisst Zuwendung. Man braucht nur ein wenig in die einschlägigen Lehrer-Foren hineinzulesen, um auch als Laie zu erspüren, wie viel an Enttäuschung sich da breit gemacht hat.

Die Jugendlichen jenseits der Eins-Nuller-Abis treten ein in eine Welt der permanenten Unsicherheit. Werkverträge reihen sich an Scheinunternehmertum und unbezahlte Praktika. Wessen Arbeit in naher Zukunft von künstlicher Intelligenz übernommen werden wird, ist noch nicht absehbar. Waren die gläubigen Großeltern noch auf den tradierten Gedanken ans Ende fixiert, droht nun die Gegenwart verstetigter Bedeutungslosigkeit im Dauerpraktikum. [11]

Wir wissen nicht, ob die Erklärungen von heute für die Zukunft der Jugendlichen einen Nutzen bringen. Wir müssen viel früher als bisher beginnen, die individuellen Stärken zu erkennen und mit Nachsteuerungsmöglichkeit weiterzuentwickeln, den Jugendlichen die verführerischen Fallen des demonstrativen Konsumismus und des digitalen Lebens klarzumachen.

Eine Binse sei erneut gestattet: Längst schon ist das Wissen nicht mehr integrierbar.[12] Die Gegenwart erfordert die Fähigkeit, Quellenarbeit zu leisten und Wissen von Fake News trennen zu können. Die Spezialisierung muss schon in der Schule beginnen. Das gilt nicht nur für die Kinder. Auch die Lehrkräfte können neben den fachlichen Aufgaben nicht mit immer neuen Forderungen des ewigen Mantras des *Schule muss* überzogen werden. Hier sollten wir uns genötigt sehen, den Lehrkörper nachhaltig zu spezialisieren. Niemand käme auf die Idee, das appetitlose Kätzchen mit der Forderung *Medizin muss* in die innere Abteilung des städtischen Klinikums zu verlegen.

Ein Freund, Lehrer mit klassischer Ausbildung, wollte nicht mehr viel pendeln und wechselte von einer ländlichen Realschule in eine städtische, norddeutsche Gesamtschuleinrichtung mit schlechtem Management. ‚Gute Gelegenheit zum Abstoßen, da kommt ein Neuer', mögen sich die alten Kollegen dort gedacht haben und schnitten ihm für den Start nach den Sommerferien eine extra zusammengeschusterte siebte Hauptschulklasse zu, in der all diejenigen Aufnahme fanden, mit denen der Rest des Kollegiums längst nicht mehr zurecht kam. „Von 24 Kindern sind zwei als normal zu bezeichnen. Der Rest teilt sich auf in Emsen, Lernschwache, VM, ADHS, NDH und LB", berichtet das neue Mitglied des Kollegiums.

Die griffig klingenden Kürzel stehen für die verbreitete Technik, Personen und Phänomene mit an der Oberfläche wahrgenommenen oder mitunter auch professionell diagnostizierten Auffälligkeiten in ob des professionellen Klanges euphemistisch zu bezeichnende Kategorien aufzuteilen, die pädagogisch durchdachte Organisation und in der Zukunft vermutete Entwicklungsmöglichkeiten suggerieren sollen, im Grunde aber nicht mehr als sprachlicher Aktionismus sind, der lediglich hilft, die uferlosen Diskussionen sozialpädagogischer Kämpfer mit semiprofessionellem und eigentlich zynisch zu nennendem Befundvokabular zu würzen. Sonderpädagogen und Sozialarbeit sind immens wichtig, doch leider zeigen sich die Lehrkräfte, welche eigentlich von ihrer Expertise profitieren könnten, wie man mir bereichtet oft beratungsresistent, und wollen als Einzelkämpfer am eigenen Stil erst gar nicht rütteln. Hier muss an vielen Schrauben gedreht werden, um dem demokratischen Auftrag besser gerecht werden zu können.

An dieser Stelle sei ein rudimentäres Glossar zum besseren Verständnis eingeschoben: Emsen sind emotional-sozial problembeladen, werfen beispielsweise die Tische um oder attackieren bisweilen Klassenkameraden durchaus auch einmal mit Stühlen oder anderem Material. Eine Eindämmung ist oft schwierig und kann so weit führen, dass die Lehrkraft keine Handlungsmöglichkeiten für den Rest der Klasse bereithalten kann. Lernschwache bedürfen in vielen Fällen einer Eins-zu-eins-Zuwendung. Das Abschreiben eines Satzes kann da schon einmal ein paar Minuten in Anspruch nehmen. Der Problemkreis ADHS ist an vielen Stellen ausführlich beschrieben worden. VM steht für Kinder, denen vorbeugende Maßnahmen zuteil werden sollen, NDH steht für nichtdeutsche Herkunft, hat man zu wenige solcher Schüler ohne Deutschkenntnisse, kann keine Deutsch-Integrationsklasse mehr gebildet werden, und die Kinder verschwinden, mit nur rudimentärer Förderung, in einer mehrheitlich deutschsprachigen Lerngruppe. Das eine zusätzliche Kind entscheidet über das Schicksal von allen anderen. NDH-Schüler werden zwei Jahre mit „Notenschutz" beschult, danach sind sie wie der Rest zu bewerten. LB sind Kinder mit teils schwerwiegenden Lernbehinderungen. Die Lese- und Rechtschreibschwäche „diagnostizieren" manche Schulen, wie man mir berichtet, einfach selber, ohne das dazu notwendige Fachwissen überhaupt belegen zu können oder müssen. Wie viel mehr an wichtiger Förderung könnte geleistet werden, wenn auf schlecht gemachte Inklusion zugunsten einer professionellen Hilfe verzichtet würde. Allein, das kostet wieder Geld.

Schon der Laie kann sich bildhaft vorstellen, wie in einer solchen Klasse hochwertiger Unterricht stattfinden soll: Nämlich kaum bis gar nicht. Wenn von fünfundvierzig Minuten Unterrichtszeit fünfundzwanzig für Disziplin draufgehen, bleibt der ohnehin geringe Lernzuwachs noch überschaubarer als ohnehin. Hier ist Pädagogik gefragt, allein, Lehrer sind entgegen der landläufigen Überzeugung per se keine Pädagogen, versuchen bestenfalls pädagogisch zu arbeiten, haben fachlich und didaktisch studiert, und sind ohne dezidiert sonderpädagogische Ausbildung in schwierigen Lerngruppen vollkommen überfordert, sofern sie keine Naturtalente sind.

Zwar können den rund siebenundzwanzig Pflichtstunden (der europaweit höchste Wert) sozialpädagogische Kräfte zugeordnet werden, die allerdings oft nicht mehr als ein paar Stunden pro Klasse verfügbar sind, und in manchen Fällen aussehen, als könnten sie selbst Hilfe gebrauchen, sagt eine Bekannte. Einige seien permanent krank, stünden aber als aktives Personal auf dem Papier, wovon Schule und Klassenlehrer im Alltagsgeschäft nicht viel haben.

Im Nachbarland Frankreich hat sich Präsident Macron als entscheidungsfreudig gezeigt: In Problemvierteln wurden die Klassengrößen um 50% reduziert (De Weck, 2021).

In der Klasse meines Freundes gab es einige Siebtklässler, die nicht einmal wussten, in welcher Straße sie wohnen. Daher wurden im fachfremd unterrichteten Wissensfeld Erdkunde die eingeschobenen Themen *Meine Straße und meine Bushaltestelle* mit Exkursionsanschluss unterrichtet. *Fachfremd* heißt dabei auch *Verachtung der Wissenschaften*, denn nur was von den verantwortlichen Schuldesignern offensichtlich nicht für ganz für voll genommen wird darf auch von fachlichen Laien unterrichtet werden. Wer Jahre seines Lebens in *Englisch* investiert, braucht sich nicht einzubilden, ein guter *Biologie- oder Arbeitskundelehrer* werden zu können. Auch den Virologen kann man nicht als Rechtsanwalt einsetzen. Die beschriebene Bushaltestelle allerdings dürfen wir demgegenüber getrost unter der Rubrik Allgemeinbildung ablegen, welche wortwörtlich jedermann zugänglich sein sollte. Als fachfremd wäre dagegen die neue Vorgabe zu bezeichnen, die Impfpässe der Schülerschaft auf nie nötigen Masern-Vakzinationen hin durchzusehen, was einerseits und sonst den so oft beschworenen Datenschutz berührt, aber auf der anderen Seite den mit der Covidkrise überforderten Gesundheitsämtern ihre Arbeit abnimmt, weshalb der sonst so groß gefeierte Datenschutz hier offensichtlich ganz problemlos in Quarantäne gelegt werden kann. Gestattet sei der dezidiert polemisch gemeinte, humanistische Hinweis, dass gerade die wichtige, Werte stiftende Religion als einziges Wissensgebiet niemals fachfremd unterrichtet werden darf; das gäbe im Falle des Falles richtig Ärger. In Bayern existiert der Unsinn mit dem fachfremden Unterricht erst gar nicht. Ein Umstand, der als sehr lobenswert zu bezeichnen ist.

Um zum unterrichtlichen Alltag zurückzukommen: Mein Freund forderte im Gegensatz zu den ihm vorausgegangenen Lehrkräften Regeln ein. Auch im Sportunterricht, der sich bis zu seinem Arbeitseinsatz an der Gesamtschule darauf beschränkt hatte, dass eine offensichtlich sehr bequeme Lehrkraft einen Ball in die Halle geworfen hatte. Flugs beschwerten sich ein paar Mädchen bei der Schulleitung, der Lehrer hätte sie heimlich in der Umkleidekabine beobachtet. So klug ist frau dann doch, und weiß, was wirklich zieht: Eine Behauptung, die mit Sicherheit immer mächtig Staub aufwirbelt. Die Lehrkraft, die alles muss und fast nichts darf, nahezu ständig mit einem Fuß bereits im Knast steht, so sagt der Zyniker, bekam natürlich umgehend einen auf den Deckel. Denn die Mechanismen der Hierarchie verzeihen in ihrer rigiden Unbedarftheit grundsätzlich nie.

Da das Gehalt der Schulleitungen von der Gesamtschülerzahl, aber damit auch vom Anteil der Gymnasiasten abhängt, werden zumindest an den Gesamtschulen mancher Länder die Schlauen gehegt und gepflegt. In den betagten Lehrerzimmern, die oft so aussehen, als sollten sie in ferner Zukunft als Ausstellungsobjekt für die Siebziger im Bonner Haus der Geschichte präsentiert werden, trennt zuweilen eine kleingeistige Sitzordnungssegregation die SEK-1-Lehrer von der gefühlten Überlegenheit der Gymnasialkollegen. Die Haupt- und Realschullehrer sehen oftmals aus wie ewige Vierzehnjährige, die ihre Kleidung morgens bereitgestellten Primark-Tüten zu entnehmen scheinen. Eine *déformation professionelle*, die wohl dem ausschließlichen Umgang mit Jugendlichen geschuldet ist. Zwischen Jugend und Schule hat jemand die Uni hineingequetscht, im Grunde hat man die Lehranstalt nie wirklich verlassen. Der Englisch- und Sportkollege, der erst zur 5. und 6. Stunde seine neunzig Minuten in der Halle gibt, nimmt gern den Stundenplan zum Anlass, schon früh um acht im entspannten Trainingsanzug am Tisch zu sitzen. Doch eigentlich hat man ihr in einem normalen Outfit noch niemals gesehen. Manchmal geht er sogar heimlich eine rauchen. Die dünkelhaften Kollegen vom Gymnasialzweig dagegen tragen Twinset, Anzug und Krawatte, doch leisten sie sich als Ausgleich bisweilen den einen oder anderen Freak in ihrem Kreis, der erst zehn Minuten nach dem Gong ins Klassenzimmer schleicht, und stets als Erster in der Pause ist.

Mein Freund fragte nach, warum er mit den Hauptschülern immer die Räume im sommerlich überhitzten Südteil bekäme, die Gymnasiasten aber immer die angenehm kühlen und gut zu lüftenden Klassenzimmer an der Nordwand. Eine entsprechende mündliche Eingabe blieb genauso unbeantwortet wie diejenige mit der Frage, warum die gymnasial ausgebildeten Kollegen niemals in den schwierigen Hauptschulklassen unterrichten müssten, was an der Gesamtschule eigentlich kollegiale Pflicht wäre. „Haupt pack' ich nicht", ist die gängige Vermeidungsstrategie, der ein Schulleiter schlecht etwas entgegensetzen kann, wenn er sich nicht noch mehr Ärger wünscht. Der Hauptschulzweig aber ist zur Resteschule geworden, dem allenfalls noch 10% der Schülerschaft angehören. In den frühen Sechzigern waren es noch 70.[13] In diesem Bildungsgang unterrichten Lehrkräfte mit der dicksten Haut: Wahre Pragmatiker und Performer. Dort, wo die Gymnasiallehrkräfte komplexe Klausuren korrigieren müssen, leistet die Lehrerin an der Brennpunktschule Knochenarbeit.

Bleibt die Frage nach den zwei verbliebenen „normalen" Kindern aus der besagten Klasse, aus denen man vielleicht gute Handwerker hätte machen könnte. Die fallen laut meines Freundes bisweilen hinten runter. In der Gemengelage der Klasse könnten sie nur wenig lernen. Nachdem eine Schülerin aus der weiter oben beschriebenen Sportklasse den Lehrer mit dem Ausruf Nippelalarm! an den Brustwarzen gedreht hatte, kam die Resignation. Burnout-Syndrom, unter Umständen mit anschließendem Frühruhestand, und den entsprechenden, deutlichen Abzügen. Lehrkräfte gehören zu den Berufsgruppen mit der höchsten Zahl an Frühverrentungen. In NRW erreichte 2017 nur jeder Fünfte die gesetzliche Regelaltersgrenze.[14] Abschließend sei noch kurz bemerkt, dass der Beruf auch mit körperlichen Risiken einhergeht. Eine Untersuchung des VBE schreibt: „Der Ton in der Gesellschaft werde immer rauer, die Sprache verrohe, Konflikte eskalierten öfter, schneller und werden mit härteren Mitteln ausgetragen, Autoritäten werden nicht mehr anerkannt. Diese gesamtgesellschaftliche Entwicklung mache auch vor der Schule nicht halt. 55 Prozent der befragten Lehrkräfte sagten, dass es an ihrer Schule in den letzten fünf Jahren Fälle gab, in den Lehrkräfte direkt beschimpft, bedroht, beleidigt, gemobbt oder belästigt wurden. Selbst von psychischer Gewalt betroffen waren ein Viertel der Befragten.“[15]

9.

Sansibar, Vuitton, Chanel: Relevanz und Einkommen

So alt wie Galapagos-Schildkröten werden wir zum Glück noch nicht, doch der berühmte französische Wirtschaftswissenschaftler Piketty hat dennoch die folgende Rechnung aufgemacht, und sie auf den Menschen bezogen: Hätte ein langlebiger *citoyen* am Revolutionstag 1789 damit begonnen, jeden Tag achttausend Euro zurückzulegen ohne einen Cent davon im Leben auszugeben, hätte er am heutigen Tage ein Geldvermögen, das nur etwa einem Eigentumsprozent des aktuell reichsten Franzosen entspräche.

Der Fußballer Ronaldo, eine subjektiv wahrgenommen möglicherweise systemrelevante Figur, verdient in zwei Wochen so viel wie es eine Krankenschwester in über einhundert Jahren Schicht tun würde. Auf einer größeren Skala betrachtet, verdient dieser Spieler in vierundzwanzig Stunden in etwa so viel wie die examinierte Schwester in zwei Jahren harter Arbeit. Der physisch talentierte Ronaldo würde hypothetisch also nur drei Stunden auf einer Station arbeiten müssen, um den Jahresverdienst der Schwester zu erreichen. Pro Minute macht der zwischenzeitlich aus Steuergründen sogar einmal inhaftierte Leberballtreter eine Summe, die ein rumänischer Schlachter nach zwanzig Stunden Arbeit erhalten könnte, müsste ein solcher voll steuerpflichtiger Leistungsträger nicht auch noch einem deutschen Arbeiter-Miethai ein Extrageld für das überteuerte, stickige und vielleicht noch infektiöse Zimmer zahlen, welches er sich mit den vielen armen Kollegen teilen muss. Die Flucht in Steuerparadiese ist für ihn, anders als für Fußballer, keine Option. Die Profisportler aber sind sich nicht einmal zu schade, mit Hilfe von Winkeladvokaten die Rententöpfe der Berufsgenossenschaften, und damit die Gelder der Allgemeinheit zu plündern – und mit dieser Volte auch dafür Sorge zu tragen, dass unbedeutendere Sportkollegen als Kostenfaktoren demnächst aus dem System fliegen.[1]

Kurz, solch ein Sportler erhält Summen, die man in mehreren Leben nicht auszugeben imstande wäre, Beträge, die er nach allem was vermutet und beobachtet werden kann, selbst nicht mehr zu überschauen oder sinnvoll einzusetzen in der Lage ist. In ihrer Größe also unverschämt anmutende Zuwendungen, die sich ohne jedes eigenes Zutun immer weiter vermehren, und nicht einmal ein Mindestmaß an sozialpolitischer Produktivität abwerfen. Die integrative Kraft des Fußballs hin und her, Goran Vojnović hat sie eindrücklich beschrieben, so viel lohnt sie sicherlich trotzdem nicht. Fußballfans aus England sind vereinzelt schon dazu übergegangen, in Flugscheine, Hotels und Eintrittskarten für deutsche Stadien zu investieren, da ein einziges Ticket für manchen englischen Club diese drei Rechnungsposten übersteigt. Irgendwo müssen die verschenkten Milliarden ja auch generiert werden. Im April 2021 ist allerdings die Neuerfindung einer noch teureren Superliga nach Protesten gescheitert. Doch es heißt, man stünde schon in den Startlöchern für den nächsten Expansionsversuch.

All dies soll ausdrücklich nicht mit Neid, sondern durchaus mit einem ordentlichen Maß an Scham betrachtet werden. Da ist es wieder, das ein wenig böse Wort, nach dem im Fußball zwei Dinge zusammenkommen: Viel Geld und wenig Hirn. Die Geldmengen sind insofern obszön, als schon ihr winziger Bruchteil ganzen Familien ein arbeitsfreies Leben über mehrere Generationen hinweg sichern könnte. Wer keinen Stil hat oder nicht weiß, was er mit dem Geld anfangen soll, verspeist blattgoldumhüllte Steaks, wie es

Franck Ribéry in Dubai getan hat, oder präsentiert sich im eigenen Lamborghini als Proll der Innenstadt. Luxus geriert sich zur Mißbildung. Wohin bloß mit all dem Geld, das ist die Frage. Kein Wunder also, wenn es sich Leute wie Warren Buffett in dieser Gemengelage wuchernder Ungleichheiten erlauben können, den gesamten Tag auf einen vielversprechenden Telefonanruf zu warten, wie das der Lebenscoach Dobelli sehr anschaulich beschrieben hat:[2] Da sitzt ein älterer Mann am Schreibtisch und wartet nur noch auf den nächsten großen Deal, der, gesamtgesellschaftlich gesehen, nur insofern relevant ist, als noch größere Summen um den Globus schießen um gleich darauf in die Taschen einiger weniger zu fließen. Wir sehen eine zunehmend steiler und rutschiger werdende soziale Schieflage, in Anbetracht derer einige Millionäre bereits Steuererhöhungen für sich selbst gefordert haben.[3] Sollte das nicht gehörig aufhorchen lassen?

An meiner Laufstrecke sieht man ein Graffito: *Money doesn't do anything, humans do everything.* Der größte Teil der *Humans* arbeitet zwar mehr als es gesundheitlich empfehlenswert wäre, dennoch reicht es vielen trotz Zuwächsen im Niedriglohnsektor weder vorn noch hinten. Zur Situation der working poor, die manchmal nicht einmal eine Unterkunft besitzen. Sogar in Deutschland. Der ubiquitär in Leben posaunte Lifestyle der gefühlt Großen erzeugt Konsumdruck, der den unteren Einkommensgruppen durch die vorauseilende Simulation des reichen Lebens allem Standesstolz die Luft aus den Segeln nimmt. Daher kommt es, dass so viele Kleinwagen einen *Sansibar*-Sticker am Heck kleben haben. Mancher Italiener glaubte sogar, sich zu Beginn der Handyepoche mit einer Telefonino-Attrappe an den Strand stellen zu müssen, um zur *in-crowd* zu gehören. Telefon und Sansibar sollen sagen: Schaut her, ich war auch da! Und kann mir das genauso leisten! Das ist also die Botschaft der Vorspiegelung. Die entsprechenden Schwert-Aufkleber kann der Wohlstandsdarsteller ohne Exkursion nach Sylt im Internethandel bestellen. Die auf der Insel arbeiten, können dort nicht mehr wohnen. Daher kann denen, die am liebsten Promi wären, mit dem Bewusstsein der Arbeiterklasse keiner mehr kommen. Machtpolitisch ist das bequem. Der alte Klassenkampf ist abgebrannt, könnte man in Anlehnung an Reiser sagen, der im Lied Zauberland[4] das Ende einer, vielleicht seiner Utopie beschrieb. Die Linke hat es an dieser Stelle schwer, zu liefern. Wer die Rolle des Lohnempfängers nicht mehr spielen will, wird sich umso leichter von allmächtigen Logos regieren lassen. In den Achtzigern gab es noch die berüchtigten Popper-Sticker: *Was Lacostet die Welt?* oder, schlimmer noch, *Eure Armut kotzt mich an.* Doch die passten in ihrer direkten, dissozialen Dringlichkeit rein ästhetisch gesehen eher auf die damals beliebten Hundertneunziger Daimler als auf die Heckscheiben schwarz lackierter Corsas. Sie kaschierten nämlich nichts.

Suri und Mod, zwei Schulmädchen aus Bangkok, einer Stadt, deren zeilenlanger thailändischer Name mit den schönen Wörtern *Krung Thep*[5] beginnt, mieten mit dem sauer verdienten Geld der Eltern Vuitton-Täschchen, um damit in der Schule gleichzuziehen. Wo es zur ausschnitthaften Simulation nicht reicht, muss das Werkzeug des demonstrativen Konsums wohl oder übel geleast werden, was sehr weit entfernt von Naomi Kleins hoffnungsvollen Forderung nach einer logofreien Welt klingt. Solche Taschen-Agenturen sind Legende. New York, Manila, Los Angeles, es gibt sie allenthalben. Eine Mittelschicht der Vermieter lebt vom Vortäuschungsdrang der unteren sozialen Gruppen vielleicht genauso gut wie die deutschen Autovermieter, die vom prekären Luxusleasing aufgemotzter Premiumware profitieren. Die Zahl der hochpreisigen Limousinen auf dem Parkplätzen der Discounter ist nicht von Ungefähr Legende.

Man fährt *First,* und ernährt sich *Economy.* Der Kapitalismus reproduziert sich selbst, indem er sich simulieren lässt. Er lebt von seiner Kopie.

Was den Mädchen die Handtasche, ist dem Poser der Maserati, für den die Berliner Sippe monatlich zusammenlegen muss: Wer gesellschaftlich nicht in der Zielkultur ankommen darf, wird kaum wertgeschätzt, bleibt anerkennungsmäßig auf der Strecke, und muss sich die Lorbeeren mit Gummiwolken und Auspuffgeknatter, also andersgeartet verdienen. Sascha Lobo hat plastisch dargestellt, wie sich die soziale Quarantäne auf die Eingliederung auswirkt.[6] Wer sich nicht als Kubitschek, sondern als Güngörmüş outen muss weiß, wie wenige verfügbare Wohnungen es im Viertel plötzlich nur noch gibt. Alle Simulation stärkt zudem die Schamkultur: Die dünkelhafte Münchner Leopoldstraße dehnt sich mit ihren BMW-Kolonnen nunmehr bis weit in den preußischen Norden aus.

Wer soll nun aber bestimmen, was verdient, wichtig oder unwesentlich sein soll? Maja Göpel schreibt, es sei schwer vorstellbar, dass die Top-Manager seit 1980 im Schnitt tausendfach klüger geworden wären. Denn um diesen Wert sind ihre Einkünfte gestiegen. Die der sonstigen Mitarbeiter aber lediglich um 12% (vgl. Göpel 2021: 170). Man sagt, ein Vorteil im Umgang mit der Covid-Erfahrung sei die Erkenntnis, dass man nun betrachten könne, dass der Kapitalismus nur deshalb funktioniere, weil in ihm Dinge konsumiert würden, die man nicht wirklich braucht. Es ist gut, wenn man im Supermarkt einkaufen, in der Bäckerei Brötchen holen, und die Kranken in die Klinik bringen kann. Wenn allerdings der notorische Fußball einmal fehlt, wird niemand davon sterben, die Gegenwart zeigt, dass es die pandemische Tagesschau, soziale Funktion hin oder her, auch ohne Sportnachrichten geben kann. Sicherlich bereitet die beste Band der Welt einiges an Freude, vielleicht berechtigt diese seelische Wohltat zur Abrechnung von Ticketpreisen ab zweihundert Pfund, um ein Konzert der gut konservierten, untoten Reptilien im Hyde Park anzusehen. Und auch Musiker wie die von Radiohead, die noch niemals ein schlechtes Album abgeliefert haben, sollen für ihre Kreativität ordentlich Geld verdienen. Dass aber ein Torjäger ein exzessiv Vielfaches mehr verdienen soll als ein Kinderchirurg, der beispielsweise Neugeborenen walnussgroße Herzen transplantiert, sollte, trotz Goran Vojnovićs oben eingeführter und lesenswerter Fußballlobpreisung *Tschefuren raus*, nicht weiter einsehbar sein. Hier gilt es, Relevanz neu zu bestimmen, und das Urteil nicht dem Geld und der Masse zu überlassen.

Es ist immer richtig zu sagen, dass zu viele Menschen mit wichtigen und harten Jobs sehr wenig Geld bekommen. Das ist nicht gut. Doch wir dürfen eben auch nicht vergessen anzuprangern, dass manche viel zu viel kassieren. In der Zeit des Lockdowns haben wir erleben können, was wirklich wichtig ist: Pflege, Gesundheit, Transport, Sicherheit und die Produktion von Lebensmitteln. Kritiker werden an dieser Stelle einwenden, eine Angleichung der Einkommen hätten wir vor dreißig Jahren in einer vermeintlich sozialistischen Experimentalphase schon einmal gehabt. Doch den Unterschied zwischen dem Ideal einer gerechten Gesellschaft und dem stacheldrahtbewehrten Freiluftgefängnis zwischen Klötze und Eisenhüttenstadt habe ich weiter oben schon detailliert zu verdeutlichen versucht.

Vor einigen Wochen wurde mein betagter Vater ins Klinikum eingeliefert. Der Hausarzt hatte vergeblich versucht, an verschiedenen medikamentösen Schräubchen zu drehen, was jeweils unerwünschte Wirkungen an unvorhergesehener Stelle verursacht hatte. Zur

Entlassung hatte man ihm einen umfangreichen Arztbrief mitgegeben, von dem man als Laie, selbst mit *Pschyrembel* und *netdoctor* bewaffnet, nur einen Bruchteil verstehen konnte. Eine Vergrößerung der Milz, die mit einer Leukämie zu tun hatte, zu wenig Zucker durch ein Zuviel an Insulin, eine Dehydrierung. Er hatte ein akutes Nierenversagen hinter sich, Schwindel Erbrechen und Durchfall, zu geringen Blutdruck und eine allgemeine Abmagerung, welche die Ärzte, so viel habe ich dazugelernt, mit dem sperrigen Wort Kachexie bezeichnen, ein Wort, das belegt, wie ausnehmend gut die Sprache bisweilen die Realität abbilden kann. Dazu kamen eine verwaschene Artikulation, Verwirrtheit, körperliche Schwäche. Wir behielten den alten Mann ein paar tagelang bei uns zu Hause, bis es nicht mehr weiterging. Ein vom Hausarzt bestellter Krankenwagen sollte ihn erneut in die Klinik bringen. Eine simple Fahrt von A nach B. Das war der Plan.

Es erschien ein Sanitäter mitsamt einer Auszubildenden. Der Sani betrachtete in der Art eines Medizinprofessors über den Lesebrillenrand Einweisungsschein, Arztbrief und sogar auch einmal den Patienten, und hob zu einer aufschneiderischen, gut zwanzigminütigen Großdarstellung seines eigenen Wissenshorizontes an, wahrscheinlich wollte er vor der jungen Frau auch einmal zeigen, was für ein cooles Individuum er war. Und dazu hielt er einen breitbeinigen Ton, der fast nach Dr. Behrens aus dem Zauberberg geklungen hatte. Davon liefere ich zur Veranschaulichung einen Auszug aus dem später erstellten Gedächtnisprotokoll:

„Klar, typisch, der Doktor B. mal wieder, sieht ihm ähnlich, hat einen Rettungswisch geschrieben, damit es wieder schneller geht. Hätte er wohl gerne. Transportschein hätte auch gereicht. Aha, Splenomegalie, da hat die Milz ganz schön was zu tun, nichtwahr?

Und die Dehydrierung, wurde die dialysiert? Nein? Klar, das kriegt man heute auch mit Infusionen sehr gut in den Griff. Betablocker, aha, daher die 70 zu 100. Wer hat denn die verschrieben? Auch der B.? Dacht ich's mir doch. Und die Vergesslichkeit? Da machen wir im Auto mal ein wenig Gehirnjogging, dann kriegen wir das mit dem Denken schon wieder hin. Aber erstmal haue ich Ihnen die Adern. Nicht, weil ich Sie nicht mag. Sondern weil ich 'ne Kanüle legen will. Da muss man die Adern sehen und erstmal ordentlich was reinlaufen lassen, damit das mit dem Oppa nach der Übergabe wieder aufwärts geht."

Ich war peinlich berührt, wollte im Boden versinken, mein Vater hatte zum Glück rundweg nichts von diesem respektlosen, absurden Monolog verstanden. Ich musste denken: Ob man den zu heiß gebadet, mit dem Klammerbeutel gepudert, oder zu wenig wertgeschätzt hat, dass er in dieser Art den postpubertären Heldentenor aus dem Krankenwagen geben muss? Wie könnte man ihm Anerkennung glaubhaft entgegenbringen? Haben wir zu sehr auf die Eliten und den Abi-Schnitt fokussiert, dass solche Menschen nicht mehr wahrgenommen werden? Muss es sein, dass es einen Bachelor of Zirkuskunst gibt, und niemand mehr über Sanis, Lokführer, Bestatter und Möbeltischler redet, die das Land am Laufen halten? Und wäre es nicht besser, vielen ein ordentliches, aber ausnahmslos keinem ein obszönes Gehalt zu zahlen?

10.

Doktorspiele. Muss Dummheit gelenkt werden?

Donald Trump ist der Trick gelungen, Wissenschaftsfeindlichkeit, Esoterik und falsch verstandene, naive Medizin in Einklang zu bringen, indem er ernsthaft vorgeschlagen hat, das gefährliche Malaria-Medikament *Chloroquin* prophylaktisch gegen Covid einzunehmen. Er ließ es sich sogar selbst verschreiben, und seinem brasilianischen Kollegen Jair Messias Bolsonaro als Exportartikel in Luftfrachtpaketen zur Verfügung stellen. Ganz ohne sardonisches Lächeln kann man nicht zur Kenntnis nehmen, dass der Wirkstoff bei manchen Patienten schwere Delirien auslösen kann. Trump soll in der Folge der Debatte sogar den Vorschlag gemacht haben, prüfen zu lassen, ob eine Injektion von Desinfektionsmitteln gegen die Seuche wirken könne. Man muss das Stratagem langsam auf sich wirken lassen. Das soll ein Präsident sein? Paul Mason hat die USA nicht nur deshalb philosophisch und politisch abgeschrieben, weil sie das Emporkommen solcher abseitigen Politikfiguren ermöglichten.

Wie dem auch sei, ob es offensichtlich Rechte sind oder solche, die sich in gnadenloser Selbstüberschätzung für progressive Linke halten: Die aktuelle Krise zeigt, dass diejenigen, welche man im Sinne ihrer grotesken Vereinfachungstendenz getrost als Populisten bezeichnen darf, nicht nur mit der Komplexität gefährlicher Katastrophen vollkommen überfordert sind: Der nicaraguanische Sandinist Ortega ist nach ein paar verharmlosenden Covid-Sprüchen irgendwo im Dschungel abgetaucht, die AfD würde am liebsten alle Beschränkungen sofort aufheben, der unterdurchschnittlich geimpfte, aber umso besorgtere deutsche Osten sowieso, Bolsonaro hält Corona für eine Art Sommergrippe mit Viertausend Toten pro Tag (Stand April 2021), Maduro empfiehlt einen Cocktail aus unterschiedlichen, zu Eindämmungszwecken nicht einmal ansatzweise getesteten Substanzen, und der raketenkompetente nordkoreanische Spätkommunist und Soldatendarsteller Kim Jong-un negiert die Existenz der Seuche überhaupt, jedenfalls für sein eigenes, graues Hungerland. Im Angesicht dieses intellektuellen Elends der Alphamännchen im Machtbereich wünschen wir uns deutlich mehr Frauen in Führungspositionen. Für den aktuellen Krisenmodus allerdings vielleicht eher solche von der Sorte, wie sie die Schriftstellerin Fran Lebowitz[1] propagiert hat: Derjenigen des starken, ruhigen Typus.

Auch ohne das Mitmischen pharmakologisch inkompetenter Halbweiser wird an dieser Stelle klar: Was sich zum Zeitpunkt im globalen Diskurs zusammenbraut, ist sozial, psychologisch und verbal vielleicht genauso destruktiv wie die Seuche selbst. Quacksalberei gibt es zwar schon so lange wie die Menschheit selbst, am lustigsten sind noch die Schilderungen in Twains Roman Tom Sawyer und Huckleberry Finn, in denen die durch die Lande ziehenden Schwadroneure oftmals die Lynchjustiz der aufgebrachten, weil betrogenen Landeier zu fürchten haben, während der ernsthaft strenge Grundschullehrer während des Unterrichts über seinen Medizinlehrbüchern brütet. Doch diejenigen, die zu Twains Zeiten auf der Flucht noch mit Pferdefuhrwerken von Dorf zu Dorf holpern mussten, ertwittern sich nun ein global expandierendes Millionenpublikum.

Das Schlimmste, was mir in den letzten Wochen auf den Bildschirm geflattert ist, war ein Demo-Transparent mit der immerhin überraschend korrekt verfassten Aufschrift: „Warum waren keine

Zionisten im World Trade Center, als Corona ausbrach?" Ein Machwerk, das in seiner steindummen Substanzlosigkeit so viele Denkfehler in sich vereint, dass jede Konferenz von Flacherdlern oder jede beliebige Schamanenfortbildung dagegen wie eine intellektuelle Wohltat wirken muss. Von der Wirkungsweise also, wie man sich nach der Strandlektüre einer SUN-Ausgabe mit der neuesten BILD nach dem nächsten Frühstück geistig ein wenig erholen könnte.

Ohne die Errungenschaften der modernen Medizin, und die damit einhergehende Minderung der Kindersterblichkeit, hätten die meisten Vorfahren der wütend demonstrierenden Denkverweigerer wohl gar nicht überlebt. Impfungen, Hygiene und wissenschaftlich basierte Kinderheilkunde haben bewirkt, dass die Sterblichkeit seit 1950 (55 Tode pro 1000 Geburten) auf nur 2 im Jahre 2020 gesunken ist.[2] Dieses Argument zieht bei denen allerdings nicht, die ihr Hirn an der Garderobe abgegeben haben: Die Gewohnheit der guten Vorsorge führt zum Rebound-Effekt in der Krankheitsprävention.

Ein Grundsatz der Wissenschaft lautet, dass die Gewissheiten von heute die Irrtümer von morgen sind. Doch in den esoterischen Bereichen selbsternannter Heilkünstler bewegt sich auf der diachronen Ebene rein gar nichts. Der Hokuspokus nützt wohl kaum. So gelten in der Hömöopathie, die man auch als *Medizin für Gesunde* bezeichnen kann, weiterhin und unverändert die um 1800 entwickelten und seitdem hochumstrittenen Grundsätze Samuel Hahnemanns, welche um 1939 von den esoterikaffinen Nationalsozialisten als „preisgünstige Alternative" wieder belebt werden sollten, allerdings mit ernüchterndem Ergebnis.[3] Diese historische Alternative für Deutschland hatte somit nicht wirklich funktioniert. Die moderne Lobbyarbeit aber funktioniert, weshalb im als einmalig zu nennenden Konstrukt des *Binnenkonsens* die nicht über den Placeboeffekt wirkenden Methoden und hohen Profite dieser Lehre eigens unter Naturschutz gestellt werden mussten.[4] Immerhin haben mittlerweile einige Ärztekammern der Länder den Humbug von der Fortbildungs- und Qualifikationsliste streichen lassen.

Ob Corona, Chemotherapie, Infraschall, 5G oder Antibiotika je nach aktuellem Trend die beherrschenden Themen sind (immerhin wurde unter anderem die Lungentuberkulose durch letztere Medikamente besiegt), Impfgegner, Kritiker der Medizin, Leute, die Zwangsimpfungen befürchten, wo noch gar kein Impfstoff verfügbar ist, sind nicht weit und massieren sich allenthalben zu lautstarken Aufläufen, als hätte man im Leben sonst nicht viel zu tun. Dabei stellt man gern einer so genannten *Schulmedizin* die vermeintliche *Alternative* gegenüber, obwohl es nur eine Medizin gibt (wie auch nur eine Mathematik oder eine Chemie) die vielversprechende Wirkungen der Alternative sofort in den Katalog der Therapien aufnehmen würden, gäbe es nur einen Beleg für deren Wirksamkeit.

Und so gern man die Schulmedizin und ihr Gehabe[5] kritisiert, so beflissentlich bedient man sich ihrer Zeichensprache. Eine schnelle Recherche zu Heilpraktikern fördert ein paar Informationen und vor allem Bildchen meist weiß bekittelter Stethoskopträger[6] zutage, die in ihren „Praxen" mit bedeutungsvollem Blick an mächtigen Schreibtischen sitzen. Im Hintergrund sind Skelette, Regale mit ein paar wenigen Büchern und Anatomietafeln zu sehen. In ihrer Ikonografie illustrieren die Medizindarsteller das Phänomen des *Dunning-Kruger-Effekts* in unfreiwilliger Komik aufs Allerdeutlichste. Allein, das Wort Praxis führt hier in die Irre, denn wo es eine solche gibt, müsste, manichäisch gedacht, auch eine Art Theorie verfügbar sein, die es allerdings so gar nicht gibt. Weshalb das Anführen des erwähnten Effektes hier tatsächlich angebracht sein dürfte. Wer ganz dick auftragen möchte, gibt den Heilpraktiker für Psychotherapie, der mehr behandeln darf als eine studierte Psychologin ohne Therapie-Approbation. Die Berufserlaubnis erteilen Landesbehörden. Manche studierte Psycholog:innen durchlaufen eine vereinfachte Anerkennungsprozedur für Heilpraktiker nur deshalb, damit sie ohne ein langwieriges und teures Zusatzstudium psychotherapeutisch tätig werden können. Die Erlaubnis der Heilpraktiker bezieht sich auf Kenntnisse in nur *einem* Psychotherapieverfahren. Ohne dass sie dazu jemals eine Universität von innen gesehen haben müssen, sind solche Behandler demnach studierten Psycholog:innen nahezu gleichgestellt. Das kann Gefahren bergen: Nicht nur die Literatur zu den *memory wars* der USA zeigt, wie brandgefährlich unverstandene Psychotherapieansätze bisweilen zu familiären und sozialen Katastrophen führen können, indem beispielsweise in unprofessionell gestalteten Therapiesitzungen falsche Missbrauchserinnerungen erzeugt werden, die dann bei den Patientinnen aufwendig „therapiert" werden sollen. Heide-Marie Cammans hat die oben geschilderte Szene und problematische Bereiche ihres Tätigkeitsfeldes in einem Interview mit Bernd Harder 2020 eindrücklich beschrieben: „Sehr auffällig ist bei der Entstehung von Scheinerinnerungen der Heilpraktiker als Lebensberater. In unserer Statistik rangieren die zweitmeisten unserer Fälle bei dieser Art von Hilfestellung." [7] Den unschönen Deutschfehler „die zweitmeisten" lasse ich einmal unkommentiert stehen. Auch bei den Akademikern gilt: *Nobody is perfect.* Dennoch ist diese Zusammenstellung sehr lesenswert.

Es ist all das ein Europa einmalig, denn für den Betrieb einer Würstchenbude müssen mehr Nachweise erbracht und Regelungen respektiert werden, als für die Eröffnung solch eines Arztdarsteller-arena. Eine Ausbildungsordnung für den Heilpraktiker gibt es nicht, es genügen der Hauptschulabschluss, das Mindestalter von fünf-undzwanzig und ein sauberes Führungszeugnis. In einer beliebig oft wiederholbaren Multiple-Choice-Prüfung müssen 60% der Fra-gen richtig angekreuzt werden, deren Beantwortung lediglich zeigt, dass der Prüfling keine Gefahr für die Gesundheit der Allgemein-heit darstellt. Die hohe Durchfallquote dient der gut verdienenden Bildungsindustrie und ihren zahlenden Kandidaten als Merkmal des hohen Anspruchs, wobei sie lediglich die mangelnde Qualität der Bewerber zu belegen scheint.

Sind der Test und eine mündliche Prüfung erst einmal abgelegt, darf der oder die Heilpraktiker:in mehr, als der Allgemeinheit gut tun würde, und das, ohne jemals einen Kranken gesehen zu haben. Nur der Elektriker darf Leitungen für den E-Herd verlegen, aber Heilpraktiker sind befugt, an jedem Kind herumzupfuschen, dessen Eltern verantwortungslos genug sind, es seinen Händen zu überlas-sen. Die größte Gefahr geht dabei vom Denkmechanismus der Pa-tientenschaft selbst aus, die in der irreführenden Bezeichnung „staatlich anerkannt" eine Qualifikation sieht, wo eigentlich im schlimmsten Falle keine ist, und bei ernst zu nehmenden Krankhei-ten den dringend notwendigen Besuch beim Arzt meiden könnte. Weitere Berichte aus der jüngsten Zeit zeigen über die oben be-schriebenen Problematiken hinaus auf, wie gefährlich die Phanta-siemethoden Irisdiagnostik, Auspendeln und andere aufgeblasene Zeugnisse der naiven Dünkelhaftigkeit sind. So wurde nach den Ereignissen in Moers und Bayern zuletzt ein durch einen Tumor erblindetes Mädchen als energetisch dysbalanciert „diagnosti-ziert".[8] Ein Vorgang, der nach einer langjährigen Gefängnisstrafe schreit. Österreich verbietet solches Handwerk ganz, leidet allerdings ebenfalls unter allerlei *Energetikern*, die aber kaum etwas behandeln dürfen. Es wäre überaus interessant zu diskutieren, weshalb in einem hochgradig regulierten Land wie Deutschland solche Inseln des Wirren und Irrationalen mit auffälliger Konzentration im Süden der Republik geduldet werden. Offensichtlich fällt der Heilpraktiker nach Artikel 4 unter die Garantie der Religionsfreiheit.

Selbstverständlich ist die Wissenschaft nicht unfehlbar, und in der evidenzbasierten Medizinpraxis passieren unter Kosten- und Zeitdruck viele schlimme Fehler[9], mehr als bei den Heilpraktikern, was im Einklang mit den Vorgängen in der US-amerikanischen *Opioidkrise* auch damit zusammenhängen könnte, dass Ärzte viel mehr Patienten und auch viel mehr solche mit lebensbedrohlichen Krankheiten und Verletzungen behandeln, weshalb allein aufgrund der Ordinationszahlen statistisch höhere Werte zwingend generiert werden müssen. Ein rein statistischer Umstand, der von den Schamanen gern verschwiegen wird. Bei einem Bekannten wurde in einer wichtigen Klinik unlängst ein hochgefährlicher Tumor beinahe übersehen, was fast zum Tod geführt hätte. Die betreffende Klinik wird allerdings den Fall zum Anlass nehmen, die eigenen Abläufe zu verbessern; eine selbstoptimierende Maßnahme, die bei den Naturheilern aufgrund mangelnder wissenschaftlicher Bildung und blankem Desinteresse oder Lernphobie kein Standard ist.

Was aber passiert an der Stelle, zu der uneinsichtige und bundesseuchengesetzkritische Verschwörungstheoretiker, polizeilich unterstützte Maskenverweigerer in Kassel und Stuttgart, Feiernde aus der iberophilen Insidern auch unter der Bezeichnung Carrer del Pare Bartómeu Salvà bekannten Biertrinker-Straße, heiratende Großfamilien und Shishabargänger sich nicht an die Regeln halten, Eltern ihren Kindern wichtige Impfungen verweigern, ihnen entgegen aller mehrheitsgestützten Erkenntnisse sinnvolle Behandlungen vorenthalten oder wirren Ansichten Vorschub leisten, die gefährliche Nebenwirkungen auslösen könnten? Da müssen wir überlegen, wie die denkende Mehrheitsgesellschaft vor den Irrationalen geschützt werden kann, denn sie muss es werden, sie müssen vor sich selbst gerettet werden, sollen Gefahren für die Mehrheit ferngehalten bleiben. Es ist leider nicht jedem gegeben, viel zu verstehen. Es ist, wie zitiert, die „grausamste Strafe Gottes", den Menschen nur mit ein wenig an Talent auszustatten. Doch was tun, wenn komplette Talentlosigkeit zur Gefahr anwächst?

Wer seinem Kind notwendige Behandlungen und Impfungen vorenthält, es zu Gesundbetern schickt, Tumoren auspendeln lässt, oder an Theorien der Entschlackung glaubt (der menschliche Körper ist ja tatsächlich kein Ofenrohr) muss vor sich selbst gesichert werden, und umso mehr der unschuldige Nachwuchs. Wissenschaft gehört in die Hände von Wissenschaftler:innen, Heilung in die Hände der Heilkunde, Flugzeuge in Obhut von Pilot:innen. Wenn am Flugsteig die freundliche Durchsage käme: „Der Flugpraktiker hat zwar noch nie eine Maschine geflogen und Passagiere befördert, doch er hat in einer schriftlichen Prüfung bewiesen, dass er keine Gefahr für den Flugverkehr darstellt", wer würde noch freiwillig nach Mallorca fliegen? Es ist wie es ist, Haare betreuen sollten nur Frisör:innen. Und auf einer Glatze kann man keine Locken wickeln.

Toleranz ist der Verdacht, der andere könnte Recht haben.

SPRICHWORT

11.

Jehova in der Notaufnahme: Vom Umgang mit der Duldsamkeit

Toleranz ist der Verdacht, der andere könnte Recht haben.

SPRICHWORT

Als meine Mutter schwer erkrankt und ich sie im Klinikum besuche, erschrecke ich über die eigene dümmliche Voreingenommenheit, die weniger mit selbstdiagnostiziertem *Mansplaining* oder idiotischem Rassismus als viel mehr mit einem törichtem Tunnelblick zu tun hat. Die Visite macht eine junge Ärztin, die der Patientin in ruhiger Sprache Wege aufzeigt, mit der Krankheit umzugehen. Im Moment, an dem sie mich vor die Tür bittet, überlege ich für ein paar Sekunden, ob ich nicht lieber das Gespräch mit ihren Kollegen suchen soll, die ihr im krankenhaustypischen Tross gefolgt sind, nun schweigend im Gang stehen, und sich Notizen machen. Wie blöd von mir, denke ich mit einem Gefühl der Betretenheit, bloß weil die ein streng gebundenes Kopftuch trägt, muss sie ja nicht weniger über Medizin wissen, als alle anderen. Außerdem hat sie ihr Examen offensichtlich bestanden. Ich gehe auf die Ärztin zu und konzentriere mich auf ihre Erklärungen, stelle Rückfragen, und verlasse die Station mit einem ziemlich aufgeräumten Gefühl. Besser wäre es gewesen, wenn ich mich schon damals mit den Arbeiten von Reyhan Şahin befasst hätte, einer Wissenschaftlerin und Rapperin, die die diversen Bedeutungsinhalte und Beweggründe von Kopftuchträgerinnen in Deutschland und deren Kleidungscodes untersucht hat.

Und doch lässt mich das Thema auch später wieder nicht los, die Fragen, wie man die selbstauferlegte Unfreiheit einer Religion mit rationalem, wissenschaftlichem Denken in Einklang bringen kann, und warum die gefühlte Überlegenheit wissenschaftlicher Bildung im Gegensatz zu extremer Religiosität genauso wenig Garantie für empathisches Handeln sein muss. Vielleicht hilft Louis Pasteur weiter, der geschrieben hat, dass ein wenig Wissenschaft uns von Gott entfernt, viel davon jedoch uns zu ihm zurückführt. Wer viel und mehr gesehen und gelernt hat, muss über die Zahl der Fragen staunen, die immer noch unbeantwortet sind.

Beispiele für die Koexistenz des Rationalen und zugleich Aberwitzigen in ein und derselben Person sind Legende. Im Kapitel über die Linke haben wir das bereits gesehen. Sawahiri, ein Chirurg, der die Quaida mitbegründete, der Arzt Guevara, ein Mathematikprofessor wie der Una-Bomber Kaczynski, der jüdische Extremist, Mörder und posthum von Rechtsextremen vergötterte Mediziner Baruch Goldstein, die Ärzte Benn, Mengele und Karadžić sind negative Beispiele, deren hohes Denkvermögen in die Bereiche extremer Esoterik oder Gewalt geführt hat. Wissenschaft und Religion scheinen beide gleichermaßen vor Irrsinn nicht gefeit, wobei beim Glauben doch auch immer die obligatorische, aber gern umso öfter ignorierte Überschrift der Friedfertigkeit und Mitmenschlichkeit vorangestellt sein muss. Sicher aber ist, dass man im Laufe des Lebens seine Urteilsfähigkeit auch verlieren kann.

Wissenschaftliches Denken wird beschrieben als „kognitive Fähigkeit, die (…) das Entwickeln/Erfassen einer Problemstellung, (…) das Formulieren einer Fragestellung, (…) das Entwickeln von Hypothesen, (…) das Konstruieren/Anpassen von Untersuchungsmaterial, (…) das Erzeugen von Daten/Evidenz, (…) die Auswertung der Daten/Evidenz, (…) das Ziehen von Schlussfolgerungen und (…) die kritische Einordnung und Kommunikation der Ergebnisse umfasst" (Fischer et al., 2014). Diese Beschreibung gilt für eine Vielzahl wissenschaftlicher Disziplinen – natürlich auch über den mathematisch-naturwissenschaftlichen Bereich hinaus." [1]

Offensichtlich wohnen, gläubig oder nicht, mehrere Persönlichkeiten in uns, die, je nach Situation, wie in einem Wetterhäuschen abwechselnd zum Vorschein kommen können. Wer bin ich, und wenn ja, wie viele? Der Philosoph Precht hat den genial besoffenen Spruch eines Zechkumpanen zu einem populären Buchtitel gemacht.

Ich habe die Berichte einer Freundin im Ohr, die sich lange Nächte in der Notaufnahme um die Ohren schlägt. Oft gemeinsam mit einer weiteren Kollegin, die ebenso schnell im Kopf, hochkompetent und entscheidungssicher ist. Dabei ist diese aber hoch religiös, und in ruhigen Minuten versucht sie, die Freundin zu missionieren. Es sei, „als ob ein Schalter im Kopf umgelegt würde", beschreibt die Freundin dieses Phänomen ganz fasziniert. Ihr Fazit lautet aber: „Die Religiösen können besser mit dem Tod umgehen." Ganz besonders schwierig würde es allerdings, wenn Kinder eingeliefert würden, deren Eltern aufgrund religiöser Überzeugungen Bluttransfusionen ablehnten. In diesem Falle müsse das Sorgerecht durch eine Jugendrichterin für die Dauer der Behandlung außer Kraft gesetzt werden, um das Leben des Kindes nicht zu gefährden. Hier durchbricht die Wissenschaft mit dem robusten Eingriff in die elterliche Sorge den religiösen Nebel mit zeitlich limitierter Begrenzung.

Religion hilft also im Umgang mit der Endlichkeit. Und steht der Lebensrettung manchmal auch im Weg. All das führt zum ewigen Drama des über sich selbst bewussten Menschen und seiner Endlichkeit. Was, wenn nicht der Glaube an ein Danach könnte die Angst vor dem ewigen Dunkel besser bekämpfen als die Überzeugung von der Sinnhaftigkeit der paar kurzen Jahrzehnte auf dem Planeten? Und gleichzeitig behindert Religion unter Umständen wiederum das freie Handeln. Selbst dann, wenn die Macht der Entscheidung, wie im oben angeführten Beispiel, willentlich um ein paar Minuten ausgesetzt werden kann.

Mir selbst fehlt der Sinn für alles Magische, gleichzeitig sehe ich, dass Freunde, die ich mit Überzeugung für erheblich intelligenter halte als mich selbst, ihr Dogma mit großem, reflektiertem Wissen in Einklang bringen können. Allerdings kennen sie die Grenzen des Glaubens, und entscheiden selbstbestimmt, wann sie mit dem Wissen auf der sicheren Seite sind. Die Zeugen Jehovas dagegen müssen sich selbst zur temporären Stilllegung zwingen lassen. „Faszinierend", würde Spock wahrscheinlich sagen, der ja als Vulkanier eigentlich gar kein Gefühl für Faszination kennen sollte. Lange hat die Menschheit zu den Sternen aufgeblickt, und mehr über den Kosmos herausgefunden, als über sich selbst. Das Zeitalter der Aufklärung hat wachsende Bereiche der Leere sichtbar gemacht, die zuvor von religiösen Annahmen ausgefüllt waren. Das rein Rationale reicht dem Menschen offensichtlich nicht zum Glück. Es fehlt der Sinn, den Jordan B. Peterson als zentralen Bestandteil eines gelungenen Lebens sieht.

Die seichteren Formen von Esoterik, Bedeutungssuche, irrationalem Denken und überfrommer Religionspraxis bilden ein schales Kontinuum vager Überzeugungen, die einfach strukturierte Zeitgenossen für die paar Jahrzehnte der Denkfaulheit zur Zufriedenheit gereichen können. Religion grenzt aus, behauptet aber gern das Gegenteil, und will den sicheren Hafen der Exklusion bewusst herbeiführen: Prügeln sich heute noch deutsche und englische Fans nach dem Länderspiel für den Glauben an „ihre" Mannschaft, wird es morgen lokalpatriotische Schlägereien zwischen Fans von Rehbach und Hasenhausen, wie jüngst wieder zwischen Katholiken und Protestanten in Irland, Sikhs und Muslims geben. Gruppen setzen sich situativ abhängig zu immer neuen Menschenmustern zusammen. An kurzlebigen Konfliktlinien entstehen voneinander abgegrenzte Cluster temporär begrenzter Kooperation. So ist der Mensch. Ist kein Ausländer verfügbar, müssen die Rothaarigen dran glauben.

Man nutzt ostentativen Konsum und religiös geprägte Kleidung, um im Land ein wenig Identität denen gegenüber zu schaffen, die Migranten und deren Nachkommen nie wirklich ernst genommen haben, Frauen mit Kopftüchern keine Medizinkenntnisse zutrauen, und die Leute mit ihren fremd klingenden Nachnamen keine Wohnung finden lässt. Kein Wunder, wenn sich diejenigen, welche gar nicht ankommen dürfen, ihre eigenen Zeichen setzen.

Wir geben den eigenen Kindern auch deshalb einen Habitus und dessen selbstreproduzierende Codes mit auf den Weg, weil wir so sind wie wir, und nicht wie die sein wollen. Wir setzen Grenzen, um uns hinter ihren Befestigungsmauern zu wärmen. Wir teilen die Gesellschaft in Schwarz und Weiß, weil sich die vielen Probleme unter simplen Überschriften griffiger ordnen lassen: Das Wir-und-die-anderen führt in der Debatte zwangsläufig zum störenden *Whataboutism*, der denkerische Hindernisse mit einem Wisch scheinbar aus dem Weg schaffen kann. Stringenz wird vom Verweis abgelöst. Wir gieren nach Informationen über die Herkunft von Tätern, noch bevor wir genau verstanden haben, was eigentlich passiert ist. Die Meldung *Migrant legt Feuer* wirkt dabei auf uns viel stärker als die Schlagzeile *Deutscher erstickt seine Ex*. Migranten wird anhand ihrer ausgewählten Taten ein Mangel an Integration vorgeworfen. Dass so manchem Deutschen im Alltag deutlich spürbare Eingliederungsbemühungen ebenso gut anstünden, wird an keiner Stelle diskutiert.

Dagegen stehen die Ereignisse in Hanau oder um den Tod von George Floyd und das plötzliche aufeinander Zugehen in nie erhoffter Solidarität. Wo der Mensch ist, wächst auch immer das Empathische. Doch die Welt ist dann immer wieder überraschender als man denkt: Den Kontrast bildet das Hotel in Cuxhaven, in dem Übergewichtige unerwünscht sind, man ihren Anblick nicht ertragen kann, und daher, argumentativ geschickt, die mangelnde Solidität des Pensionsmobiliars ab der 130-Kilo-Marke vorschiebt: Design sticht Gewicht. Wir wollen uns unbedingt abgrenzen. Und Religion ist nur eine der vielen Techniken die uns zur Verfügung stehen, um die Mechanismen der Trennung zu perfektionieren.

Wir sollten tolerant sein, aber nur soweit, wie man uns in Ruhe lässt und niemandes Freiheit oder Gesundheit einschränkt. Weder kleine Mädchen noch junge Frauen haben es verdient, dass andere über ihre Kleider, die Vollständigkeit ihrer Geschlechtsteile und Partnerwünsche entscheiden. Wir wollen über Lebensentwürfe in einer freien Gesellschaft sprechen und nicht, vor Diversitätsbegeisterung ganz blauäugig geworden, väterliche Einsatzbefehle ignorieren.

Yuval Harari hat dargelegt, dass im Religiösen die Zukunft nicht gefunden werden kann. Nicht die Texte vergangener Jahrtausende, sondern das kritische, tolerante und respektvolle Denken der Gegenwart können uns ins Morgen führen. Keinesfalls geeignet aber wäre beispielsweise die bequeme und resignierende Selbstaufgabe des Professors François in Houellebecqs *Soumission*.[2] Freiheit ist aus die Freiheit vom Unbehelligsein durch Religion. Wo es der Common Sense als sinnvoll erachtet, den Jehova-Eltern für kurze Zeit das Sorgerecht zu nehmen, sollte er genau so dafür sorgen, in den eigenen Institutionen keine Religionsbezeugung zuzulassen. Die Trennung von Kirche und Staat wurde von unseren Vorfahren erdacht und in der Folge hart umkämpft. Diese Anstrengung sollte, genau so wenig wie der Kampf für Arbeitnehmerrechte, umsonst gewesen sein. Duldsamkeit darf nicht zu einem Zirkelschluss führen, der das System an sich selbst heißlaufen lässt. Toleranz also nur bis dahin, wo die Freiheit des Mitmenschen berührt wird. Und genaue Betrachtung, aber kein Generalverdacht.

In der Kanadischen Netflix-Comedyserie *Trailer Park Boys* (ab 1999) geht es vordergründig um ein paar Kleinkriminelle, die kontinuierlich zwischen Gefängnisaufenthalten und dem konfliktreichen und prekären Leben in einer Wohnwagensiedlung wechseln. Viel wichtiger aber ist das in den Filmen gezeigte, ständige Verhandeln gesellschaftlicher Hierarchien. Alle Rangpositionen sind zeitlich begrenzt und äußerst unsicher. Was gerade eben noch galt, kann in nächsten Moment in Frage gestellt sein. Das Gefüge gegenseitiger Abhängigkeiten ist einer stetigen Weiterentwicklung unterworfen. Die Serie beschreibt unser aktuelles Zusammenleben in einer erstaunlich akkuraten Eins-zu-eins-Entsprechung.

Die *taz* vom 9. Oktober 2020 bringt zum Frühstück eine der polarisierenden Kolumnen von Hengameh Yaghoobifarah. Sie trägt den Titel „Besser als jede Aspirin"[3]. Im Text wird die Parallelgesellschaft gefeiert, diejenige einer Lebensblase, in welcher keine „Heten" (also solche wie ich) vorkommen dürfen. Cis-Heten sind für die hypergeneralisierende Texterin, die sich selbst als geschlechtlich binär sieht, offensichtlich das Grundübel der Welt überhaupt, denn das Stück endet in der Verallgemeinerung „Worauf sich alle einigen können: Heten ficken einfach den Schädel. In der Bekämpfung der Hetero- und Cisnormativität schlummert also ein Versprechen: das vielleicht effektivste Mittel gegen Kopfschmerzen", so ätzt Yaghoobifarah.

Der auch in sprachlicher Hinsicht in schroffem Gegensatz zu ihrem jüngsten Roman *Ministerium der Träume* furchtbar schlecht geschriebene, mit allerlei Amerikanismen und Verachtung für alle Normalität gespickte Text (Trägerinnen von H&M und durchschnittlicher Vornamen) ist, mit Verlaub, das Manifest der Apotheose paralleler Lebenswelten, das den adrenalingesättigten Zustand vielleicht hasserfüllten Dauerbeleidigtseins mit der nahezu apodiktisch klingenden Forderung der physischen und visuellen Elimination als in der Selbstblase abnorm empfundener Personen in literarisch immerhin einmaliger Weise verbindet. Wenn irgendetwas den mangelhaften Zustand unserer gesellschaftlichen Realität beschreibt, sind es bestimmte, aber nicht alle Texte der Yaghoobifarah, bei deren Lektüre die Rechten, und das ist äußerst wichtig, sich die Hände reiben dürften. Dass die Bachelor-Absolventin vor nicht allzu langer Zeit Polizisten „auf die Müllhalde" zu schicken wünschte, weil sie ebendort hingehörten[4] sei nur nebenbei bemerkt. Hier wird klar, dass Machtphantasien, der Migrationshintergrund, und eine binäre Identität als POC nicht unbedingt Garant für die Fähigkeit zu bilden scheinen, durchgehend ästhetisch und intellektuell wertvolle Texte zu generieren. Im Übrigen war sich Frau Yaghoobifarah nicht zu schade, ihre Person als Model für Luxusmarken des Berliner Konsumtempels KaDeWe engagieren zu lassen.[5] Dass sie selbst ihre eigene Existenz wahrscheinlich der körperlichen Nähe zweier der gedissten cis-Heten verdankt, sei hier nur am Rande bemerkt. Wer in Klamotten für ein paar Tausender seine gefühlt linke Kritik mit vorgeblicher Subversion im Endzeitkapitalismus unterbringen will, hat die Anwendung der Mittel zum Zweck offensichtlich nicht ganz verstanden. Er tut es, bewusst oder nicht, in seinem amöbenhaften Dasein einer Alice Schwarzer (mit ihren Werbeflächen für die BILD[6)] und Klaus Ernst, dem einen klassischen Porsche fahrenden MdB der Linkspartei, nur gleich. Wobei Ernsts Ansatz wohl noch der nachhaltigere ist. Qualität rostet nicht.

Yaghoobifarahs Arbeiten versuchen sich genauso wie die White Trash-Jungmänner aus dem Trailerpark daran, soziale Rangordnungen per Debatte neu zu bestimmen. Man kann ihre Lautstärke kritisieren, muss sich dabei allerdings fragen, ob ein leiseres Auftreten ähnlich viel Resonanz bekäme. Die Macher der Kanadischen Serie haben sich jedenfalls noch den Humor bewahrt. Eine Eigenschaft, die die Menschen dazu bringt, sich selbst nicht übertrieben ernst zu nehmen. Diese hat an diesem Tag in der Redaktion der *taz* leider gefehlt.

Ein Bekannter schilderte mir neulich ein Vorkommnis aus dem Kiez einer Universitätsstadt. Transen prügelten zu später Stunde auf Schwule ein, weil diese nicht am Weiblichen interessiert, also per se *frauenfeindlich* seien. Den Vorfall könnten Böswillige als körperliche Realisation möglicherweise falsch verstandener diskursiver Vorarbeit der Segregation lesen. In diesem Sinne lieferte der Kampf der Morpheme die physische Munition fürs wahre, furchtbar fragmentierte Leben.

Zurück zur *taz*. Als Linker kann ich solch verstörenden Tiraden schon allein aus Gründen des guten politischen Anstands nicht nur bedauern. Ich muss sie sogar zutiefst ablehnen und dagegenhalten. Wohin wollen wir gelangen, wenn wir so zu reden bereit sind? Nur wenn wir zusammenstehen, kann noch ein Rest von Hoffnung und Wertschätzung bleiben. Mit aufgeregtem Kolumnengefecht, das in seiner aufgesetzten Simplizität den Phrasen Fahnen schwenkender Deutschlandbrüller für oberflächliche Beobachter erschreckend gleicht, dürfen wir uns nicht gemein machen. Denn ein Mehr an

Segmentierung der Gesellschaft bedeutet gleichzeitig eine Zunahme an Konflikten, keinesfalls aber die Erhöhung desr Mindestlöhne. Daher gilt es, auf allen Seiten abzurüsten. Wenn jeder für sich allein in einer Taxonomie der Befindlichkeiten kämpft, gerät der allgemeine Fortschritt aus dem Blickfeld.

Das Frühjahr 2020 zeigt religiös-fundamentalistische Gruppen als *Superspreader*. Im Elsass, Südhessen, Bremen, Göttingen und anderswo: Pfingst-, Frei-, und Baptistengemeinden stellen alte Schriften über das Gebot der Stunde. Sie reproduzieren, was das Zeug hält. Und zeigen dabei unfreiwillig auf, dass Gott ihnen ebenso wenig hilft wie all den Feierwütigen aus Kreuzberg. Wir brauchen wieder mehr Würde, Demut und gut dosierte Toleranz. Letztere vor allem aber für die Wissenschaften.

12.

RAF und NSU. Trennwände

Die Bundeskanzlerin wollte Karl-Heinz Kurras am liebsten die Pension aberkennen lassen. Nicht, weil er im gesellschaftlichen Mief der zwangsdemokratisierten, schwarzen Nachkriegsgesellschaft am 2. Juni 1967 den unbewaffnet protestierenden Studenten Benno Ohnesorg grundlos erschossen, sondern weil Jahrzehnte später herausgekommen war, dass der ehemalige West-Berliner Polizist lange Jahre als Spion des MfS gearbeitet hatte. Die Frage, ob der Staatsdiener durch die Tat seine vorgebliche West-Loyalität betonen, oder aber als willfährig funktionierendes Subjekt des im Rückblick selbst gesellschaftsklimatisch reaktionären und innenpolitisch faschistoiden Mauerstaates handelte, bleibt Kaffeesatzleserei. Belegt ist allerdings die Aussage des Kurras, „die ist mir losgegangen"[1], der Schuss habe sich also von selbst gelöst. Insgesamt hatte er im Prozessverlauf drei verschiedene Versionen der Umstände vorgebracht, die Dienstwaffe allerdings trotzdem entsichert und gezogen.

Es ist an dieser Stelle notwendig, den nach wie vor nebulösen Hergang in Erinnerung zu rufen. Wichtig war für alle Seiten vor allem gewesen, die Todesumstände des Benno Ohnesorg nach seiner Odyssee im Krankenwagen zu verdunkeln. Am Einsatzort hatte man anwesende Ärzte daran gehindert, dem noch Lebenden erste Hilfe zu leisten, und versucht, den Skandal um das lange am Tatort verschwundenen Projektil und einem aus später der Schädeldecke um die Einschussstelle herausgesägten Knochenstück möglichst umfassend zu verdunkeln. Um das Heraussägen und die eigentliche Todesursache zu verbergen, hatte man die Wunde mit einer Kreuznaht in der Kopfhaut verschlossen.[1] So konnte in der ersten Zeit nach der Tat noch von stumpfer Gewalteinwirkung gesprochen werden.

Bei allem großen Respekt für die Leistungen der stets souveränen und abgeklärten Bundeskanzlerin, im Zusammenhang mit der Diskussion um Kurras und den von Merkel selbst verzerrt wahrgenommenen geschichtlichen Entwicklungen um die westdeutschen Achtundsechziger musste für mich und viele andere klar werden, dass Merkel in ihrer historischen Sicht auf die Nachkriegsrepublik intellektuell spätestens 2009, dem Jahr der Enttarnung des Kurras, zumindest bei diesem Thema endgültig aber verspätet im christdemokratischen Nachkriegsdunst angekommen war. Die Vernebelung passte zum routinierten Umgang der Konservativen mit dem seit den Fünfzigern schwelenden Rechtsextremismus. Der Schoß war „fruchtbar noch, aus dem das kroch", wie Brecht geschrieben hat, das galt für DDR und Bundesrepublik zugleich. Wie dem auch sei, bei den rechten Taten des Westens blieb man stets bemüht, den *Einzelfall* zu erklären, abzuwiegeln und zu relativieren, während die Dinge links stets beim Namen genannt werden mussten. So konnte es auch gelingen, anlässlich norddeutscher Wirtschaftsgipfel die Luftwaffe in einer Formation eigens bedrohlich anfliegen zu lassen.

Der Fall Ohnesorg war einer der Auslöser vom viel geschmähten Achtundsechzig und der anschließenden Links-Terrorismusphase in der Form Baader-Meinhof /RAF, einer Zeit, ab der in jeder Sparkasse und Postfiliale die großen, schlichten und damit umso eindringlicheren Terroristen-Plakate zu besichtigen waren. Während der RAF-Terrorismus um die 34 Morde zu verantworten hatte, liegt die Zahl rechter Todesopfer bis 2018 nach Recherchen der ZEIT[2] um 170, die Amadeu-Antonio-Stiftung rechnet nach dem momentanen Forschungsstand mit 208 plus 13 Verdachtsfällen.[3] Zunächst hatte man gar keinen Anlass gesehen, die Zahl rechter Opfer überhaupt gesondert zu zählen, als sich das Institutionalisierte an rechten Gewaltstrukturen allerdings immer deutlicher zu zeigen begann, schwenkte der politische Mainstream ein, nachdem er bei jeder weiteren Glatzen-Attacke die politischen Hintergründe oftmals und angeblich „nicht zweifelsfrei" feststellbar gewesen sein sollten.

Wo ab den Siebzigern ein Briefträger nicht Mitglied einer kommunistischen Partei sein durfte, und deshalb mit einem Berufsverbot belegt werden konnte, versuchte man ab nicht erst ab der Zäsur der frühen Neunziger die allfälligen rechten Gewalttendenzen weiterhin als lokal begrenzte Singularitäten oder Ergebnisse psychischer Störungen wegzubuchen. Schon das Attentat auf das Oktoberfest 1980 hat Menschen zu aufklärerischen Versuchen gebracht, die zwar im Nachhinein betrachtet zu Lebensleistungen (wie bei Ulrich Chaussy) wurden, allerdings kaum Licht ins Dunkel bringen konnten. Auch der Angriff aufs Olympia-Einkaufszentrum 2016 wurde zunächst erfolgreich drei Jahre lang in bewährter Münchner Oktoberfest-Methode als irre Amok-Einzeltat heruntarargumentiert, bis der Tod der überwiegend muslimischen Opfer letztlich als Tat eines sehr jungen Rechtsextremisten eingestuft wurde.

Ob Olympiazentrum, Hanau, der Mord am Regierungspräsidenten Lübke, die Hessischen Drohmails oder der gesamte NSU-Komplex, man wird den Eindruck nicht los, dass die Mühlen der Aufklärung auf der rechten Seite nach wie vor wesentlich langsamer mahlen könnten, als ratsam wäre. Zuletzt wurde sogar diskutiert, ob der Kasseler V-Mann Andreas T., der beim Mord an Yozgat mutmaßlich am Tatort anwesend gewesen sein soll, sogar Aktenvermerke zum Fall des jahrelang trotz zweifelhaften Status jahrelang freilaufenden Lübke-Mörders angefertigt haben könnte. In jedem Fall steht fest, dass zum Zeitpunkt der Verhaftung der Zschäpe (man fragt sich als Sprachbegeisterter immer wieder, an welcher Grenzübergangsstelle dieser Nachname eine Einreisegenehmigung für Germanien bekommen hat) die Aktenschredder angeworfen wurden, und die eigentümliche Folge von Sterbefällen maßgeblicher Zeugen begann. Von den verschwundenen und zerstörten Beweismitteln im Falle NSU ist schon an anderer Stelle viel geschrieben worden. In diesem Zusammenhang wäre immer wieder zwingend zu diskutieren, weshalb sich der Umgang mit den Ausformungen des linken Terrorismus immer noch so stark von der zurückhaltenden Vorgehensweise von demjenigen mit der extremen Rechten unterscheidet. Forschungsbemühungen wurden zuletzt noch vom Bundesinnenminister abgelehnt.

Die überwiegende Zahl der Linksterroristen stammte mit Ausnahme des autoritären und frühdelinquenten Münchners Baader genau so wie Mundlos, Zschäpe und Bönhardt aus gehoben bürgerlichen Verhältnissen. An der Herkunft können keine gravierenden Unterschiede im Habitus zwischen beiden Polen festgemacht werden. Die Diskussion muss daher zwingend an den gesellschaftlichen Auswirkungen der Straftaten ansetzen. Während die RAF sich aktiv gewalttätig und antinationalistisch-intellektuell gegen das Staatswesen, die Gesellschaft und bestimmte Massenmedien positionierte, die Ideologie („Verrat") über das Individuum stellte, nach den vielen in Tarnhaltung verbliebenen Repräsentanten und Seilschaften nationalsozialistischer Restbestände als potentiellen Zielen fahndete, sich ihre Opfer also direkt unter hochrangigen Repräsentanten des verhassten „Schweinesystems", unter den altgedienten Promis aus Justiz, Wirtschaft und Reichen suchte, kämpft der zu Beginn noch beispielsweise als „Dönermorde" klassifizierte Rechtsterrorismus aus dem System von unten und innen heraus. Er sicht sich in einer biologistischen Denkweise Opfer, die dem Mehrheitsbild des traditionell Deutschen nicht entsprechen. Er attackiert kleine Einwanderer, Restaurantbesitzer, Blumenhändler und Betreiber von Internetcafés. Eine Ausnahme bildet die ostdeutsche Polizistin Michèle Kiesewetter, deren genaue Todesumstände nach weiteren, uferlosen Ermittlungspannen weiter ungeklärt bleiben.

Der Terrorismus von rechts findet förderliche Bewegungsräume vor, die seine rassistische Ideologie behördlich nahezu ungehindert als Merch im Online-Versandhandel und in Fußgängerzonen anbieten lassen, ob es sich um CDs, Shirts, Sticker oder Bücher handelt. Das Rechte ist ein Wirtschaftsfaktor geworden. Es hatte in Chemnitz sogar einen Laden namens Brevik gegeben,[4] der sich nach Protesten der bürgerlichen Mehrheitsgesellschaft nach sieben Tagen allerdings und immerhin in Tønsberg umbenennen musste. Eine indifferente bis wohlwollende gesellschaftliche Minderheit vieler Berufsgruppen bietet der simplistischen Ideologie des Wir-gegen-Die spürbaren Rückenwind, und wird freiwillig oder unfreiwillig ökonomisch institutionalisiert. Der Skandal um die unsäglichen, mit NSU 2.0 gezeichneten Drohmails mit offensichtlich in datentechnischer Hinsicht unter Umständen institutionell gefördertem Ursprung, spricht nach Monaten erfolgloser Aufklärungsversuche eine ganz eigene Sprache, deren Semantik unterster Schublade hier nicht weiter dargelegt werden soll, gleichzeitig aber erneut aufzeigt, dass an verschiedener, obgleich vereinzelter Stelle unter Umständen und mutmaßlich weiterhin mit gut organisierter Hilfe gerechnet werden kann.

Während man in den Institutionen der Zwanziger Jahre weiterhin still vor sich hin recherchiert, führte der Linksterrorismus der Siebziger direkt in die Notstandsgesetzgebung. Vorauseilender Gehorsam in den Medienhäusern erklärte linke Künstler der Zeit wie Rio Reiser zum kulturellen No Go, während der etablierte Rundfunk der Gegenwart den Donner von Bands durch die Lautsprecher rumpeln lässt, die wie Reichsparteitag mit E-Gitarren klingen, und mit Fackeln in die Pariser Konzerthalle marschieren. Die Grenzen den Zeigbaren werden immer mehr nach ins Unsägliche, nicht Darstellbare verschoben. Das Riefenstahl-Video wird zur Schleife künstlerischer Normalität. Wer den Nazi geben will, muss nur noch sagen, dass er eigentlich keiner sei. Es ist mir absolut klar, dass hier sehr unterschiedliche Zeiten verglichen werden, und Systeme unablässiger Evolution unterliegen. Auch DAF mit dem *Mussolini* aus den Achtzigern war damals sehr verstörend. Dennoch dürfen Gemeinsamkeiten und Differenzen der Extreme durchaus abgewogen, und die Ästhetik mit Bedacht an die Zeit angepasst werden. Im Falle des Sängers Reiser jedenfalls drängt sich die Analogie zu Springsteens Polizeidrama *American Skin* auf, einem Lied, das in den USA nicht gesendet wird, weil nicht sein kann, was nicht sein darf. Nicht umsonst soll der Klang von Reisers Stimme in Erinnerung bleiben. Zeilen, die im Öffentlich-Rechtlichen seiner Zeit auch zur vorauseilend willfährigen Zensur des politisch Bedrohlichen genügten. Reiser durfte im Fernsehen der DDR auftreten. Man hatte ihn gebeten, nur *einen* Song aus seinem Repertoire nicht zu spielen. In den Medien des Westens dagegen durfte Reiser bis zur verspielteren Solophase mit dem *König von Deutschland* gar nicht erst stattfinden. Gert C. Möbius hat das in einem Begleittext zu einem Album sehr anschaulich beschrieben.

In der Gegenwart fällt der Rechtsterrorismus überwiegend durch Morde, linke Gewalt aber durch Sachbeschädigungen auf: Links brennen Mülltonnen, rechts wird getötet. Schon die Ärzte zu Zeiten der Weimarer Republik konnten, nebenbei bemerkt, Verletzungen von Gewaltopfern ohne zusätzliche Informationen nur ihrer Art nach in rechte und linke Blessuren einteilen. Denn Messerstiche kamen fast immer von rechts. Verletzungen durch stumpfe Gegenstände aber von der Gegenseite.[5] Das gibt sehr viel zu denken.

Welches Resultat kommt nun aber in solch unwürdiger Gemengelage bei denen heraus, die als *migrantische* Personen gelten, und denen im Sinne eines reibungslosen Zusammenlebens trotz aller weiter oben beschriebenen Probleme unbedingt die Chance gegeben werden muss, endlich im Deutschland des 21. Jahrhunderts anzukommen? Oft ist das, was nicht direkt gesagt, sondern nur zwischen den Zeilen gelesen werden kann wichtiger als jede detaillierte Erklärung. Das bittere Ergebnis der Betrachtung aber lautet ungefähr so: Ihr seid gar nicht der Rede wert. Haltet euch mit eurer Religion zurück, und fallt bloß nicht weiter auf. All diese Haltungen bilden die gläserne Wand des Misstrauens, die ich im Umgang mit vielen Leuten aus der dritten oder vierten Generation erspüre. Ein Yozgat wird ausgeschlossen. Auf unser Ihr-gehört-gar-nicht-dazu folgt die Reaktion gesellschaftlichen und persönlichen Rückzugs in übersteigerte Identität, Rückzug und Verhüllung. Der nachvollziehbare Wille zur kulturellen Loyalität in der eigenen Community verhindert noch zusätzlich den Aufstieg in einer immer mehr nach Anpassung drängenden Zielgesellschaft. Eine für die Linke vollkommen legitime, historisch begründete Religionskritik darf nicht zum Ausschlusskriterium werden. Sie sollte die gemäßigten Formen des Glaubens stützen. Die Linke muss den Menschen mitnehmen.

13.

Nur noch Dystopien? Ein Ausblick

Oft hilft zur Erhellung der Blick in die Vergangenheit. Und seit neuestem auch einer aus der Zukunft, so absurd das auf den ersten Anschein klingen mag. Samuel Hahnemanns großes Verdienst war, die Widersprüche und Gefahren des spekulativen ärztlichen Hokuspokus seiner Zeit offengelegt zu haben, was ihn leider nicht darin hindern sollte, ihr eine eigene obskure und irrationale Lehre entgegenzustellen. Wissenschaftler wie Sauerbruch, Koch, Jenner, und der zu Lebzeiten angefeindete und erniedrigte Semmelweis aber setzten die Grundpfeiler der modernen Medizin, Schutzimpfung und Hygiene, ohne die viele Impfkritiker und Alternativheiler unserer Tage, ich wiederhole es immer wieder gern, gar nicht das Licht der Welt erblickt hätten. Wären ihre Urgroßmütter nicht in den Genuss der Segnungen wissenschaftlicher Heilkunst und der damit einhergehenden sauberen Zustände gekommen, wären sie selbst vielleicht nie geboren worden.

Was das Politische anbelangt, gelingt ein Rückblick noch leichter. Denn im Politischen sind die Umstände greifbarer. Denn in diesem Bereich gilt: Hätten die progressiven, linken Kräfte der Vergangenheit all das nicht erkämpft, das neurechte Kritiker des Gegenwärtigen für sich selbst als normal und naturgegeben hinnehmen, könnten die meisten weder von Rente, Krankenversicherung oder einer vernünftigen, noch bezahlbaren Gesundheitsversorgung profitieren. Insofern gilt selbst für die radikale US-amerikanische Rechte die Tatsache, dass ohne fleißige linke Vorarbeit Theoretiker wie Thiel und Bezos oder ideologische Praktiker wie Trump nicht von den gewachsenen Arbeiter- und Konsumentenmassen profitieren könnten, denen sie immer mehr ihrer Produkte verkaufen wollen. Hier greift Henry Fords geflügeltes Wort von den Autos, die keine Autos kaufen können. Konsum braucht Mittel. Intellektuell unbefriedigende, holzschnittartige Denker wie Bannon, oder der mittlerweile abgetauchte Radikalphilosoph und spätere Vater der ultrarechten Form des weiter unten diskutierten Akzelerationismus, Nick Land, könnten ohne die historische Vorleistung der progressiven Kräfte ihre theoretischen Überlegungen nicht stringent aufbauen, die mit der Verfügbarkeit und Ausbeutung ungebildeter und billiger Arbeitskraft lokal begrenzter Gemeinschaften funktionieren, die von biologisch und intellektuell überlegenen Regenten beherrscht werden sollen. So jedenfalls die Theorie. Lands Überlegungen könnten als logische Folge einer geschichtlichen Entwicklung aufgefasst werden, die Grundbedingung einer akzelerationistischen Apokalypse sind, an deren Ende ein paar Alphatiere über die Mitglieder von arbeitenden Kleinstgemeinschaften regieren.

Wie es aussieht, katapultiert uns Land in die Steinzeit zurück, indem die Idee des Egalitären ächtet, eine Negation, welche Grundlage der feuchten *Alt-Right*-Überlegenheitsträume alter weißer Männer sind. Lands spätere Distanzierung von *Alt Right* kann als Ausdruck des eigenen Schreckens darüber aufgefasst werden, welche Auswirkungen die eigenen Ideen politisch ausgelöst haben. Schließlich hatte er hoch abstrakt über *Hyperstition* spekuliert, eine Funktion des *Downloads* erfolgreicher Ideen in den kulturellen Mainstream, die in einer bereits im Sterben liegenden Gesellschaftsform apokalyptische Rückkopplungseffekte auslösen und die Gemeinschaft zerstören. Wie auch immer das funktionieren soll, genial gedacht ist es immerhin: Die Wortschöpfung der Hyperstition setzt sich zusammen aus den englischen Bezeichnungen für Aberglauben und dem Präfix mit der Bedeutung „übermäßig". Das

Konzept gleicht einer Informatik-Metapher, die die Menschenmenge als Programmfunktion sieht. Lands Einfluss auf Teilbereiche von Musik und Kultur scheint größer, als seine Wirkungen auf die gegenwärtige akademische Philosophie (Mark Fisher). Seine Apokalypse mündet nicht im jüngsten Gericht, sondern im marktkonformen Maschinenpark.

Der antidemokratische und aus dem Ungefähren raunende[1] antiegalitäre Gründer der „dunklen Aufklärung" steht also im klaren Gegensatz zum aus der Zukunft kommenden Blick progressiver Akzelerationisten wie Diez oder Avanessian, die aus einer dystopischen Science-Fiction-Perspektive den Blick zurück auf unsere eigene, bedrohliche und „hyperlogisch" gewordene Welt (Baudrillard) suchen. Hier wären wir also wieder am Beginn der Überlegungen gekommen, die am Anfang des Kapitels eine Rolle gespielt haben. In der Tat setzt die allgemeine Kritik an Lands Arbeiten erst in seiner späteren Phase an. Vincent Le[2] beschreibt Lands frühe Gedanken in Beziehung zum Philosophen Brassier und ihre gedanklichen Gemeinsamkeiten während ihrer Zusammenarbeit an der *Warwick University*. Beide waren dort zur Überzeugung gelangt, dass das kapitalistische System nicht weiter überlebensfähig, am Ende angelangt, und der Mensch gezwungen sei, das eigene Aussterben hinzunehmen. Das Ende der Körperlichkeit könnten allenfalls digitale Überlebensstrategien ausgleichen. Hier zeigt sich die populäre, aber nach wie vor abwegige und utopische Idee des *Uploads* seelischer Inhalte per Gehirn-Schnittstellen, die allerdings erst noch erfunden werden müssen.[3] Lands spätere Arbeiten zeigen nach Vincent Le prokapitalistisch-reaktionäre Züge mit narzisstischen Tendenzen zu gesellschaftlicher Übervorteilung und Gier, die nach Le als Nebenwirkung zu Lands späterem Untergang in der ultrarechten Bloggospäre führten.

Mark Fischer[4] versucht, wie auch Diez und Avanessian, die akzelerationistische Philosophie für die Zukunft der Linken zu retten. Er beschreibt den unheilvollen Fatalismus des späten Land, dem der Versuch entgegengesetzt werden müsse, den reglosen Menschen aus seiner hartnäckigen Homöostase aufzurütteln, von der antikapitalistischen No-Logo-Haltung Naomi Kleins in ein postkapitalistisches *Counterbranding* einzusteigen, dem Kapitalismus die Einheit von System und Sehnsucht zu entreißen und ihn mit den eigenen Waffen zu schlagen.

Fisher setzt also auf das emanzipatorischen Träumen innenwohnende Bedürfnis zur Revolution. Dennoch seien, so der Autor, Lands frühere Arbeiten für die progressiv ausgerichtete Debatte insofern wertvoll, als sie die Widersprüche linksradikaler Revolutionsbegeisterung und deren Tendenz zu formalästhetischem Konservatismus aufzeigten. Die linke Ablehnung von beispielsweise der Kette *Starbucks* gleiche strukturell der klassischen rechten Kritik am Kommunismus: Man wolle gleichmachen, den Menschen als Masse sehen, bedeutungslose Arbeitsameisen im generischen Arbeitsumfeld wirken lassen, die (zum Beispiel bei der Kette Starbucks) mittelmäßigen, aber überteuerten Kaffee verkauften. Bei Starbucks sei man nach Fisher allerdings bereits im Kommunismus angekommen, da die Räumlichkeiten der Kette einen Ort des Übergangs zwischen Arbeitsplatz und Zuhause bildeten, der alle Besucher:innen einander zumindest zeitweise anpasst. Doch das sind vielleicht nur strukturelle Spitzfindigkeiten aus dem Elfenbeinturm. Wessen Gerechtigkeitssehnsucht würde an einem Tisch in einer Kaffeekette befriedigt werden?

Der linke Akzelerationismus (das dazugehörige Nomen wird im Kontrast immer mit dem hashtag-Vorsatz # geschrieben) sucht die

Lösung der Probleme am Ende des Kapitalismus im professionellen Umgang mit seinen Techniken, mit der Überzeugung, dass die klassischen Protestformen nicht mehr weiterhelfen, die irrsinnig beschleunigte, hyperreale Wirtschaftsform abzubremsen. Ein Zurück gibt es nicht mehr. Indem die Welt ohne den Menschen abstrakt gedacht wird, schärft man den Blick. Wir lernen nicht mehr aus der Vergangenheit, denn Rezepte der Historie wirken auf die Kultur der Gegenwart nicht mehr weiter ein. Und auch ein ursprüngliches Gleichgewicht ist nach Avanessian[5] bloße Fiktion:

„Die Frage ist: Nach welchen Prämissen wird überhaupt über Nachhaltigkeit nachgedacht? Was mich am Nachhaltigkeitsmodell stört ist: Dass es dahinter so ein Phantasma einer Balance eines Gleichgewichts oder eines ursprünglichen Gleichgewichts gibt. Ich glaube, das ist vorbei. Die Katastrophe ist schon eingetreten. Die Natur, was auch immer das mal gewesen sein soll, gibt es nicht mehr. Das ist nicht einfach nihilistisch. Sondern ich denke, damit ist auch verbunden ein gewisser aufklärerischer oder prometheischer Auftrag, wie man dagegen andenken kann, wie man anders agieren kann im Zeitalter des Anthropozäns."

Beschleunigt sich der Kapitalismus noch weiter, wird es nach allem unweigerlich zum Zusammenbruch kommen. Ein Gedanke, der, lässt man ihn zu, ironischerweise fürs Denken durchaus eine befreiende Wirkung haben kann. Mehr liefert der neue #Akzerationismus denkerisch aus meiner Sicht bisher nicht. Muss er auch nicht. Wir stehen noch am Anfang vom Ende. Bleibt als Fazit: Ein historischer Blick auf die bis noch vor kurzem sich in summa summarum stetiger Entwicklung befindenden Welt schärft die Sinne für den Wert des Erreichten. Die Schlüsse aus der gegenwärtigen Misere nach der Sicht aus Zukunftspostulaten führen theoretisch in zwei völlig gegensätzliche Richtungen: Eine offensichtlich rechts-radikal technisierte, unhistorische und dabei zugleich rückwärtsge-wandte auf der einen, und eine progressive auf der Gegenseite, die sich, seltsamerweise, wieder mehr um ihre Traditionen kümmern sollte. Über *Rechts* und *Links* als von interessierten Kreisen genüss-lich überholt diffamierten Weltbildern ist also doch noch lange nicht das Todesurteil gesprochen. Mit dem zu Beginn angeführten Physiker Einstein wenden wir uns dem Wichtigeren, dem Kom-menden zu.

Nick Lands frühe Fragestellungen fordern die eigenen Wider-sprüchlichkeiten heraus und sind daher wichtige und wertvolle Werkzeuge, die eigene Argumentation zu schärfen. Da ich mich zuerst nur mit seinen späteren, reaktionären Gedanken befasst hatte, war mir bei der Planung am Beginn meiner Überlegungen der Feh-ler unterlaufen, die dunklen und kryptischen Texte in meinem eige-nen Urteil zunächst unter der intellektuellen Rubrik der Sokal-Bricmont-Affäre abzulegen, beides Autoren, die die (französische) Wissenschaftsgemeinschaft 1996 mit einem gefaketen und zusam-mengeschusterten Nonsens-Text ironisch hinter die eigenen Nebel der Selbstbeweihräucherung geführt hatten.[6] Der genüssliche Schluss daraus war, dass das meiste an französischer Philosophie des Poststrukturalismus Blendung und intellektueller *Bullshit* ge-wesen wäre. Das englische Wort beinhaltet ja auch die betrügeri-sche Komponente, welche Harry G. Frankfurter in seinem gleich-namigen Werk (vgl. Anhang) herausgearbeitet hat. Ja, auch bei Nick Land ist vielleicht tatsächlich einiges an Bluff dabei, doch die Auswirkungen seiner Gedanken sind durchaus spürbar. Die gegen-wärtigen moderaten Formen des Akzelerationismus dagegen sind noch am Entstehen, zeigen aber bereits die theoretische und prakti-sche Überforderung des Menschen anhand der Vielzahl der sichtbaren Probleme auf, die eine globale Kooperation verlangen, die uns allerdings sehr schwer fallen dürfte. Warten wir also ab, ob aus der Diskussion eine Bewegung entstehen kann. Sicher ist, dass etwas zu Ende geht, und zu Beginn des Übergangs völlig neue Konzepte benötigt werden. Land ist gefährlich. Aber auch gefährlich gut durchdacht. Denken wir also besser.

Die Wissenschaftler Brynjolfsson und McAfee (2014) schildern die ersten elektrifizierten Fabriken der industriellen Revolution, in denen zunächst noch wie in der Dampfmaschinenzeit einzelne Geräte über einen zentralen elektrisch betriebenen Antriebsstrang und Riemen in Bewegung gesetzt wurden, bevor man auf die Idee gekommen war, sie dezentral mit kleinen Elektromotoren auszustatten.[10] Wir befinden uns an einer Stelle unmittelbar vor einer vergleichbaren Transformation. Wir bedienen bereits die Technik dieses „zweiten Maschinenzeitalters", wissen aber noch nicht viel über ihre Auswirkungen auf die gemeinsame Fabrikhalle. Wir können noch gar nicht erfassen, wie uns gerade geschieht.

Was ist also zu tun? Da gibt es viele Dinge. Betrachten wir noch einmal unser menschliches Hauptwerkzeug als Abbild struktureller Veränderungen. Was ist falsch gelaufen mit der Sprache? Ist auch sie am Ende? Wie unterlaufen oder unterstützen wir die Fragmentierung, die sich in ihrer Praxis zeigt und uns an der Kooperation hindert? Bedienen wir uns sinnvoller rhetorischer Techniken, einer wertschätzenden und verständlichen Redeweise. Ziel sollte achtsamer, argumentativer Austausch, aber nicht die beschleunigte Verbalschlacht sein, die auf Reize setzt und der die Teilnehmer sich bisweilen unfreiwillig die Bestätigung des Godwin'schen Gesetzes[7] zum Ziel erklären. Pflegen und lehren wir die Kunst der Debatte, entlarven wir Sprachbilder, die als Wahrnehmungsfilter gezielt auf die Leser oder Hörer wirken sollen. Heißen wir den gepflegten Streit willkommen und setzen wir nach Sascha Lobo auf das Einsichtspotential kritischer Mitbürger. Reden wir vor allem immer wieder auch mit denen, die anderer Ansicht sind als wir.[8] Fragen wir ständig nach, ohne abzukanzeln. Führen wir die Debattenkultur und das Wissen über Sprache in die Lehrpläne ein, die sich endlich wieder mit dem uns unmittelbar Betreffenden befassen müssen. Nur im konstruktiven Streit entstehen Lösungen, mit denen alle leben können. Machen wir nicht den Fehler, von vornherein Leute auszuschließen, deren biologische, kulturelle, biographische und soziale Herkunft vorgeblich nicht zum debattierten Thema passen soll. Trauen wir allen Menschen etwas zu und konzentrieren wir uns weniger auf Sprecher und Etymologie, sondern beschreiben wir, wie die Sprache der Gegenwart mit welchen Bedeutungen gebraucht werden kann. Beurteilen wir die Rede inhaltlich kritisch, aber vor allem wissenschaftlich im Licht der Jetztzeit. Beobachten wir uns selbst beim Kommunizieren.

Der Philosoph Markus Gabriel hat in einem Gespräch mit Susanne Beyer (Siehe Anhang) einige sehr wichtige Überlegungen zu sozialen Medien als „Maschinen, die in ihrem Wesen zur Unterminierung der liberalen Demokratie und der Aufklärung führen". Diese Maschinen lieferten die Plattform zu gefährlichem Diskurs und müssten reguliert werden. Die Menschen sollten sprachlich „nachsichtiger miteinander umgehen und sich an Shitstorms nicht beteiligen". Indem wir uns im Alltag zu sehr auf „Identität" und zu wenig auf „Differenz" konzentrieren, schafften wir neue Ungleichheiten. Denn nicht jeder, der leidet, habe automatisch Recht. Der alte weiße Mann sei nicht per se verwerflich, auch alte schwarze Männer und Frauen begingen Gewalttaten, zum Beispiel afrikanische Diktatoren. Der Identitätsbegriff enge die Debatte unnötig ein. Hüten wir uns also davor, die Opferpose der extremen Rechten in die eigenen Belange hineinzukopieren. Auch die *Critical Race Theory* mit ihren vielen guten Ansätzen stiehlt sich aus der Verantwortung: Wer, wie geschehen, einen Barack Obama als Rassisten bezeichnet, der sich lediglich kritisch über die Quote der ohne Vater aufwachsenden, schwarzen US-Kinder geäußert hat (sie liegt bei 52%), kann mit dem gleichen billigen Argument auch einen Malcolm X in die rechte Ecke stellen, der sich bekanntermaßen auch nicht mit Kritik an der schwarzen Community zurückgehalten hat. Wir müssen, um debattieren zu können, Ballast abwerfen, auch das *Aushalten* wieder lernen, die Sinne schärfen und uns zum Trainieren mit Kolumnen von Fleischhauer oder der Neuen Zürcher Zeitung befassen. Hier sei angemerkt, dass auch der oder die Weiße natürlich zu den besprochenen Mechanismen problemsichtig sein kann. Wer weiß ist, darf nicht automatisch als privilegiert, doof und rechts abgestempelt werden. Doch auch die reflexartige und dümmliche Debattenverweigerung seitens der weißen Community, wie ihre Zensur durch die neuesten Schulgesetze in den konservativen Staaten der USA, ist nicht zielführend. Sophie Passmann beschreibt in diesen Zusammenhängen ihr „Peinlichberührtsein bei der Einsicht, dass man wütend wird, wenn man zum Teil des Problems gemacht wird, weil man insgeheim eben schon der Meinung ist, nicht wirklich zu den Weißen, den Reichen und den Nazis zu gehören, weil man doch so viele Texte darüber gelesen hat an den Unis, die von den Weißen und den Reichen gegründet wurden" (Komplett Gänsehaut: 2021, S. 156, siehe Anhang).

Das aktuelle, hysterisch ausgerufene, durch Sicherheitsbedenken ausgelöste Auftrittsverbot für die zugegebenermaßen hoch umstrittene, schräge und unbequeme Kunstfigur Lisa Eckhart wirkt ebenso völlig kontraproduktiv.[11] Das Einverständnis aller Parteien vorausgesetzt, hätte man den geplanten Veranstaltungsabend mit einer gepflegten öffentlichen Diskussion beschließen können. Jeder, der von seinen Positionen überzeugt ist, kann für seine Ideen einstehen. Wir sind stark genug, die oft schmerzlichen Witze der hoch umstrittenen Eckhart zu ertragen! „Stand up straight, with your shoulders back", sagt der klinische Psychologe Peterson.[13] Eckhart ist schließlich nicht Björn aus Thüringen. Und einem solchen muss man erst recht etwas entgegensetzen, sich all die diskursive Kraft für diese vergleichbar gefährlichen Figuren aufsparen, und sie daran hindern, das zu tun, *was sie tun wollen* (Wiglaf Droste, siehe Anhang). Wohl haben manche Eckharts quälende Spitzen auch nicht so ganz verstanden. Die von ihr vermeintlich Diskriminierten sind nämlich unbedingt dafür bekannt, über sich selbst die besten Witze machen zu können. Den bekannten migrantischen Politiker und Postkartenmaler aus Braunau hat Eckhart beispielsweise sehr löblich, unmissverständlich und nachhaltig durch den Kakao gezogen. Daher bleiben in ihrem Fall bei der Haltungstechnik für mich keine weiteren Fragen mehr. Eine öffentliche Debatte hätte Gemeinschaft stiften können, wenn auch nur in der Ausformung eines temporären Streits. Der Grund gemeinsamer Überzeugungen wird kleiner. Wir müssen alles daransetzen, wenigstens einen Rest davon zu bewahren.

Wer, wenn nicht die Geisteswissenschaften, könnten mit professioneller Wachsamkeit die Pflege der Sprache voranbringen? Dauererregte Rechts-Blogger, Präsidenten und Journalisten fordern nicht ohne den Hintergedanken des Eigennutzes deren komplette Abschaffung. Der wissenschaftlich ungebildete Trump hat sich gleich zu Beginn seiner Amtszeit dafür stark gemacht.[12] Die Forderungen sind Legion. Hans-Peter Herrmann schreibt dazu: „Den Geisteswissenschaften geht es zur Zeit nicht sehr gut. In den staatlichen Schrumpfungsprogrammen, die den Universitäten in den letzten Jahren verordnet wurden, wie in Baden-Württemberg, oder die ihnen derzeit bevorstehen, wie in Nordrhein-Westfalen, sind es vor allem die geisteswissenschaftlichen Fächer, die Personalstellen und Sachmittel abgeben müssen – und das, obwohl der dramatische Rückgang der Studentenzahlen in den Geisteswissenschaften seit Jahren immer vorausgesagt, aber bisher nicht eingetreten ist. (…) In der Forschungspolitik des Bundes und der Länder werden Naturwissenschaften und Technologiefächer gepäppelt, und der Ministerpräsident von Baden-Württemberg, gern mit der Nase weit vorn, hat die Geisteswissenschaften erst als überflüssige »Diskussionswissenschaften« verächtlich gemacht und ihnen dann, nach Protesten, die dienende Rolle von »Akzeptanzwissenschaften« zugewiesen. (…)"[14]

Halbgebildete Wut-Foristen schlagen in die gleiche marktradikale Kerbe und stellen die Behauptung der vollkommenen Nutzlosigkeit der Geisteswissenschaften auf und ätzen im Netz herum: „Was die Geisteswissenschaften anbelangt, haben diese sich schon lange aus der Wissenschaft verabschiedet und sind zu verzichtbaren Ideologieschleudern übelster Sorte verkommen. Verstärkt wird dieser Prozess durch den Druck der Politik sowohl immer mehr Bereiche akademisieren, als auch in der Summe mehr Akademiker produzieren zu wollen. Um Letzteres zu erreichen wurden und werden weiterhin die Anforderungen kontinuierlich abgesenkt (…)"[15]

ohne in Erwägung zu ziehen, dass die besagten Anforderungen vielleicht auch in den Naturwissenschaften angepasst wurden. Niemand scheint zu wissen, dass ohne Linguistik keine Sprachsteuerung funktionieren würde, und Polizeibehörden ohne deren forensische Anwendungen Schwierigkeiten hätten, den Verbrechern auf die Spur zu kommen. Wer mangels Talent vor dem ein- und halbgebildeten Ereignishorizont einer Naturwissenschaft stehen bleiben muss, kann nicht über den Tellerrand blicken.

Wenn auch die Geisteswissenschaften unter Beschuss geraten (Lieblingsziel sind oftmals die bisweilen zu Recht bisweilen kritisch diskutierten Gendertheorien, in denen der wissenschaftliche Grundsatz, dass *die Erkenntnisse von heute die Irrtümer von morgen* sein könnten, vielen gar nicht bekannt zu sein scheint, und die Hypothese gern mit der gesetzlichen Vorgabe verwechselt wird), sollten sie keinen Zentimeter Terrain aufgeben: Mit Wissenschaft lässt sich bequem Politik machen. Aber nicht jeder wird auch Bildungsminister. Wenn Zuwendungen für die Geisteswissenschaften weiter gekürzt werden sollten, müssen eigene, unabhängige, gemeinsam finanzierte und vernetzte Universitäten gegründet werden, damit im Kleinen gestritten und weitergeforscht werden, und der emanzipatorische Standard gehalten werden kann. Ein Gedanke, der auch auf die Idee der *sozialen Skulpturen* aus der Kunst der Zwanziger zurückgeht. Da, wo pekuniär nicht viel zu machen ist, sollten wir uns von unten heraus engagieren. Wo das Etablissement nicht liefert, muss alternativ finanziert werden.

Betrachten wir zuletzt noch einmal unsere Sprache und machen wir uns klar, dass sie einem Ökonomieprinzip unterliegt, ihm folgen muss, dass Konstrukte wie *Straba, App, U-Bahn, Pommes, Bafög* und *LH* erzeugt. Als Kind wollte ich von meinem nachrichtenbegeisterten Vater einmal wissen, wer die *Damotern* sind, die täglich im Fernsehen von der nunmehr bloß noch historischen Figur der Ansagerin begrüßt wurden. Die Sprache wird es sich nicht gefallen lassen, ihre Ausformungen mit Myriaden von Bedeutungspartikeln zu überlasten, die nur deswegen Anwendung finden, damit niemandes Wesen ausgeblendet wird. Sprache sucht sich ihre Form selbst.

Trotz aller Redundanz funktioniert sie energieeffizient. Die Kognition verarbeitet zudem vor allem das Neue und Relevante am gesprochenen oder geschriebenen Text. Morpheme und Endungen werden dabei gern überlesen, wie man das ganz leicht an sich selbst bei der Lektüre feststellen kann. Die Form des Zeichensystems wird die Realität kaum wesentlich ändern. Ob wir, wie aktuell, von *Ehrenmorden* oder *Femiziden* sprechen, wird die vielen Mordopfer nicht wieder zum Leben erwecken. Obgleich der Terminus des *Ehrenmordes* vorbelastet sein könnte, blendet auch die alleinige Verwendung des Wortes *Femizid* problematische kulturelle Aspekte aus, die es verdienten, eingehender betrachtet zu werden. Nicht ohne Grund könnte man an dieser Stelle beispielsweise vorschlagen, das Kompositum *Ehrenfemizid* zu bilden. Eine genaue begründete Abwägung der Redeweise sollte immer Standard sein.

Ein Blick in exotischere Gefilde schärft das Verständnis auch an dieser Stelle: Die weiter oben bereits angeführte, zu den sinotibetischen Idiomen zählende thailändische Sprache kennt, wie beschrieben, rund fünfzig Personalpronomen, die in feiner Abstimmung wie auch in anderen asiatischen Sprachen soziale Position, Beziehung und Geschlecht der streng hierarchisch gegliederten Gesellschaft anzeigen. Allein, an der Situation der thailändischen Frau oder der Transgender-Personen hat das bisher, trotz einer vergleichsweise höheren Akzeptanz für die Letzteren, nicht spürbar viel geändert. Ihr detailliert angelegtes, schubladenartiges System der Personalpronomina scheint ihre Umgebung im Gegenteil hierarchisch zu fixieren. An dieser Stelle sei nun einmal der Verweis auf die türkische Sprache erlaubt, welche komplette Geschlechtsneutralität zeigt, die sich auf die Situation der Frau für alle sichtbar wohl nicht in der Art auszuwirken scheint, wie viele sich das wünschen.

Wie wir in Kapitel 1 gesehen haben, kann mit Sprache unmittelbar Macht und Zwang ausgeübt werden, doch durch die bloße Verordnung von Personalpronomen oder Abtönungspartikeln können in einer freien Gesellschaft keine Richtungsänderungen menschlichen Denkens erzwungen werden. Ganz im Gegenteil wird die Sprache ihre eigenen Wege finden, den Versuch genauester Bezeichnung mit Effizienz zu verbinden. Im Moment treibt die Rede allerlei Blüten. Und schon jetzt lachen die Rechten über so manch gestelzte Ausdrucksweise. Geben wir ihnen keine Gelegenheit, Witze zu machen, die letztlich nur auf unsere eigenen Kosten gehen. Im Zweifelsfall lassen wir uns immer sprachwissenschaftlich unterstützen. Halten wir unsere Rede einfach, respektvoll und klar. In der Praxis sollten wir Verschwörungsgläubigen und denkerisch Unbeweglichen statt unablässig Kontra zu geben, beharrlich Fragen stellen. Dies scheint nach Stand der Dinge die beste Strategie zu sein.

Geben wir unsere Stimme glaubwürdigen, klug abwägenden Politikern und Politikerinnen, denen Ideologie nicht über Lösung und Faktenlage steht, die für große Veränderung, aber auch für Ausgleich eintreten, zu ihren Worten stehen, und sich nicht in einer imaginären Mitte verorten, deren wie zwanghaft immer wieder beschworene Anrufung allein schon für ein Übermaß an Unbeweglichkeit steht. Geben wir den fundamentalistischen Strömungen in den Religionen nicht die Möglichkeit, Angst zu verbreiten und, mit welchen Mitteln auch immer, Macht zu demonstrieren. Zwar gilt das Grundrecht der Religionsfreiheit, und dennoch gilt daneben auch der Grundsatz einer solchen Freiheit unter negativem Vorzeichen, unter der man das Recht versteht, von Religion und ihrer Missionierung unbehelligt sein zu dürfen. Diese Freiheit muss genau so wie der Grundsatz der Gewaltenteilung vielleicht vor allem gerade in Deutschland und seinem religionsfreundlichen Kirchensteuerseinzugsystem wieder deutlich gestärkt und respektiert werden.

Niemand sollte das Recht haben, in staatlichen Institutionen Symbole religiöser Überzeugungen zu manifestieren. Für Staatsbedienstete gilt die Regel der öffentlichen Mäßigung. Somit ergibt sich Interesse atheistisch eingestellter Mitbürger die Möglichkeit, von solchen Symbolen auch in der Öffentlichkeit weitgehend frei sein zu dürfen, zumal niemand in eine Ideologie und ihre Symbolik hineingezwungen werden darf. Religiöse Symbolik darf auch nicht an jeder Stelle mit Feminismus verwechselt werden. Um die Symbolik zu verstehen, sollten wir uns kritisch mit den Arbeiten zum Zeichensystem der Kopfbedeckungen von Reyhan Şahin befassen.

Ich selbst sehe mich als säkularen Feministen, der ein Höchstmaß an Freiheit für alle, auch Religiöse anstrebt. Deshalb bin ich überzeugt, dass Sektenprävention gestärkt, gefährliche Ausformungen orthodoxer Praxis von den Behörden beobachtet und bekämpft werden muss. In den Klassenzimmern sollten wir die religiöse Trennung zugunsten eines allgemeinen Ethikunterrichts aufgeben, in dem voneinander und übereinander gelernt wird, was vor allem Kindern aus prekären und/oder migrantischen Schichten zugute kommen dürfte, und der Gruppen miteinander verbindet, statt sie voneinander zu trennen. Staatliche Schulen sollten keine künstlichen Spaltungen in Gruppen evangelischer, katholischer und muslimischer Kinder vornehmen. Es gibt keine evangelischen Kinder. Es gibt nur Kinder und deren menschliches Potential. Wir alle haben mehr als nur die eine gesellschaftliche Rolle. Die gelebte Differenz zwischen öffentlicher und privater Freiheit muss eingefordert werden können.

Wer die Welt ohne die Menschheit denken kann, muss sich um ihre Rettung keine Gedanken machen. Er kann im Hier und Jetzt in Freiheit auf Kosten kommender Generationen leben, und den vielleicht kräftezehrenden Verzicht denjenigen Mitmenschen überlassen, die eine gesunde Umwelt nicht nur für die Jetztzeit in den Mittelpunkt rücken, sondern ihre Überzeugung vorausschauend in die Zukunft projizieren. An dieser Stelle müssen wir uns einigen, ob die biologisch angeborene Haltung das Überleben der eigenen Spezies zu sichern vom gegenwärtigen Hedonismus ausgebremst werden soll. Gewänne der Egoismus, wäre die Menschheit als Modell an sich selbst gescheitert, was nüchtern betrachtet nicht mehr als ein zeitlich eng begrenztes Naturereignis wäre.

Die Corona-Krise hat wie so vieles Andere auch die Bildungsmisere offengelegt. Es kann nicht weiter akzeptiert werden, dass unzureichend ausgebildete Lehrkräfte in baufälligen Gebäuden Inklusionsträume bedienen sollen, die sich allerlei Theoretiker im Elfenbeinturm zusammenphantasiert haben, ohne dabei zu verstehen, dass der Grundgedanke der Inklusion primär für Drittweltländer entwickelt wurde, in denen viele Kinder überhaupt keinen Zugang zur Bildung haben. Da Deutschland allerdings wie immer der Regel folgen muss, dass es immer zu den Klassenbesten zu gehören hat, sind die ohnehin schon mit Sondertätigkeiten überfrachteten Lehrkräfte gezwungen, die mit heißer Nadel gestrickten Konzepte als Versuchskaninchen umzusetzen, worunter alle Beteiligten zu leiden haben. Gefördert werden soll jeder. Aber nur mit den nötigen Ressourcen. Der Föderalismus sorgt in der Gesundheitspolitik für einen Flickenteppich divergierender (Masken)regelungen, für deren jede es gute Gründe, aber wenig deutlich Überzeugendes zu geben scheint. Das führt zu einem Paradoxon: Was in Bus und Bahn Standard ist, scheint in manchen Klassenzimmern nicht mehr gelten zu müssen. Das Land muss damit aufhören, die Lehrkräfte als Eier legende Wollmilchsäue zu verheizen, und sie pandemiebedingt bei laufender Heizung in der Winterjacke vor offenen Festern klimafeindlich unterrichten zu lassen. Schon jetzt liegt das Pensionseintrittsalter unter Lehrern weit unterm bundesweiten Durchschnitt. Den notorischen Lehrer-Bashern sei deshalb sicherheitshalber noch mit auf den Weg gegeben, dass die verfrühte Untätigkeit selbstverständlich mit deutlichen Pensionseinbußen einhergeht.

Die abgespeckten Lehrpläne müssen die Bedürfnisse der Jetztzeit und absehbaren Zukunft abbilden, und einer jährlichen Revision unterliegen. Haupt- und Realschülern muss die gleiche Zuwendung zukommen wie den Gymnasiasten. Sie dürfen nicht von für die Materie unausgebildeten Lehrkräften *fachfremd* und daher unwissenschaftlich unterrichtet werden dürfen. Die absehbar unsichere Lebenssituation der ersteren Schülergruppe wird sich weiter fundamental verändern, während zukünftige Akademiker fürs erste noch in beruflichen Klassikern unterkommen können, obgleich auch unter den Menschen mit Uniabschluss schon ein Zehntel mittlerweile im Niedriglohnsektor landet. Ohne eine deutlich spürbare Aufstockung der Schulpsychologie und Sozialarbeit kommen die Lehrkräfte der ersten Sekundarstufe noch eher an Burnout und Limit als den Pensionskassen lieb sein kann. Die Wirkung der psychologischen Unterstützung ist, wenn überhaupt, nur sehr begrenzt. Ein(e) Schulpsycholog:in betreut beispielsweise im Bundesland Hessen immerhin im Schnitt rund 6700[16] Kinder. Ein Grund mehr, den unseligen NC für das Studienfach Psychologie abzuschaffen, und für die Zukunft Arbeitsplätze zu sichern.[17]

Der Lehrerberuf muss attraktiv gehalten werden, die Student:innen noch praxisorientierter und fachlich anspruchsvoller ausgebildet werden. Wer das Lehramt nach den Prinzipien von *Keine Ahnung* oder *Wer nichts wird, wird Wirt* betreibt, ist fehl am Platze. Hier müssen Leute einsteigen, die Sozialmanagement und Bildung im Sinne des weiter oben erwähnten Vorzeigepädagogen in Kombination betreiben wollen. Nicht solche, die Lehrpläne abarbeiten und noch der überkommenen Haltung von Strittmatters autoritärem Einpauker-Klassiker Rumposch nachhängen. [18]

Omer und von Schlippe haben in einem beachtenswerten Werk eine völlig neue Schulkultur vorgeschlagen, die die Bildungsstätte auf die Gemeinde ausdehnt und, menschlich besehen, ein neues Konzept bilden könnte, mit Respekt und Autorität neu umzugehen.[19] Die Zeiten im eigenen Saft kochender pädagogischer Eitelkeiten und Lebenserkenntnisse, unfreiwillig komisch aber für vieles beispielhaft in Wichmanns recht überflüssiger Früchtesammlung „Zwölf Unterrichtsmethoden"[20] präsentiert, sind vorbei. Auch hier stehen wir an einer Bruchstelle. Das Alte gilt auch in der Schule längst nicht mehr.

Die Universitäten schließlich sollten die Frage stellen, wie viel an Unwissenschaftlichkeit in den mittlerweile 18 000 Studiengängen zugelassen werden soll. Muss es einen Studiengang Luxuswarenmanagement oder den Bachelor of Zirkuskunst geben? Eine oft zu Recht oder Unrecht beklagte Studierunfähigkeit vieler Abiturient:innen (Peter André Alt) führt zur neuen Schulart der vorbereitenden Brückenkurse, und so mache Hochschule lässt traurige Magisterarbeiten von Jungunionisten zu wenig versprechenden Themen wie *Über den Wahlkampf der CSU für den Kandidaten Edmund Stoiber* durchgehen, deren bisweilen darauf folgende, ebenso vielleicht halbgare Promotionsarbeiten wie *Die politische Kommunikation der CSU im System Bayerns*, fleißig aus den kostenlosen

Heftchen der *Bundeszentrale für politische Bildung* abgeschrieben, in Deutschland nach den akademisierenden Eskapaden des Theodor zu Guttenberg gerade noch im letzten Moment abgefangen wurde. Hier müsste man sich einmal darauf einigen, was Wissenschaft ausmacht, und was sie leisten soll, wie man ihr Respekt entgegenbringt. Noch einmal: Dissertationstitel wie *Europas Weg zum Bürger – Die Politik der Europäischen Kommission zur Beteiligung der Zivilgesellschaft*, eine Schrift, in der eine Politikerin nach allem Vernehmen vornehmlich über sich selbst geschrieben hat, dürfte es in dieser Form ebenso wenig geben wie die weiter oben aufgeführten Geistesfrüchte. Weder strenge NC-Regelung noch Pseudowissenschaft sollten an den Universitäten Platz finden. Die Wissenschaft muss in der Tat mehr Qualität einfordern, um die akademischen Titel nicht zu verwässern. Promotionen sind weder Tatoo noch Makeup. Wissenschaft muss ihre Ergebnisse extrahieren und in allgemeinverständlicher Form in die Gesellschaft tragen. Sie muss immer dann widersprechen und bloßstellen, wenn neue Verschwörungsgebäude erreichtet werden sollen. Die halbgare Wissenschaftskommunikation der Coronakrise hat allerdings viele Defizite sichtbar gemacht, die viel Material zur notwendigen Verbesserung liefern kann.

Wessen Lebensleistung wertgeschätzt wird, sollte im besten Falle nicht für die Simulation von Reichtum sorgen müssen. Anerkennung kann man allerdings nur dann erreichen, wenn alle arbeitenden Menschen so bezahlt werden, dass sie von den Einkommen auch leben können. Die Gesundheits- und Bildungssektoren, Unternehmen, Behörden, Forschungsinstitutionen, Universitäten und Dienstleistungsunternehmen können aber nur dann gute Löhne und Zuwendungen zahlen, wenn auch wirklich alle ihre Steuern entrichten, um das Allgemeingut zu finanzieren. Das kann allerdings gerade dann nicht passieren, wenn man erfolgreiche und bissige Steuerfahnder, wie nach der Art einer Bananenrepublik mitten in Deutschland geschehen, mit gekauften Attesten zu psychisch Kranken erklärt – und strafversetzt. Die Joker aus der Trickkiste einer Landesregierung waren Falschgutachten, für deren Ausfertigung der verantwortliche Psychiater im Nachhinein eine Strafe von 12 000 Euro zahlen musste. Da fehlte es wohl am Interesse, die Steuern auch einzutreiben. Der Steuerexperte Frank Wehrheim geht davon aus, dass ein einziger Steuerfahnder pro Jahr eine Million hinterzogene Steuern eintreiben kann: [22]

„Statistisch wird pro Fahnder jährlich von mehr als 1 Million Euro ausgegangen. Aber auch diese Zahlen sind starken Schwankungen unterzogen. Es gibt gute und bessere Jahre. Wir hatten zum Abschluss unserer Commerzbank-Ermittlungen Ende der 90er Jahre in der Steuerfahndung Frankfurt am Main ein Gesamtergebnis von rund 1,2 Milliarden erarbeitet – so etwas lässt sich jedoch nicht ständig wiederholen. Die Steuerhinterziehung durch und mit Hilfe von Großbanken war auch der schwerwiegendste Fall von Steuerhinterziehung den ich in meiner Laufbahn erlebt habe. Hier mussten meine Kollegen und ich lernen, wie Banker zu denken und wir bekamen auch an einigen Stellen die Macht dieser Institutionen zu spüren. Ein wirkliches Umdenken in der Bevölkerung hinsichtlich der Seriosität einzelner Kreditinstitute begann erst nach der Bankenkrise. Unser Glaube indes war schon deutlich früher erschüttert."

Geht man von einem geschätzten deutschen Hinterziehungsvolumen von 125 Milliarden pro Jahr aus (der Schlupflochschweizer Bowie zahlte im Vereinigten Königreich niemals Steuern[23,] der Fußballmessias Beckenbauer wohnt aus ähnlichen, pekuniären

Gründen in Österreich), könnten 125000 zusätzliche Fahnder für jeden Erwerbstätigen knapp 3000 Euro zusätzlich herausholen. Geld, das überall dringend gebraucht wird, und nicht als gesellschaftlich irrelevantes Aktienkapital um den Globus fluten oder als Einlage auf den Cayman-Inseln herumliegen sollte. Besteuerte man die ruchlosen Einkommen der Lederballtreter und anderen Großverdienern so stark, dass am Ende normalen Arbeitnehmern noch vermittelbare Summer übrig blieben, kämen weitere Beträge zusammen, die sinnvoll eingesetzt werden könnten.

So überstieg das Gehalt eines VW-Managers dasjenige eines (gut bezahlten) Konzernarbeiters um das 350-fache. Ein Indiz dafür, dass VW seine seit längerer Zeit auch aus meiner eigenen Erfahrung als rückrufstark berüchtigte Produkte deutlich zu teuer verkauft. Durch Gehaltsdeckelung wäre es möglich, die in gebildeten Schichten als ungerecht empfundene *pay gap* zu schließen. Die Mehrheit der Befragten einer großen Studie (Norton und Kiatpongsan 2014)[24] gab an, die etwas zehnfache Gehaltssumme sei für das Führungspersonal ausreichend. Mit den gewonnenen Mitteln kann denjenigen ein bedingungsloses Grundeinkommen ausgezahlt werden, die sich in irgendeiner Weise gesellschaftlich engagieren. Im gleichen Zuge wäre es ratsam, alle Schulabgänger und -abbrecher grundsätzlich zu einem sinnvollen, gut bezahlten Zivildienst zu verpflichten, um das Leben in der Welt einzuüben und den Sinn für gesellschaftliche Realitäten zu schärfen. Durch eine Rückverstaatlichung des Gesundheitswesens könnten Krankenhäuser so viel Geld bekommen, wie sie brauchen, das Personal vernünftig bezahlen, und wären von dem Zwang befreit, soviel zu erwirtschaften, wie sich die Überreichen zusätzlich in die Taschen stopfen wollen.

Berufe sollten nur von denjenigen ausgeübt werden dürfen, die eine dafür geeignete (wissenschaftliche) Ausbildung durchlaufen haben. Selbsternannte Gesundheitsgurus[25] müssten wenn möglich derart weitergebildet werden, dass sie in einer Kompetenzlösung sektoral (z.B. als Physio-, Ergo-, oder Sporttherapeuten) nach gutem Wissen und Gewissen tätig werden können, statt sich obskure Weisheiten zusammenstückeln zu dürfen.[26] Dazu müssten sie eine standardisierte Prüfung ablegen, die ihren Namen auch verdient[27], und nicht einen der unendlich oft wiederholbaren Multiple-Choice-Tests durchlaufen, oder: Am besten gleich ein Medizinstudium absolvieren. Dies würde die respektvolle Balance zu den bestehenden Gesundheitsberufen wieder herstellen und diejenigen schützen, die sich bisher selbst oder sogar ihre Kinder mangels besseren Wissens in unprofessionelle Hände begeben haben. Ich wiederhole es: Die Stärke der Wissenschaft liegt in ihrer Fähigkeit zur Infragestellung eigener Ergebnisse. Eine Methode, Schamanen nicht beherrschen. Stärken wir solide Ausbildungsberufe und die Wissenschaften.

Dazu bedarf es eines wachsamen, präsenten Staates, der genau hinschaut, was passiert. Ein Staat, der sich nicht zeigt, wird auch nicht ernst genommen. Ein Staat, der sich zeigt, ist kein Polizeistaat. Wer im Gastland sein Glück versuchen will, steht in einer Bringschuld der Aneignung von Wissen um Sprache, Codes und Verhaltensregeln. Gebiete, in die sich die Polizei nicht mehr hineintraut, darf es nicht mehr geben. Wer sich nur deshalb in Deutschland aufhält, um halbseidenen Geschäften vor den Augen einer für Landesfremde ungewohnt deeskalierenden und damit als schwach empfundenen Polizei nachzugehen, wird hier nicht gebraucht. Es gibt schon genügend Ärger mit deutschen Problemmenschen, egal ob sie aus Finanzwelt oder Hooliganszene stammen.

Zur Frustration der Polizei trägt die Tatsache bei, dass zu viele der Ertappten sehr schnell wieder auf freien Fuß kommen. Wir sollten auf die Nachbarn schauen. [33] Eine Kombination aus präventiven und restriktiven Maßnahmen hat sich so zum Beispiel in den kriminalitätsbelasteten Niederlanden bewährt.[34] Wenn der überwiegende Teil der Drogenhändler (wie zum Beispiel im Görlitzer Park, Berlin) einen Migrationshintergrund hat[35] muss sich niemand wundern, wenn die Polizeibehörden auf Menschen fokussiert, die aus unterschiedlichen Gründen diesem Milieu zu entsprechen scheinen. Niemand sollte den Leuten von der Polizei daraus einen Strick drehen. Um in den Villen der Reichen nach Schmuck, Steuerunterlagen oder Kokain zu suchen, sind im Gegensatz dazu leider nur in viel sporadischeren Fällen die Kollegen den entsprechenden Abteilungen abgestellt.[36] Allerdings muss es bei den fälligen Milieukontrollen überall auch gesittet zugehen. Wer seinen Ausweis dabei hat und sich nichts auf dem Kerbholz hat, verdient das Recht, korrekt behandelt zu werden. Niemand sollte vor der Polizei Angst haben, ein Gefühl, das viele US-Amerikaner im Kontakt mit ihren Uniformierten beschleicht, und das wir in Europa nicht gebrauchen können.

Innereuropäische Migration sollte nur dann stattfinden, wenn solche Arbeitsplätze nachgewiesen können, die ausreichende Bezahlung garantieren, um davon in erträglichen Wohnverhältnissen zu leben, und nicht an Subunternehmensketten der Schlachtindustrie und schäbigen Vermietern zu hängen. In den Stadtvierteln sollte eine aktive Politik der Bevölkerungsdurchmischung betrieben werden, um das Entstehen nachteiliger Hotspots zu vermeiden. Wir müssen uns gegenseitig besser kennenlernen. Dazu genügt es nicht, einmal jährlich auf dem Fest der Kulturen Chicken Curry oder Kochbananen zu essen. Wir sollten versuchen, aufeinander zuzugehen, so schwer das zunächst auch erscheinen mag.

Eingewanderten Kindern müssen faire Chancen garantiert werden. Dazu gehört die Basis aller Anstrengungen: Der Erwerb solider Deutschkenntnisse und der Erwerb der kulturellen Codes des Ziellandes. Das heißt aber nicht, die Primärsprache aufzugeben. Zweisprachigkeit ist für den Erwerb weiterer Fremdsprachen und die Bewusstheit über Sprache von Vorteil. Viele Studien haben die positiven Auswirkungen bilingualer Erziehung belegt.[28,29,30] Im Schulbereich muss es allerdings eine allgemeingültige Verkehrssprache geben, in der sich alle verlässlich jederzeit verständigen können. Wir brauchen, gesamtgesellschaftlich gesehen, eine allgemeingültige Sprache, in der wir uns effizient miteinander streiten können.

Dabei ist die Entscheidung einer Freiburger Schule vollkommen kontraproduktiv, die eine Schülerin zu einer Strafarbeit verdonnerte, weil diese auf dem Schulhof Türkisch gesprochen hatte.[31] Ein Urteil, das die Fronten noch mehr verhärtet, und das Argument über privilegierte und unterprivilegierte Sprachen befeuert. Eltern, Schule und Sprache, eine hochsensible Themenlage, bei deren Beschreibung für mich als Romanisten nicht unerwähnt bleiben soll, dass sich besorgte Eltern im Südwesten der Republik gegen Grundschulfranzösisch, aber für Englisch entschieden haben. Da muss die Romanistik wohl bessere Öffentlichkeitsarbeit leisten. Größeres Wissen über Sprache an sich hätte zumindest im Freiburger Falle die Einteilung in privilegierte und unterprivilegierte Idiome verhindert. Die türkische Sprache hat sich aufgrund ihres Alleinstellungsmerkmals einer ausnehmend logischen Struktur über die Jahrhunderte kaum verändert, und gilt in der Wissenschaft als Paradebeispiel für ein überaus schlüssiges und perfekt ausgebildetes sprachliches System mit hochauflösender Grammatik. Insofern steht das Türkische als beispielhaft unter den vielen anderen europäischen Idiomen. Sie ist eine Sprache wie vom Reißbrett. Wissen schafft an dieser Stelle schon wieder einmal Toleranz.

Wenn wir das nötige Maß an gegenseitigem Respekt im Sinne eines wertereichen Humanismus mit einer „atheistischen Grundlage" (Dirk Winkler)[38] gefunden haben, könnten wir uns im Sinne des Künstlers Pedro Reyes im Alltagsleben wie oben beschrieben an einer *sozialen Skulptur* versuchen, deren moderne Form als *provisorische Klinik* auf der documenta 13 als Weiterentwicklung des Beuys'schen Ansatzes unter anderem eine Impfung gegen Gewalt (*vaccine against violence*) im Angebot hatte. Es liegt in der Verantwortung jedes einzelnen Individuums, einen solchen gemeinschaftlichen, humanistischen Schritt zu gehen. Darin liegt die Hoffnung.

Ich habe mir lange die Frage gestellt, ob ich dieses Buch schreiben soll. In der Überzeugung, dass jeder unbedingt etwas zum demokratischen Gelingen beitragen sollte, jeder in Anbetracht all der Dringlichkeit sogar irgendetwas tun muss, habe ich mich dafür entschieden. Wie man gesehen hat, ist die Sicht eingeschränkt – und radikal subjektiv. Im besten Fall fordert sie heraus. Denn schließlich entsteht die Zukunft aus Debatten.

Quellenangaben und Anmerkungen

Alle Internetquellen waren zum Zeitpunkt des Zugriffs wie angegeben verfügbar. Nicht mit Fußnoten versehene, aber mit den Autorennamen angegebene Zitate werden in den Quellen zu Beginn des jeweiligen Kapitels belegt. Der Urfassung dieses Textes standen zahlreiche Zierzitate aus passendem Songmaterial voraus. Das trickreiche Urheberrecht sorgte dafür, dass diese vorsichtigerweise herausgenommen werden mussten: Allerlei *Law Firms* lauern auf lukrative Gebührengeschäfte.

Vorwort

Das Wort „Nicht-Orte" (*non-lieux*) geht zurück auf den französischen Ethnologen und Anthropologen Marc Augé, der damit, vereinfacht formuliert, die Gesichtslosigkeit moderner Städte bezeichnet. Vgl. https://de.wikipedia.org/wiki/Nicht-Ort#:~:text=Der%20Begriff%20Nicht-Ort%20%28franz%C3%B6sisch%20non-lieu%2C%20englisch%20non-place%29%20bezeichnet,wie%20Einkaufszentren%20%28Shopping%20%20Malls%29%2C%20Autobahnen%2C%20Bahnh%C3%B6fe%20und%20Flugh%C3%A4fen. Zugriff am 24.8.21

Zum Wohnungsbrand vgl: https://www.hna.de/kassel/nord-holland-ort304156/feuer-toter-wohnungsbrand-hollaendischen-platz-kassel-6111464.html Zugriff am 24.8.21

1) 1 https://www.liberation.fr/direct/element/dans-plusieurs-villes-des-sdf-verbalises-pour-non-respect-du-confinement_110982/ Zugriff am 23.3.2020

2) https://www.lemonde.fr/societe/live/2020/10/16/en-direct-un-enseignant-decapite-dans-les-yvelines-le-suspect-tue-par-la-police_6056354_3224.html Zugriff am 17.10.2020

https://www.sudouest.fr/2020/10/16/professeur-decapite-ce-que-
l-on-sait-de-l-attaque-pres-de-paris-7971398-10407.php Zugriff
am 17.10.2020
https://www.linternaute.com/actualite/faits-divers/2522271-
homme-decapite-dans-le-val-d-oise-ce-qu-on-sait-du-
deroulement-des-faits-et-du-suspect-blesse/ 17.10.2020
Deutsch: https://www.fr.de/politik/paris-frankreich-attacke-
lehrer-in-enthauptet-macron-spricht-von-islamistischem-
anschlag-zr-90072490.html Zugriff am 17.10.2020

3) https://www.sueddeutsche.de/wirtschaft/online-gluecksspiel-
deutschland-1.4767094 Zugriff am 22.3.2020

4) Heise, Thomas und Claas Meyer-Heuer: Die Macht der Clans.
Arabische Großfamilien und ihre kriminellen Imperien.
München 2020. S. 14

5) https://www.hna.de/kassel/nord-holland-
ort304156/kammerjaeger-macht-kakerlaken-am-hollaendischen-
platz-garaus-7442777.html Zugriff am 20.3.2020

6) Vergl. Gümüsay, Kübra: Sprache und Sein, München, 2020

7) https://www.wiesbaden.de/medien-
zentral/dok/rathaus/stadtrecht/3_-
_2.4_Rechtsverordnung_Waffenverbotszone_.pdf Zugriff am
20.3.2020

8) https://knife-blog.com/messerverbote-und-
waffenverbotszonen/#advgb-toc-f86a6919-279f-4332-bce7-
5164ba905698 Zugriff am 20.3.2020

9) https://de.reuters.com/article/deutschland-bundestag-afd-
idDEKCN1IH0QU Zugriff am 20.3.2020

10) https://rp-online.de/nrw/staedte/leverkusen/raser-szene-nutzt-freie-strassen-fuer-illegale-rennen_aid-49648133 Zugriff am 20.3.2020

11) https://www.sueddeutsche.de/kultur/gomringer-avenidas-gedicht-gruene-mitte-alice-salomon-hochschule-1.4341733 Zugriff am 20.3.2020

12) Vgl. Busch, Charlotte: „Mimosen, Mimesis und Mimimi. Zwischen linker Solidarität und betroffenheitspolitischer Vereinzelung". In: Eva Berendsen et al: Triggerwarnung. Berlin 2019. S 39 ff. In diesem Band werden alle Facetten der aktuellen Diskussionskultur (appropriation usw.) detailliert beleuchtet. Siehe zu diesem Thema auch Wagenknecht, Sahra: Die Selbstgerechten: Mein Gegenprogramm – für Gemeinsinn und Zusammenhalt, Frankfurt am Main 2021

13) Wöllenstein, Julia: Von Kartoffeln und Kanaken, München 2019, S. 53 ff

14) Levavasseur, Ingrid: Rester digne : Pourquoi je me bats, Flammarion Paris 2019

15) Wie beispielhaft in der ziemlich einseitig und gefährlich eng geführten Mohammed-Betrachtung von Abdel-Samad: Mohamed. Eine Abrechnung. München 2017

16) Zur gefährlichen Lobpreisung angeblicher „Alternativ-Medizin" im Zusammenhang mit Covid9: https://medwatch.de/2020/03/02/wie-pseudomedizin-gegen-das-neue-corona-virus-beworben-wird/ Zugriff am 23.3.2020 Die Beispiele irrationaler Wissenschaftskritik und des Verschwörungsglaubens sind Legende. Gruppen wie *Nothing but the truth* wird das pathologische Denken zum Festschmaus, wobei die Screenshots der Quellen

seltsamerweise immer unkenntlich gemacht werden. Noch vor wenigen Jahrzehnten wären diese Äußerungen im Verborgenen geblieben.

17) vgl. https://www.fr.de/rhein-main/darmstadt/gernsheim-anti-corona-initiative-gymnasium-querdenker-maskenpflicht-abschaffung-90040467.html Zugriff am 15.10.2020 und https://www.rnd.de/panorama/querdenker-schuchtern-grundschulkinder-bei-corona-testung-ein-6QN2A4AI2OKHW7TRSEBIWF5QTY.html / Zugriff am 16.10.2020

18) https://www.zeit.de/kultur/2021-03/ns-vergangenheit-nazihintergrund-she-said-buchladen-emilia-von-senger?utm_referrer=https%3A%2F%2Fwww.google.com%2F Siehe auch die Diskussion in der Frankfurter Rundschau: https://www.fr.de/kultur/gesellschaft/erinnerungskultur-deutlich-stolz-90239939.html Beide Zugriffe am 19.3.21

19) https://taz.de/Abschaffung-der-Polizei/!5689584/ Zugriff am 10.10.2020
In der Folge der Debatte wurde noch schnell klargestellt, dass es sich beim zitierten Text um Satire handelt. Wir wollen hoffen, dass die Autorin auf einem nächtlichen Heimweg die Polizei niemals benötigen wird.

Kapitel 1

Das angeführte Zitat stammt aus einem Buch von Dylan Jones: David Bowie. A Life. London 2017, S. 429. Im Original: „*We're still exactly the same immoral bastards that we were twenty thousand years ago.*"

1) Vgl. Pelz, Heidrun: Einführung in die Linguistik. Hamburg 1996

2) Vgl. Klemperer, Victor: LTI. Notizbuch eines Philologen, Ditzingen 2010, S. 217f

3) Ebd.: 25

4) Vgl. Lobo, Sascha: Realitätsschock. Zehn Lehren aus der Gegenwart, Köln 2019, S. 144ff

5) Lakoff, George und Johnson, Mark: Metaphors We Live By, Chicago 1980, S. 10ff

6) https://www.tagesschau.de/faktenfinder/fake-news-verschwoerungstheorien-volkmarsen-101.html Zugriff am 24.3.2020

7) vgl. Lobo, 2019, S.166f. Zu Wieler und BILD siehe https://taz.de/RKI-Chef-Wieler-zu-Corona-und-Migration/!5756163/ Zugriff am 13.3.2021

8) vgl. zur Entwicklung im Diskurs auch Geiges, Lars et. Al.: Pegida. Die schmutzige Seite der Gesellschaft, Bielefeld 2015, 33ff

9) Vgl. Lobo, 2019, S. 174f

10) Vgl. Lobo, 2019, S. 178f

11) Vgl. zur Debatte um Fake News und Falschzitate das Portal correctiv.org
https://correctiv.org/fakten-check/2018/10/25/ein-verdrehtes-zitat-der-gruenen-politikerin-stefanie-von-berg-kursiert-immer-wieder-online

12) Martin Mak: Frank Zappa. Der Systemsprenger. In: *Deaf Forever*, Nummer 2/2021, S. 68

13) Vgl. Jones, Dylan: David Bowie. A Life. London 2017, S. 277f

Kapitel 2

Die Idee des Virus geht zurück auf William S. Burroughs: „Language is a Virus from outer Space" zitiert nach https://www.quoteslyfe.com/quote/Language-is-a-virus-from-outer-space-288259 Zugriff am 15.9.21 Laurie Anderson hat den Text auf ihrem hörenswerten Album *Home of the Brave* verwendet.

Den Begriff „Erregungsgemeinschaften" verwende ich nach dem Blog Grutzpalk, https://grutzpalk.wordpress.com/2021/06/ Zugriff am 24.8.21

1) Hager, Frithjof et al.: Soziologie und Linguistik, Stuttgart 1973, S. 149f

2) vgl. Crystal, David: Die Cambridge Enzyklopädie der Sprache, Frankfurt am Main 1995, S. 121

3) ebd. 52f

4) eines der wenigen Beispiele für die Verwendung original deutscher Werbesprache in der Anglowelt. Vgl. ttps://www.dw.com/en/does-the-world-still-love-german-cars/a-44333631 Zugriff am 28.3.20

5) https://www.parismatch.com/Actu/Sante/Coronavirus-rixe-pour-du-papier-toilette-masques-perimes-gare-a-la-psychose-1677579 Zugriff am 28.3.20

6) https://www.stuttgarter-nachrichten.de/inhalt.coronavirus-ein-psychologe-erklaert-warum-klopapier-so-gefragt-ist.cacf6157-6551-446b-a3eb-09422e6e182b.html Zugriff am 28.3.20

7) Levavasseur, Ingrid: Rester digne : Pourquoi je me bats, Flammarion Paris, 2019 S. 130ff

8) vgl. Louis, Édouard: En finir avec Eddy Bellegueule, Paris 2014

9) vgl. Louis, Édouard: Qui a tué mon père, Paris 2018

10) vgl. Virgienie Despentes. Les chiennes savantes, Paris 1999

11) Die erschreckenden Bezüge dieser Entwicklung wird auch sichtbar im direkten Vergleich mit Klemperer, Victor: LTI. Notizbuch eines Philologen, Ditzingen 2010

12) vgl. Gümüsay, Kübra: Sprache und Sein, München 2020

13) Bruckmaier, Karl: „Übersetzungsanmerkungen" In: Nancy Cunards Negro. Hamburg 2020, S. 271f

14) https://harpers.org/a-letter-on-justice-and-open-debate/ Zugriff am 9.7.2020

15) vgl. https://www.spiegel.de/kultur/tv/hart-aber-fair-zur-diskurskultur-das-ist-kein-junge-das-ist-ein-kind-mit-penis-a-b9c4a8c4-9408-4360-886a-3ed2780a16c7 / Zugriff am 12.10.2020

16) Wahrig, Gerhard: Deutsches Wörterbuch. München 1987, S. 1466

17) Robert, Paul: Le petit Robert. Paris 1987, S. 2035

18) Vgl. Jones, Dylan: David Bowie. A Life. London 2017, S. 188

19) https://www.hessenschau.de/panorama/namensstreit-in-kassel-staatsschutz-ermittelt-nach-umbenennung-von-mohren-apotheke,mohren-apotheke-kassel-100.html . Zugriff 31.7.2020

20) vgl. Fourest, Caroline: Génération offensée. De la police de la culture à la police de la pansée, Paris 2020

21) https://www.bing.com/videos/search?q=Thomas+Kronschl%c3%a4ger&docid=608007403783520939&mid=7476FC452BB5A380E44C7476FC452BB5A380E44C&view=detail&FORM=VIRE Zugriff am 20.3.21
Siehe zu Professx auch:
https://www.tagesspiegel.de/gesellschaft/panorama/studierx-und-professx-wie-genderforscherin-lann-hornscheidt-ihren-vorschlag-begruendet/9831950.html

22) https://de.wikipedia.org/wiki/Euphemismus-Tretm%C3%BChle Zugriff am 3.4.2021. Zur Kritik siehe hier auch die Eintragungen zu Stepanowitsch

23) vgl. https://taz.de/Fremdsprachen-bald-verboten/!5758780/ Zugriff am 1.4.2021

24) Martin Mahner: Zynische Theorien. Wie Identitätsideologie die Geistes- und Sozialwissenschaften beschädigt. In: Skeptiker 1/2021 S. 18ff

25) https://www.merkur.de/politik/hans-georg-maassen-annalena-baerbock-provokation-acab-all-cops-are-bastards-twitter-zr-90790522.html (Zugriff am 7.6.21)

Kapitel 3

1) James, Daniel: Che Guevara. Mythos und Wahrheit eines Revolutionärs, München 1985, 4. Auflage, S. 177ff. In die zahlreichen Werke der heroisierenden Literatur reiht sich ein schon im Titel völlig kritikloser und parteiischer Band aus dem sonst seriösen Hause Gallimard ein, der das Wort der *exécution* gar nicht enthält: Cormier, Jean: Che Guevara. Compagnon de la révolution. Paris 1996

2) vgl. Bullock, Alan: Hitler und Stalin. Parallele Leben, Berlin 1999, 1. Auflage S. 623ff

3) Frank, Rüdiger: Nordkorea. Innenansichten eines totalen Staates, München 2014, S. 98

4) ebd. S. 337

5) Machovec, Milan: Jesus für Atheisten, Stuttgart 1972, S. 81ff

6) Mason, Paul: Clear Bright Future. A radical Defense of the Human Being, London 2019, S. 275ff

7) Siehe hierzu u.a. Wagner, Dr. Bernd:
https://www.bpb.de/geschichte/deutsche-geschichte/stasi/218421/neonazis
und Deutschlandfunk
https://www.deutschlandfunkkultur.de/geschichte-praesenz-von-alten-nazis-in-der-ddr-kaum.1278.de.html?dram:article_id=334187 Zugriffe am 27.3.20

8) https://de.wikipedia.org/wiki/Liste_von_Staaten_nach_Alphabetisierungsrate Zugriff am 27.3.20

9) Vgl. Bandi: Denunziation, München 2017

10) vgl. Žižek, Slavoj: Die bösen Geister des himmlischen Bereichs. Der linke Kampf um das 21. Jahrhundert, Frankfurt am Main 2011, S. 295ff

11) Bregman, Rutger: Utopien für Realisten, Hamburg 2020

12) Fritz Vorholz, Zeit online, https://www.zeit.de/2006/45/Klima-Kasten Zugriff am 27.3.20

13) Sloterdijk, Peter: Du musst dein Leben ändern, Frankfurt am Main 2009

Kapitel 4

Zu Maassen siehe https://taz.de/Nach-Beleidigug-von-Aussenminister-Maas/!5496304/ Zugriff am 24.9.21

1) Schwarzer, Alice: Eine tödliche Liebe, Köln 2001
   Das Wanderwitz-Zitat nach zeit.de:
   https://www.zeit.de/politik/2021-05/marco-wanderwitz-cdu-ostdeutschland-afd-rechtsradikale- Zugriff am 24.8.21
   parteien?utm_referrer=https%3A%2F%2Fwww.bing.com%2F

2) Aust, Stefan und Dirk Laabs: Heimatschutz. Der Staat und die Mordserie des NSU, München 2014, S. 602ff

3) vgl https://www.spiegel.de/politik/deutschland/impf-debatte-bei-den-gruenen-zwischen-aufklaerung-und-dogma-a-1260749.html Zugriff am 30.3.2020

4) vgl. https://www.deutschlandfunk.de/religionspolitik-der-spd-kein-herz-fuer-saekulare-sozis.886.de.html?dram:article_id=444771 Zugriff am 30.3.2020

5) vgl. Piketty, Thomas: Capital et idéologie. Paris 2019

6) vgl. Stiglitz, Paul: Reich und arm. Die wachsende Ungleichheit in unserer Gesellschaft, München 2017

7) Vgl. Kinner, Diana und Marc Bielefeld: Die neue Einsamkeit: Und wie wir sie als Gesellschaft überwinden können. Hamburg 2021

8) https://www.youtube.com/watch?v=aq9p5lUMjns Zugriff am 26.9.20208 vgl. Vock, Christian: AfD-Chef Gauland im Sommerinterview: Keine Alternativen für Deutschland, https://web.de/magazine/politik/afd-chef-gauland-sommerinterview-alternativen-deutschland-33113484 Zugriff am 31.3.20

9) vgl. Bender, Justus: Was will die AfD? Eine Partei verändert Deutschland. München 2017, S. 185

10) vgl. Gümüsay, Kübra: Sprache und Sein, München 2020

11) Bender 2017, S. 104f

12) Bender 2017, S. 92f

13) vgl. https://www.welt.de/politik/deutschland/article191024189/Messe rattacken-Die-AfD-erfragt-Vornamen-der-Angreifer.html

14) Bender 2017, S. 91

15) Bender 2017, S. 53ff

16) Parteiprogramm der Linken, https://www.die-linke.de/fileadmin/download/grundsatzdokumente/programm_fo rmate/programm_der_partei_die_linke_erfurt2011.pdf S. 56ff

17) vgl. Obama, Barack: A Promised Land, New York 2020, S. 406

Kapitel 5

Eingangszitat David Bowie nach Jones, Dylan: David Bowie. A life. London 2018, S. 429

Brecht-Zitat (Bibel) nach https://www.deutschlandfunk.de/sie-werden-lachen-die-bibel.704.de.html?dram:article_id=85545

Zitat von Friedrich Zimmer vgl. https://www.youtube.com/watch?v=lgdn5OQHhcA

1) Altmann, Andreas: Das Scheißleben meines Vaters, das Scheißleben meiner Mutter und meine eigene Scheißjugend. München 2011

2) vgl. Onfray, Michel: Wir brauchen keinen Gott. Warum man jetzt Atheist sein muss. München 2006, D. 15ff

3) Schnabel, Ulrich: Die Vermessung des Glaubens. München 2008, S. 255ff

4) ebd. 356ff

5) vgl. Dawkins, Richard: Gotteswahn. Berlin 2016

6) Schnabel 2008, S. 362ff und 156ff

7) https://ici.radio-canada.ca/nouvelle/1690404/covid-coronavirus-americains-rachat-lot-masques-france Zugriff am 4.3.20

8) Dawkins 2016, S. 89ff

9) vgl. Singer, Wolf und Mathieu Ricard: Hirnforschung und Meditation: Ein Dialog. Berlin 2008

10) vgl. Pinker, Steven: Denken. Wie das Denken im Kopf entsteht. Reinbek bei Hamburg 1997

11) vgl. Safran Foer, Jonathan: Tiere essen. Köln 2009

12) https://wenigerglauben.de/#!/warumweniger , Zugriff am 4.3.20

13) vgl. Gente, Peter (Hrsg.): Niklas Luhmann. Shortcuts. Frankfurt am Main 2001

14) vgl. Honerkamp, Josef: Warum gibt es eigentlich irgendetwas und nicht einfach nichts?
https://scilogs.spektrum.de/die-natur-der-naturwissenschaft/warum-gibt-es-eigentlich-irgendetwas-und-nicht-einfach-nichts/

15) Nabokov, Vladimir: Deutliche Worte. Reinbek bei Hamburg 1993. S. 78

16) vgl. Beck, Henning: Hirnrissig. Die 20,5 größten Neuromythen – und wie unser Gehirn wirklich tickt. München 2014, S. 243 ff

17) vgl. Nagel, Thomas: Geist und Kosmos. Warum die materialistische neodarwinistische Konzeption der Natur so gut wie sicher falsch ist. Berlin 2013

18) vgl. Guitton, Jean et al: Gott und die Wissenschaft. München 1992

19) vgl Hawking, Steven: Der große Entwurf. Eine neue Erklärung des Universums. Reinbek bei Hamburg 2010

20) vgl. Tipler, Frank J.: Die Physik der Unsterblichkeit. München 1994

21) vgl. Dürr, Hans-Peter: Geist, Kosmos und Physik. Gedanken über die Einheit des Lebens. Amerang 2011, S. 44 ff

22) vgl. gwup-blog: https://blog.gwup.net/

23) vgl. auch die einschlägigen Artikel in der Print-Zeitschrift der *gwup*: Skeptiker. Das Skeptiker-Sonderheft 2020 widmet sich eingehend dem „Virus der Verschwörungstheorie" und liefert hilfreiche Tipps für den Umgang mit Verschwörungsgläubigen.

Skeptiker. Zeitschrift für Wissenschaft und kritisches Denken. Roßdorf 2020

24) vgl. Mueller, Anousch: Unheilpraktiker, München 2016 und Grams, Natalie: Gesundheit!: Ein Buch nicht ohne Nebenwirkungen. Heidelberg 2017, sowie die online abrufbaren und detailorientierten Informationen auf *Netzwerk Homöopathie*.

25) vgl. Knauer, Peter: Unseren Glauben verstehen. Köln 1986

26) vgl. die humanistische Position bei Dakonigg, Daniela: Berliner Justizsenator höhlt Neutralitätsgebot aus. https://hpd.de/artikel/berliner-justizsenator-hoehlt-neutralitaetsgebot-18429. Zugriff am 8.10.2020

27) Vgl. https://taz.de/Mutmasslicher-Femizid-in-Italien/!5775340/ (Zugriff am 12.6.21)

Kapitel 6

1) https://www.kba.de/DE/Statistik/Kraftfahrer/Verkehrsauffaelligk eiten/Bestand_FAER_VZR/bestand_faer_node.html;jsessionid=5 21661637ECC975ACA3EE7F08E565481.live21302 Zugriff am 6.4.2020
https://www.sueddeutsche.de/muenchen/muenchen-illegale-autorennen-corona-polizei-1.5255683?reduced=true Zugriff am 15.6.2021
https://www.wiesbadener-kurier.de/lokales/wiesbaden/nachrichten-wiesbaden/zahl-illegaler-autorennen-in-hessen-deutlich-gestiegen_23898164 Zugriff am 15.6.2021

2) https://www.capital.fr/auto/le-nombre-de-radars-detruits-devoile-1322787 (Zugriff am 9.6.21)
https://www.n-tv.de/regionales/nordrhein-westfalen/Vermutlich-mit-Spitzhacke-Attacke-auf-Blitzer-Bernhard-article22335325.html (Zugriff am 9.6.21)

3) vgl. Harari, Yuval Noah: 21 Lektionen für das 21. Jahrhundert. München 2019, S. 156 ff

4) Heinrich, Bernd: Mind of the Raven. New York, 1999 sehr schöne Anekdoten zur Intelligenz der Rabenvögel liefert auch Riechelmann, Cord: Krähen. Ein Portrait. Berlin 2013, S. 53ff

5) Bostron, Nick: Existential Risk. In: Collapse 1, e. R. Mackay (Oxford Urbanomic, September 2007 S. 213ff. Zur Übersicht des Konzeptes siehe auch
Bostrom, Nick: Infinite Ethics, https://www.nickbostrom.com/ethics/infinite.pdf. Zugriff am 1.8.2020

6) vgl. Eagleman, David: Inkognito. Die geheimen Eigenleben unseres Gehirns. Frankfurt am Main 2012. S. 11ff

7) vgl. Beck, Henning: Hirnrissig. Die 20,5 größten Neuromythen – und wie unser Gehirn wirklich tickt. München 2014. S. 26ff

8) Hustvedt, Siri: Die Illusion der Gewissheit. Reinbek bei Hamburg 2018 47ff

9) vgl. Misselhorn, Catrin: Grundfragen der Maschinenethik. Stuttgart 2018. S. 222

10) vgl. Todd, Emmanuel: Weltmacht USA. Ein Nachruf. München 2003

11) Eine pessimistische Sicht liefert Breuer, Reinhard: Kontakt mit den Sternen. Leben auf fremden Planeten? Frankfurt am Main 1981. S. 114ff
Sagan lässt die Frage noch offen: Sagan, Carl: Blauer Punkt im All. Unsere Zukunft im Kosmos. München 1996. S. 48ff

12) Hartung, Lara: Eine Formel für außerirdisches Leben: https://www.spektrum.de/news/eine-formel-soll-verraten-wie-haeufig-leben-im-universum-entsteht/1693892 Zugriff am 8.4.2020

13) Armin Nassahi: Modi des (Über-)Lebens: Passen wir überhaupt in diese Welt? In: Kursbuch 203. ÜberLeben, Hamburg 2020

Kapitel 7

Schopenhauser zitiert nach Stephen, Virginia. Vgl. https://www.blikk.it/angebote/philosophie/20172018/documents/ZuechEssay.pdf Zugriff am 24.8.21

1) vgl. Randt, Leif: Planet Magnon. Köln 2015

2) https://www.aerztezeitung.de/Panorama/Esoterik-Skandal-um-Wiener-Krankenhaus-227380.html Zugriff am 15.4.20

3) vgl. Jones, Dylan: David Bowie. A Life. London 2017. S 212. Hier schildert Garson auch das Zerbrechen seiner Freundschaft mit Woody Woodmansey, der sich nicht aus den Fängen lösen konnte, und mit Garson nach dem Austritt nie wieder ein Wort gewechselt hat.

4) eine zufällige Bildersuche auf Duck Duck Go liefert eine
Mischung aus Blumentöpfen, grünen Äskulapstäben und
stehenden Menschen, die zumeist liegenden Leidenden an
Schläfen und der Stirn herumfummeln, Weißkitteln mitsamt
Stethoskopen, oder alles das auf einmal.
https://duckduckgo.com/?q=Heilpraktiker&atb=v149-
1&iax=images&ia=images&iai=http%3A%2F%2Fstohl.de%2F
wordpress%2Fwp-
content%2F2013%2F07%2FTagesschaum_heilpraktiker.jpg
Zugriff am 10.8.20

5) https://www.spektrum.de/lexikon/neurowissenschaft/schlaefenla
ppenepilepsie/11383 Zugriff am 10.8.20

6) S vgl. Schnabel, Ulrich: Die Vermessung des Glaubens.
München 2008, S. 169 ff

7) Hagège, Claude: L' homme des paroles. Contribution
linguistique aus sciences humaines, Paris 1985. S. 31ff

Kapitel 8

1) Vgl. El-Mafaalani, Aladin: Mythos Bildung. Die ungerechte
Gesellschaft, ihr Bildungsystem und seine Zukunft. Köln 2020, S.
79 f
El-Mafaalani beschreibt in diesem Werk eindrücklich, dass das
bestehende Bildungssystem die Chancenungleichheit erhöht und
keines der aktuellen Probleme zu lösen vermag. Was die
einschlägigen Vornamen anbelangt siehe

https://www.lehrerfreund.de/schule/1s/vornamen-lehrer-vorurteile/3578 Zugriff am 4.5.2020
Die verschiedenen Varianten der Seiten zum Thema des *Chantalismus-Phänomens* zeigen die abstrusesten Namenskreationen, die oftmals auch noch in pseudoenglischer Sprache daherkommen: https://chantalismus.tumblr.com/

2) vgl. Harari, Yuval Noah: 21 Lektionen für das 21. Jahrhundert. München 2018. S. 342 ff

3) https://www.sueddeutsche.de/digital/smartphone-sprachnachrichten-audio-whatsapp-1.4235678 Zugriff am 2.5.2020

4) vgl. http://www.grzega.de/

5) https://www.spiegel.de/lebenundlernen/schule/wanka-ueber-naina-schuelerin-tweet-gedichtsanalyse-oder-alltagswissen-a-1012981.html Zugriff am 15.7.2020

6) vgl. El-Mafaalani, Aladin: Mythos Bildung. Die ungerechte Gesellschaft, ihr Bildungssystem und seine Zukunft. Köln 2020, S. 80

7) Broch, Hermann: Die Schuldlosen. Roman in elf Erzählungen. Frankfurt 1974, S. 33 ff

8) Nabokov, Vladimir: Erinnerung sprich. Reinbek bei Hamburg 1991, S. 32f

9) Welzer, Harald: Alles könnte anders sein. Frankfurt am Main 2019, S. 179

10) Vgl. Harari, Yuval Noah: 21 Lektionen für das 21. Jahrhundert. München 2018, S. 63ff

11) Gente, Peter (Hrsg.): Niklas Luhmann. Shortcuts. Frankfurt am Main 2001.

12) Vgl. El-Mafaalani, Aladin: Mythos Bildung. Die ungerechte Gesellschaft, ihr Bildungsystem und seine Zukunft. Köln 2020, S. 100

13) Vgl. https://www.news4teachers.de/2019/05/ein-alarmsignal-immer-mehr-lehrer-scheiden-vor-dem-erreichen-der-gesetzlichen-altersgrenze-aus-dem-dienst/ Zugriff am 10.10.2020

14) https://www.vbe.de/presse/2016/gewalt-gegen-lehrkraefte-ist-nicht-nur-privatproblem/ (Zugriff am 21.8.21)

Kapitel 9

1) https://www.spiegel.de/sport/fussball/unfallversicherung-fuer-profisportler-geringverdiener-sollen-rausfliegen-topstars-weiter-kassieren-a-6a93f010-0002-0001-0000-000176983037?context=issue . Zugriff am 4.4.21

2) Dobelli, Rolf: Die Kunst des guten Lebens. München 2018, S. 99ff

3) https://www.tagesspiegel.de/wirtschaft/fuer-wiederaufbau-nach-corona-krise-millionaere-fordern-hoehere-steuern-fuer-sich-selbst/26000304.html Zugriff am 11.8.2020

4) Vgl. das Lied „*Zauberland*" (Reiser, Rio) vom Album Rio. Möbius Rekords 2009

5) Der volle Name lautet, lateinisch transliteriert, *Krung Thep Mahanakhon Amon Rattanakosin Mahinthara Ayuthaya Mahadilok Phop Noppharat Ratchathani Burirom Udomratchaniwet Mahasathan Amon Piman Awatan Sathit Sakkathattiya Witsanukam Prasit.* Der alte Städtename wird hier nicht angeführt weil er so beeindruckend klingt, sondern um den Kontrast der noch deutlich spürbaren, nahezu sperrig-barocken Tradition zur überdrehten und glatten Konsumrealität der Moderne aufzuzeigen.

6) Lobo, Sascha: Realitätsschock. Köln 2019, S. 107 ff

Kapitel 10

1) Lebowitz, Fran: The Fran Lebowitz Reader. New York 1994, S. 149

2) https://de.wikipedia.org/wiki/Kindersterblichkeit#/media/Datei: Germany-under-five-mortality.svg Zugriff am 31.5.2020; https://www.aerzteblatt.de/nachrichten/65804/Impfstoffe-haben-Sterblichkeit-im-20-Jahrhundert-gesenkt, Zugriff am 31.5.2020

3) Vgl. Müller, Anousch: Unheilpraktiker. Wie Heilpraktiker mit unserer Gesundheit spielen. München 2016, S. 27ff

4) https://de.wikipedia.org/wiki/Binnenkonsens. Zugriff am 15.4.2020

5) Vgl. Postel, Gert: Doktorspiele. Geständnisse eines Hochstaplers. München 2003.
   Ein Autor, der niemals zum Schaden der Patienten, Haltung, Diskurs und Verhalten der Mediziner in Perfektion zu imitieren wusste.

6) Eine kurze Bildersuche genügt. Siehe auch die Anmerkungen zu Kapitel 7.

7) Harder, Bernd: Ein Problem, das von Behörden und Medien totgeschwiegen wird. In: Skeptiker 3/2020 S. 138ff. Ein Interview mit Federivo Avellán Borgmeyer und Hede-Marie Cammans. Siehe dazu auch den Artikel in Spiegel Wissen https://www.spiegel.de/wissenschaft/wenn-die-tochter-dem-vater-ploetzlich-missbrauch-vorwirft-a-00000000-0002-0001-0000-000163693688 Zugriff am 10.10.2020

8) https://blog.gwup.net/2020/05/27/heilpraktiker-energetische-dysbalance-nein-hirntumor/

9) Vgl.: Frank, Gunter: Schlechte Medizin. München 2012

Kapitel 11

Das Eingangszitat wird oft fälschlich Kurt Tucholsky zugesprochen, es handelt sich aber, wie angegeben, um ein Sprichwort. Vgl. https://falschzitate.blogspot.com/2017/05/toleranz-ist-der-verdacht-der-andere.html

1) Zitiert nach: https://www.clearinghouse.edu.tum.de/glossar/wissenschaftliches-denken/ LMU München, Zugriff am 11.10.2020

2) Vgl. Houellebecq, Michel: Soumission. Paris 2015

3) https://taz.de/Eine-Welt-ohne-Heten/!5716258/ Zugriff am 11.10.2020

4) Vgl. https://taz.de/taz-Kolumne-zur-Polizei/!5696716/ Zugriff am 11.10.2020

5) Da ich mir die omnipräsente rechte Hetze nicht zu eigen mache, zitiere ich eine ausgewogene Quelle: https://www.deutschlandfunkkultur.de/hengameh-yaghoobifarah-und-das-kadewe-subversive-werbung.2156.de.html?dram:article_id=484769 – Zugriff am 12.10.2020

6) https://bildblog.de/2373/alice-schwarzer-nicht-zwangsprostituiert/ – Zugriff am 12.10.2020

7) https://www.sueddeutsche.de/politik/linken-chef-klaus-ernst-mein-haus-mein-porsche-mein-problem-1.987721 Zugriff am 11.10.2020

Kapitel 12

Zu Rio Reiser: Möbius, Gert C: *Das wäre im Westen auch nicht passiert*, Booklet der CD *Rio Reiser live in der Seelenbinder-Halle*, Berlin/FFR 1988, 199 Möbius Rekords DCD004).

Zu Brecht: Zitat Brecht, Bertolt nach: Der Aufstieg des Arturo Ui. 4. Auflage. Berlin 2004

1) vgl. Soukup, Uwe: Wie starb Benno Ohnesorg? Der 2. Juni 1967. Berlin 2007, S. 160 ff

2) https://www.zeit.de/gesellschaft/zeitgeschehen/2018-09/todesopfer-rechte-gewalt-karte-portraet. Zugriff am 17.7.2020

3) https://www.amadeu-antonio-stiftung.de/todesopfer-rechter-gewalt/ Zugriff am 17.7.2020

4) https://www.sueddeutsche.de/panorama/empoerung-ueber-thor-steinar-filiale-ein-laden-namens-brevik-1.1301831

5) Vgl. Klemperer, Victor: LTI. Notizbuch eines Philologen, Ditzingen 2010

Kapitel 13

1) Dieser oft zitierte Philosoph bewegt sich gern im Ungefähren und gibt in einigen Texten unter Umständen eine modernisierte Version des Märchens vom Kaiser und seinen neuen Kleidern ab. Mit Bezug auf postmoderne französische Philosophen wird Sprache eher zur schaumschlägerhaften Esoterik-Obstruktion eingesetzt, als zur stringenten Argumentation, wie nicht nur aus dem aus dem beispielhaft aufgeführten halbgaren numerologischen Text Qabbala hervorgeht. Vgl. Land, Nick: Quabbala 101, in Collapse 1, e. R. Mackay (Oxford Urbanomic, September 2007 S. 271 ff

2) Le, Vincent: The Decline of Politics in the Name of Science? Constellations and Collisions between Nick Land and Ray Brassier. In: Cosmos and History: The Journal of Natural and Social Philosophy, vol. 14 , no. 3, 2018. S. 31ff

3) https://www.dasgehirn.info/entdecken/brain-computer-interface/mensch-20 und

https://www.vice.com/de/article/nz7m4z/gehirn-transfer-und-unsterblichkeit. Zugriff am 2.8.2020

4) Fisher, Mark: Post Capitalist Desire. In What Are We Fighting For: A Radical Collective Manifesto Eds., F. Campagna, E. Campiglio (Pluto Press, 2012), S. 179-189.

5) Eine gute Übersicht liefert der Deutschlandfunk: https://www.deutschlandfunk.de/philosophie-das-akzelerationistische-manifest.1184.de.html?dram:article_id=314626. Zugriff am 27.7.2020

6) Sokal, Alan und Jean Bricmont: Eleganter Unsinn: Wie die Denker der Postmoderne die Wissenschaften missbrauchen. München 1998. Siehe auch die recht gute Zusammenfassung auf Wikipedia: https://de.wikipedia.org/wiki/Sokal-Aff%C3%A4re

7) Godwin's Law (englisch für ‚Godwins Gesetz') ist ein Begriff aus der Internetkultur, der von dem Rechtsanwalt und Sachbuchautor Mike Godwin 1990 geprägt wurde. Es besagt, dass sich im Verlaufe längerer Diskussionen, beispielsweise in Usenet-Newsgroups, mit zunehmender Dauer die Wahrscheinlichkeit, dass jemand einen Nazi-Vergleich einbringt, dem Wert Eins annähert. Ähnlich wie Murphys Gesetz enthält es eine ironische-sarkastische Dimension. Wikipedia, Zugriff am 29.7.2020

8) Eine hervorragende Idee, die Debattenkultur blasenübergreifend wiederzubeleben gelang elf deutschen Medien (u.a. „Spiegel, „Zeit" usw.) mit zum Teil überraschenden Ergebnissen. Vgl. dazu https://www.spiegel.de/kultur/gesellschaft/deutschland-spricht-kuck-mal-wer-da-spricht-eine-datenanalyse

9) „Das Virus ist ein Warnschuss der Natur" Ein Interview mit Mark Gabriel. In: Der Spiegel 32/2020, S. 110ff

10) vgl. Brynjolfsson, Eric und Andrew McAfee: The Second Machine Age. Work, Progress, and Prosperity in a Time of Brilliant Technologies. New York 2014

11) https://www.spiegel.de/kultur/literatur/hamburg-lisa-eckhart-vom-harbour-front-literaturfestival-ausgeladen-a-ab18855d-0381-4e13-a232-2c9e00ef031b. Zugriff am 6.8.2020

12) https://scilogs.spektrum.de/engelbart-galaxis/praesident-trump-beendet-die-staatliche-foerderung-der-geisteswissenschaften/ Zugriff am 1.8.2020

13) vgl. Peterson, Jordan B.: 12 Rules for Life. An Antidote to Chaos. Toronto 2018. S. 28
Peterson wird zu den führenden Intellektuellen unserer Zeit gezählt, die Liste seiner Publikationan ist allerdings recht überschaubar.

14) https://link.springer.com/chapter/10.1007/978-3-476-03271-3_5. Zugriff am 1.8.2020

15) Zitat aus dem offensichtlich anonymen „Feuerwächter" der ohne sichtbares Impressum online steht:
http://www.feuerwaechter.org/2016/04/werden-die-geisteswissenschaften-gebraucht/

16) https://www.aerzteblatt.de/nachrichten/105237/Ein-Schulpsychologe-betreut-in-Hessen-rechnerisch-6-670-Schueler

17) Ähnlich verhält es sich mit dem unter Sparmaßnahmen leidenden Schulsektor Frankreichs. Vgl. dazu Cazals, Bastien: Je suis prof et je désobéis. Montpellier 2009. S. 11ff

18) vgl. das Lehrerbild in Strittmacher, Erwin: Der Laden. Bd. 1. Berlin 1998

19) Omer, Haim und Arist von Schlippe: Stärke statt Macht. Neue Autorität in Familie, Schule und Gemeinde. Göttingen 2015

20) Wiechmann, Jürgen (Hrsg.): Zwölf Unterrichtsmethoden. Weinheim 2002. Ein Werk, in dem allerlei esoterischen Lehrgurus zuviel Gelegenheit gegeben wird, um wichtige Themen herumzuraunen, und sich dabei selbst zu zitieren. Literaturangaben bestehen teilweise aus fünf eigenen und fünf Fremdwerken, darunter Arbeiten aus dem Jahre 1959. Ein typisches Beispiel der Selbstbeweihräucherung in Dunning Krugers Elfenbeinturm.

21) https://www.fnp.de/hessen/steuerfahnder-affaere-beendet-10351205.html und https://de.wikipedia.org/wiki/Steuerfahnder-Aff%C3%A4re. Zugriff am 2.8.2020

22) https://www.heise.de/tp/features/Inside-Steuerfahndung-3390616.html. Zugriff am 2.8.2020

23) https://ultimateclassicrock.com/rock-bands-taxes/ Zugriff am 1.8.2020

24) https://www.businessinsider.com/harvard-study-ceo-worker-pay-ratio-2014-9?r=DE&IR=T Zugriff am 1.8.2020

25) https://muensteraner-kreis.de/?page_id=13

26) In Frankreich tobt eine ähnliche Diskussion um *fake médecines*, dort wird die Tätigkeit allerdings eher im Sinne des Gesundheitscoachings oder der Ernährungsberatung verbunden, manche Ausbildungsstätten wurden gar von Medizinern gegründet. In Österreich ist das Berufsbild verboten. https://www.lequotidiendumedecin.fr/specialites/nutrition/en-

pleine-polemique-sur-les-therapies-alternatives-un-medecin-generaliste-fonde-une-ecole-de und
https://www.leclubsolutionssantenature.fr/chroniques/christian-brun-la-naturopathie-n-est-pas-une-secte-274 Zugriff am 1.8.2020

27) https://muensteraner-kreis.de/?page_id=13 Zugriff am 1.8.2020

28) https://www.nytimes.com/2012/03/18/opinion/sunday/the-benefits-of-bilingualism.html Zugriff am 1.8.2020

29) https://www.ncbi.nlm.nih.gov/pmc/articles/PMC2755257/ Zugriff am 1.8.2020

30) https://on.cpf.ca/wp-content/blogs.dir/1/files/Early-Childhood-Bilingualism-Perils-and-Possibilities-Fred-Genesee-April-09.pdf Zugriff am 1.8.2020

31) https://www.news4teachers.de/2020/07/strafarbeit-wegen-pausen-gespraech-auf-tuerkisch-schulaufsicht-weist-kritik-zurueck/

32) https://www.grin.com/document/90016 Zugriff am 1.8.2020 und https://www.landtag-bw.de/files/live/sites/LTBW/files/dokumente/WP13/Drucksache n/0000/13_0691_D.pdf Zugriff am 1.8.2020

33) vgl. Kleijwegt, Margalith: Schaut endlich hin. Wie Gewalt entsteht – Bericht aus der Welt junger Immigranten. Freiburg im Breisgau 2008

34) Heisig, Kirsten: Das Ende der Geduld. Konsequent gegen jugendliche Gewalttäter. Freiburg im Breisgau 2010. S. 169ff

35) https://www.berliner-zeitung.de/mensch-metropole/goerlitzer-park-in-berlin-kreuzberg-anzahl-und-herkunft-der-dealer-im-goerli-li.40622 Zugriff am 7.8.2020

36) https://www.zeit.de/gesellschaft/2019-05/drogenhandel-goerlitzer-park-berlin-dealer-zonen-polizei/seite-2 Zugriff am 7.8.2020

37) So liegt das Risiko, in Bayrischen Kleinbetrieben von einer Steuerkontrolle überrascht zu werden bei einem Mal in 100 Jahren. Vgl. https://www.sueddeutsche.de/bayern/zu-wenig-steuerfahnder-in-bayern-nur-alle-250-jahre-eine-kontrolle-1.1392091

38) Vgl. Winkler, Dirk: Atheismus als Grundlage des Humanismus. Auf hpd.de https://hpd.de/node/8877. Zugriff am 21.8.21

Weitere Quellen, Bezüge und Literatur

Allyn, Eric: The new *what you see is what you say* Thai phrase handbook. Chiang Mai 1993

Amiri, Natalie: Zwischen den Welten. Berlin 2021

Zu Sprachstrukturen siehe auch Bodmer, Frederick: Die Sprachen der Welt. Geschichte – Grammatik – Wortschatz in vergleichender Darstellung. Köln 1997

Wer sich für die geplant unterkomplexe *Verwendung von Sprache* interessiert, sollte sich mit dem Song „*Find her Finer*" von Frank Zappa auseinandersetzen, erschienen auf dem Album Zoot Allures, Warner Brothers 1976

Zu städtischen Soziotopen empfehle ich die Texte von Lou Reed. Insbesondere die Songs „*I'm waiting for my man*" und „*Dirty Blvd.*", erschienen auf The Velvet Underground & Nico, Verve 1976, respektive als Single auf Sire 1988 liefern eindrückliche und Reed-typisch launige Formulierungen.

Brown, Keith and Jim Miller: The Cambridge Dictionary of Linguistics. Cambridge 2019

Bruckmaier, Karl: I'm only in it for the Zeilenhonorar. Augsburg 1993

Bündnis 90/Die Grünen im Hessischen Landtag (Hrsg.) : Grüne Erfolgsgeschichten. Wiesbaden 2021

De Weck, Joseph: Emmanuel Macron. Der revolutionäre Präsident. Berlin 2021

vgl. Droste, Wiglaf: Mit Nazis reden. In: nd, online-Ausgabe, https://www.nd-aktuell.de/artikel/439417.mit-nazis-reden.html Zugriff am 24.8.21

vgl. Eckart, Lisa: Über Metrische Taktlosigkeiten, Gendern und Zukunftspläne. YouTube

https://www.youtube.com/watch?v=EBq3LC4Ea4I. Die Nutzerkommentare kann man sich getrost sparen.

Eribon, Didier: Retour à Reims. Paris 2018. Auf Deutsch erschienen unter dem Titel Rückkehr nach Reims. Deutsche Erstausgabe bei Suhrkamp 2016 (Übersetzungen im vorliegenden Text von mir)

Eudeline, Patrick: Bowie. L'autre histoire. Paris 2016 (Übersetzungen im vorliegenden Text von mir)

Frankfurter, Harry G: On Bullshit. Princeton 2005

Gabriel, Markus im Gespräch mit Susanne Beyer: "Etwas Unsichtbares hat die Schwächen unseres Systems sichtbar gemacht". Der Spiegel Nummer 32, 2020

Gorman, Amanda: The Hill we Climb. Zweisprachige Ausgabe. Hamburg 2021

Grzega, Joachim: http://basicglobalenglish.com/ (Zugriff am 21.8.21)

Hass, Mary R. and Heng R. Subhanka: Spoken Thai. New York 1978

Zum Monty-Hall-Dilemma ein literarischer Ansatz bei Haddon, Mark: Supergute Tage oder die sonderbare Welt des Christopher Boone. München 2015

Marquardt, Erik: Europa schafft sich an. Wie die Werte der EU verraten werden und was wir dagegen tun können. Hamburg 2021

Ogette, Tupoka: exit RACISM. Münster 2020

Passmann, Sophie: Komplett Gänsehaut. Köln 2021

Passmann, Sophie: Alte weiße Männer. Ein Schlichtungsversuch. Köln 2019

Postman, Neil: Teaching as a subversive Activity. McHenry, Il, 1971

Zu Rio Reiser: Ich streifte ein Motiv aus dem Lied *"Zauberland"* (Reiser, Rio) vom Album Rio. Möbius Rekords 2009

Zu Riecks Spieltheorie-Channel: https://www.youtube.com/watch?v=UTPS14A37_s

Zur sozialen Funktion des Fußballs Vojnovic, Goran: Tschefuren raus. Wien/Bozen 2021

Zur Bedeutung des Kopftuches in Deutschland das Abstract der Dissertation von Reyhan Şahin: https://www.koerber-stiftung.de/fileadmin/user_upload/koerber-stiftung/redaktion/deutscher-studienpreis/preistraeger/2013/zweite-preise/pdf/wettbewerbsbeitraege/sahin.pdf

Segaller, Denis: Thai Ways. Bangkok 1995

Zur Sozialdemokratie: Das Tucholsky-Zitat zur SPD verwendet nach Gachmurets Notizblog: https://gachmuret.de/notizblog/2013/05/23/tut-revolution-weiss-genau-partei-kommt-16049288/ Zugriff am 24.8.21

Zur Christdemokratie und Ostdeutschland (Kap. 4): Wanderwitz-Zitat nach zeit.de: https://www.zeit.de/politik/2021-05/marco-wanderwitz-cdu-ostdeutschland-afd-rechtsradikale- Zugriff am 24.8.21

Zeitfracht Medien GmbH
Ferdinand-Jühlke-Straße 7
99095 Erfurt, Deutschland
produktsicherheit@kolibri360.de